아직도 내 귀엔
서간도 바람소리가

경술국치 백년, 망국의 한을 벌써 잊었는지 …

'한국청소년개발연구원'이

"동북아 한중일 청소년의 역사인식 국가관 비교연구"란

여론조사(2006년)를 했다.

나라가 위기에 처하면 앞장서서 싸우겠느냐는 물음에

가해자인 일본이 41%, 중국이 14.4%인데 최대 피해자인 한국이 10.2%였고,

외국으로 도망하겠냐는 물음에는 일본이 1.7%, 중국이 2.3%인데

한국이 10.4%나 되었다.

"경술국치" 후유증으로 나라가 두 동강이 나 있고

아직도 곳곳에는 일제의 상처가 남았는데 우리는 건망증에 걸려있다.

민족반역자가 잘 먹고 잘 산 전례가 있으니 다시 위기가 오면

나라를 먼저 배반하려고 다투지 않을까 몹시 우려스럽다.

석주 이상룡 선생 증손이자 허은 여사 5남 이항증

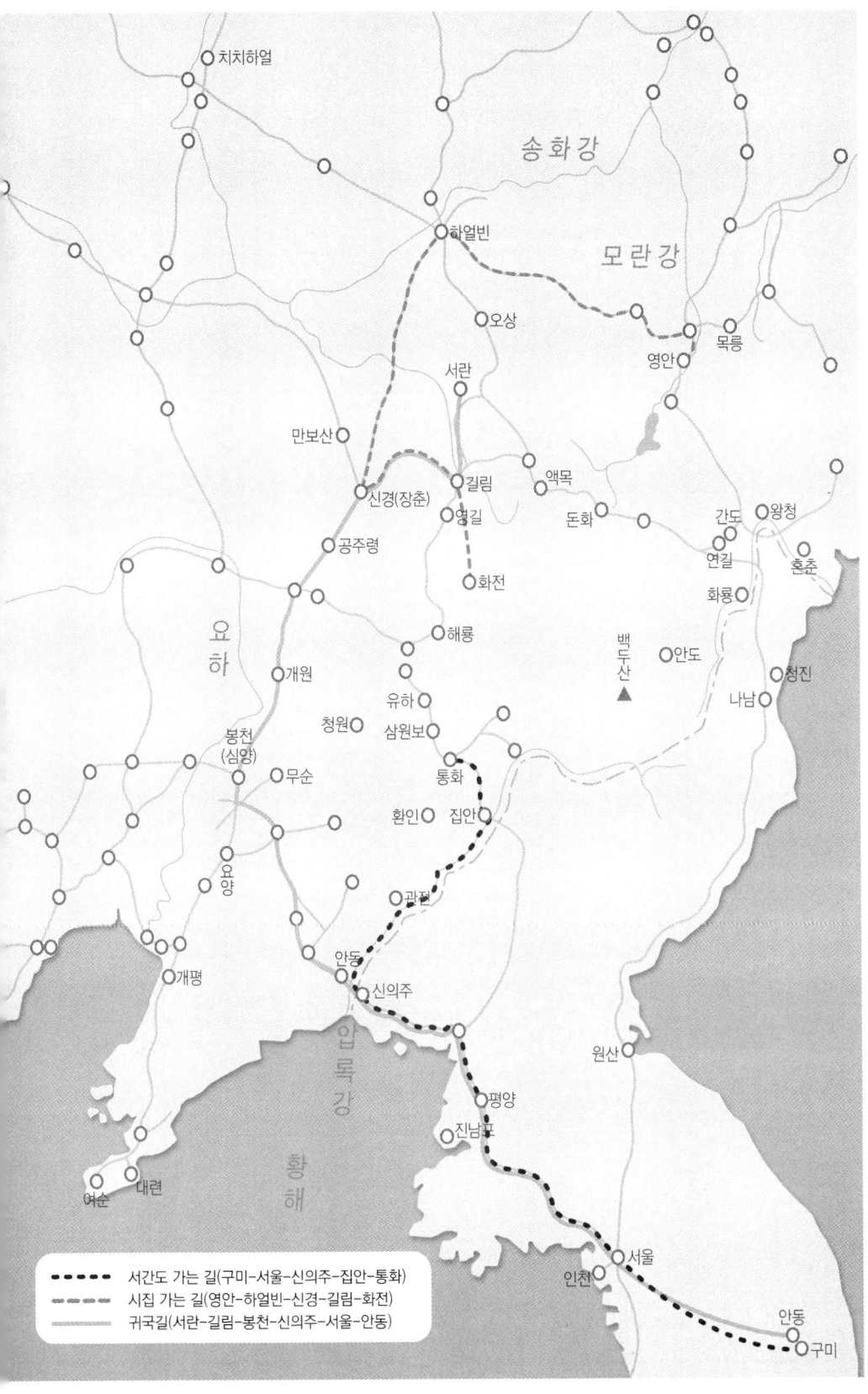

김해 허씨 가계도

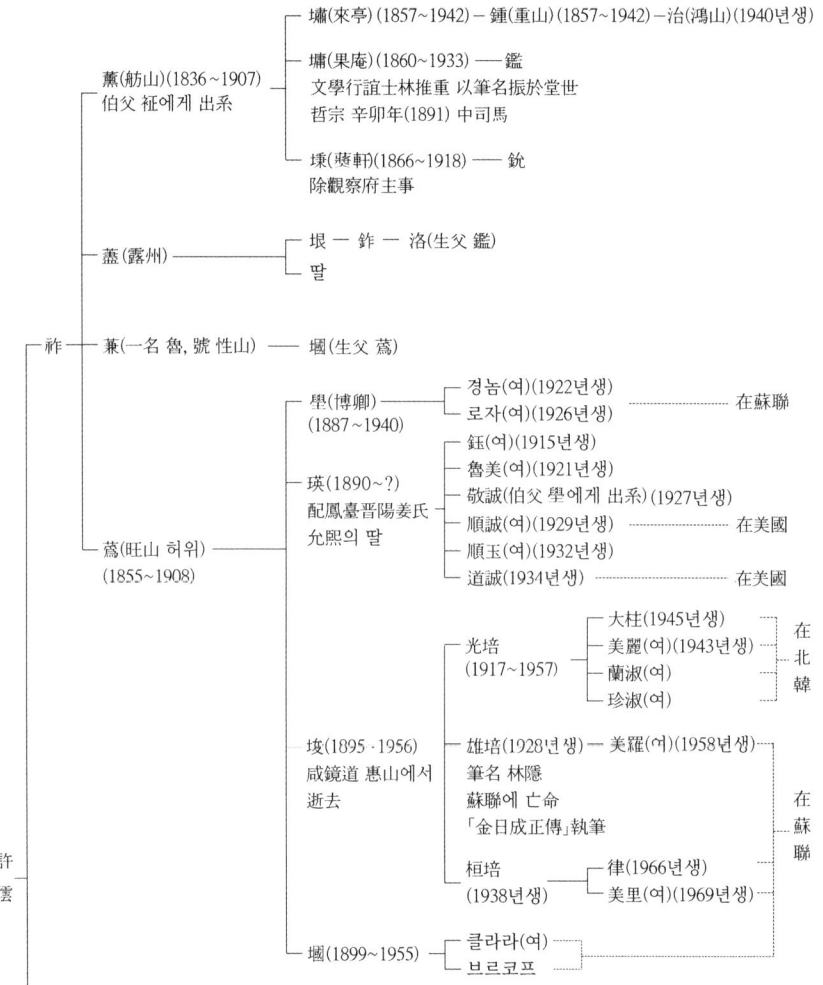

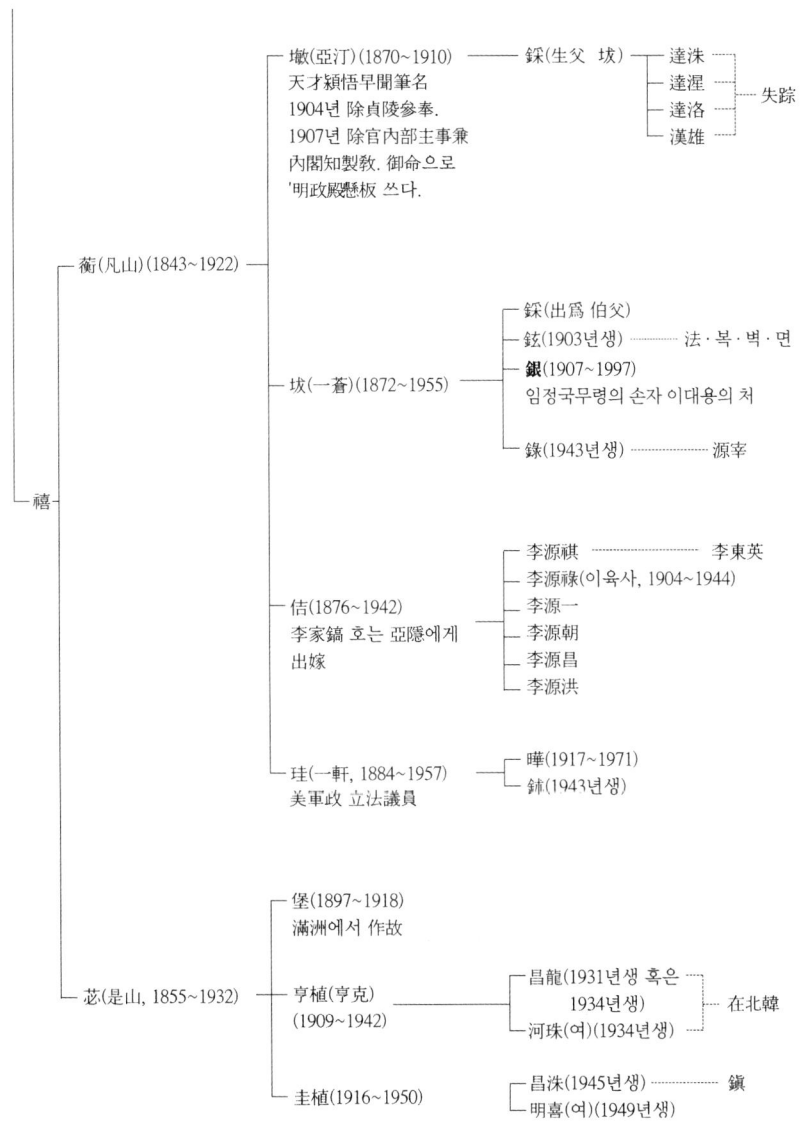

고성 이씨 가계도

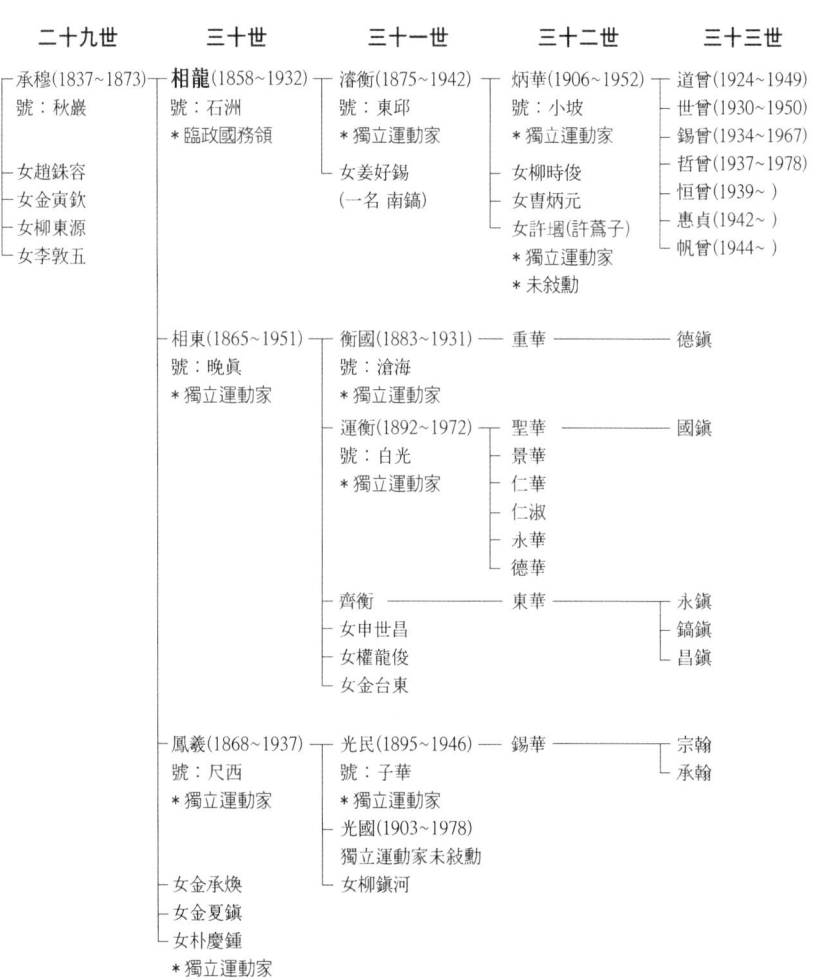

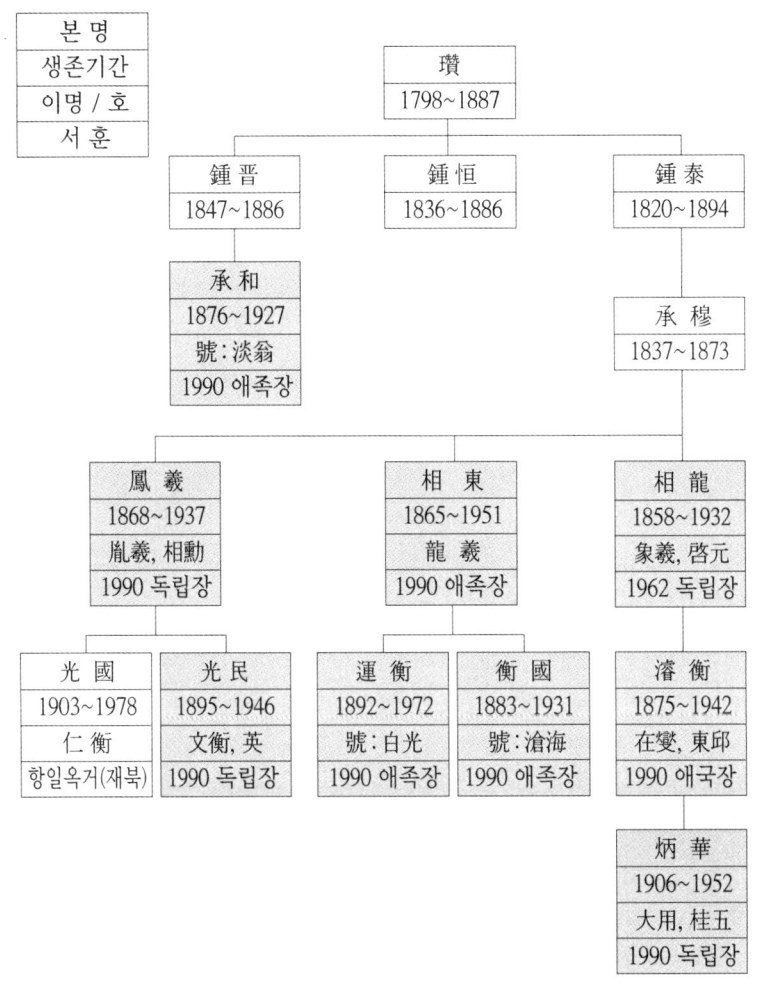

개정판을 펴내며

 이 책을 구술한 허은 여사는 1915년, 만주로 망명한 허씨 일문을 따라 아홉 살 어린 나이에 만주 영안현으로 이주했다. 열여섯 살이던 1922년 고성 이씨 집안으로 출가하여 1932년 시조부 석주 이상룡 선생의 서거로 귀국할 때까지, 석주 선생과 시아버지 동구 이준형 선생 그리고 남편 이병화를 뒷바라지하며 만주독립운동의 현장에서 온갖 고난을 함께 하였다.
 이를 바탕으로 역사책에서는 접할 수 없는 생생한 회고담을 남겨 1995년 7월 『아직도 내 귀엔 서간도 바람소리가』라는 제목으로 초간되었다.
 이 책에는 매년 8월 29일 국치일에 학교 운동장에 모여 망국을 주제로 한 연극을 보고 국치일 노래를 목놓아 불렀던 어린 시절에 대한 추억, 열여섯 나이에 영안현 철령허에서 화전현 완령허까지 아버지와 시아버지를 모시고 남편과 함께 이천팔백 리를 꼬박 열이틀 걸려 시댁에 도착한 일, 지청천 신숙 황학수 이범석 등 당대의 지사들이 참석한 서로군정서 회의에 대한 목격담, 석주 선생이 임시정부 국무령을 사임하고 상해에서 돌아올 때 변복·변장하여 왜경의 감시망을 뚫고 무사히 도착한 일화, 석주 선생 서거 후 귀향길에 중국군 패잔병들에게 갖은 곤욕을 치른 끝에 선생의 유해를 화전현에 가매장하고 밤길을 타고 어렵게 귀환한 비사 등 독립운동 명가의 역경을 짐작하게 해주는 눈물겨운 증언들이 낱낱이 담겨있다.

1932년 허은 여사는 '고택제향古宅祭享에 호화반석豪華磐石' 같은 고성 이씨 가문의 종부宗婦로서 '이역만리異域萬里에서 풍찬노숙風餐露宿'하다가 안동 임청각으로 귀향했지만, 가산은 독립운동에 이미 소진한 뒤라 시부모 봉양에도 어려움을 겪을 정도로 빈한한 처지에 놓이게 되었다.

1945년 그토록 염원했던 해방은 이루어졌으나 조국은 남북으로 분단되었으며 독립운동세력은 어처구니없게도 탄압과 홀대의 대상이 되고 말았다. 6·25전쟁의 소용돌이 속에서 남편마저 유명을 달리하자 가세는 더욱 기울어져 갔다. 그러나 허은 여사는 고립무원의 지난한 처지에서도 좌절을 딛고 일어서 7남매를 올곧게 키우는 데 힘썼다.

그러던 중 1962년 석주 선생께 건국훈장 독립장이, 1990년 시아버지께 건국훈장 애국장이, 남편에게 건국훈장 독립장이 추서되었고 아울러 같은 해 일가인 이승화 이봉희 이상동 이광민 이운형 이형국 선생도 독립유공자로 인정받아 훈장이 추서되었다. 대한민국 최고의 독립운동 명문으로 공인되었지만 안살림을 전적으로 책임졌던 허은 여사는 서훈의 영에도 사적에 기록되는 영광도 누리지 못했다. 그러나 그는 도리어 "지나온 구십 평생 되돌아봐도 여한은 없다. 그저 하루하루 연명한 것이 오늘에 이른 것이다. 고달픈 발자국이었긴 하나 큰일하신 어른들 생각하면 오히려 부끄러울 뿐이다"라며 겸손해했다.

2008년 초 허은 여사의 다섯 째 아들인 이항증 선생이 고인의 회고록 『아직도 내 귀엔 서간도 바람소리가』 개정판을 민족문제연구소에서 내면 어떻겠냐는 의향을 비쳤다. 이항증 선생은 연구소 2대 이사장을 지낸 독립운동가 고 조문기 선생과 교분이 깊었고 1999년부터 회원으로 가입하여 연구소 활동을 적극 지지·성원해 온 인연도 있다. 연구소는 보기 드문 독립운동 증언록인 이 책을 재출간하기로 결정하였으며, 기록자인 변창애 선생도 흔쾌히 동의하여 출판계약이 이루어졌다. 진작 작업을 끝내야 했으나 연구소의 『친일인명사전』 편찬사업 등 여러 가지 사정으로 인해 제작이 미루어지다가 이제야 개정판을 내놓게 되었다.

허은 여사의 구술체를 가능한 한 살리는 것을 편집원칙으로 정하고, 지명과 인명 등 문헌자료와 사실관계에 비추어 잘못된 부분만을 바로잡았으며 의미 전달이 불명확한 곳은 현대어법에 맞게 약간 손질했다. 초간본에 실린 사진화보와 추가로 발굴된 관련자료를 본문 안으로 배치했으며, 독자의 이해를 돕기 위해 주요 독립운동가들에 대한 간단한 이력을 편집자 주로 처리했다. 또 이항증 선생이 쓴 「나라사랑을 실천한 충절의 현장 임청각」을 부록으로 편성했다.

올해는 경술국치 100주년이 되는 해이다. 고난과 극복으로 점철된 우리 근현대사를 되새겨보게 하는 시점에 뜻 깊은 책을 간행하게 되어 연구소로서도 보람이 크다. 이 책이 독립운동을 폄하하고 일제의 식민지배를 미화하는 등 사회 일각에서 자행되고 있는 역사왜곡을 바로잡는 데 도움이 되었으면 하는 바람이다.

2010년 3월 편집부

기록자의 말

 이 글을 정리하기 위해 나는 사촌 손위 시누이 허은許銀 여사와 수차례 만났다. 그러는 동안 우리 시집의 내력에 혁명가의 피가 배어 있음을 절감할 수 있었다. 그것이 집안 내림이라는 것이겠지만, 민주화를 부르짖던 얼마 전까지 내 가정에도 그런 일들이 있었다. 물론 그 때문에 나도 평탄하게 살지는 못했다. 때로는 숙명이거니 체념도 하고, 또 때로는 불평도 하면서 살아온 것이 사실이다.
 그동안 단편적으로 들어온 집안 어른들의 이야기는 ― 이미 다 돌아가시고 사촌 손위 시누이와 시백모님(이광옥)을 통해 들었는데 ― 주로 독립운동과 감옥살이에 얽힌 이야기로 흔히 말하는, 책으로 다 못 쓸 이야기 보따리였다. 이 이야기를 듣고서 그냥 흘려버리자니 해야 할 일을 방치해 둔 것 같아 늘 찜찜했다.
 특히 열여섯 살 어린 나이에 시집가서 독립활동하시는 시어른들 뒷바라지하면서, 낯선 간도 땅을 고사리 같은 손으로 억척스럽게 개척해 나간 손위 시누이의 이야기는 나 자신을 무척 부끄럽게 했다.
 밖에서 활동하셨던 어른들은 이제 독립유공자로 추대도 받고 역사의 주인공들로서 제 위치를 당당히 차지하게 되었다. 그러나 안살림을 전적으로 책임졌던 허은 여사는 독립훈장도 없고, 역사책에 그 이름 한자 올라가 있지도 않다. 그분이 구십 성상 살아온 발자국이 우리나라 근대사의 산 역사 그 자체건만 그분은 머잖아 한 시대의 뒤안길로 조용히 사라지고 말 것이다.

글을 써 본 경험이 없는 나로선 손위 시누이의 말씀 그대로를 살리는 일에만 충실하면 되리라는 생각으로 용기를 내었다. 다시 말하면 구술口述 역사는 보통사람의 삶, 별로 화려할 것도 요란할 것도 없으나 삶 그 자체가 진실을 충분히 담아내리라는 생각으로 집필을 시작하게 되었다.

손위 시누이께서는 그저 담담하게 흘러간 옛날을 가슴 저 밑바닥에서 한올 한올 풀어내셨다. 특별히 한스러워하거나 애통해하지도 않으셨다. 너무도 벅찬 경험들로 감정이 메말라 버린 것도 같았다. 그러나 삶 그 자체가 한恨이요, 나라의 운명이 바로 한인데 듣는 사람으로서는 굽이굽이 한스러움을 느끼지 않을 수 없었다.

손위 시누이의 이야기는 크게 세 가닥으로 나뉘어진다. 하나는 시집가기 전 임은林隱 허씨 일가의 의병활동과 독립운동에 따른 망명생활이고, 둘째는 고성固城 이씨 집안으로 시집가고 난 뒤 시할아버지인 석주石洲 이상룡李相龍 선생을 위시한 온 집안의 항일투쟁사이다. 그리고 또 하나는 서간도 땅에서의 이민 개척사이다.

그동안 독립운동사에 관한 연구는 진전이 있었으나 만주 특히 서간도에서의 활약상에 대한 기록은 별로 없는 걸로 안다. 『석주유고石洲遺稿』가 영인되었으나 한문으로 기록되어 있어서 그 내용이 쉽사리 파악되지 않고 있다. 이것도 언젠가는 해결해야 할 숙제이다. 다만 허은 여사의 진솔하고 담백한 구술로써 이 일부를 충당할 수 있으리라 생각한다.

구술을 녹취하면서 허은 여사의 탁월한 기억력에 크게 놀라지 않을 수 없었다. 고령에도 불구하고 지난 일들을 그토록 자세히 기억해 들려주시고, 몇 번이나 손수 읽고 수정해 주신 나의 사촌 손위 시누이께 존경과 애정을 듬뿍 바치고 싶다.

다소 생경한 표현과 옛 어휘들 그리고 한문투의 문장은 허은 여사의 말씀을 그대로 살리느라 그렇게 되었음을 밝혀 둔다. 그리고 보충 설명이 필요한 부분은 기록자 주註로 처리하거나 가능하면 짧은 설명으로 대체하였다.

아무튼 허은 여사의 이야기가 한 시대의 뒷이야기로, 또는 허씨 일가와 고성 이씨 일가의 숨은 이야기로 파묻혀 사라지지 않고 세상의 밝은 빛을 볼 수 있어 참으로 다행이다. 출판해 주신 정우사에 감사드린다.

8·15광복 50주년을 기리며
1995년 5월 변창애

차 례

개정판을 펴내며 12

기록자의 말 15

제1장 서간도 망명길에 오르다

왕산 후손들 망명길에 오르다 22

허씨 집안의 항일운동가들 30

서간도로 야반도주 42

수로만리, 육로만리 45

이민생활의 시작 52

애국단체의 활동과 신흥무관학교 68

무오독립선언과 부민단 창설 74

신흥무관학교 액목현 교하로 옮기다 85

제2장 항일투쟁과 이민생활

이천팔백 리, 시집가던 길 94

서로군정서 105

시집살이 115

정해붕의 밀고 129

상해임시정부 국무령에 선임 135

석주 어른의 운명 143

제3장 환국과 해방 그리고……

    환국 160

    임청각 종부 174

    해방 후의 만주 소식 184

    시아버님의 자결 189

    시어머님의 운명과 해방의 감격 195

    아산군 피난살이에서 남편 잃다 206

회고의 말

    좋은 세상 만나 이제 여한이 없다 225

부 록

    회상(허은 여사의 창작가사) 227

    이상룡 선생 연보 238

    나라사랑을 실천한 충절의 현장 임청각 241

제1장
서간도 망명길에 오르다

왕산 후손들 망명길에 오르다

1915년 음력 2월에 나는 여덟 살이 되었다. 재종조부이신 왕산旺山 許蔿 어른께서 순국하신 뒤 줄곧 일본 순사들에게 시달리던 우리 일가 사람들은 일제히 짐을 쌌다. 그리고는 서로 집을 바꿔 가며 살았다. 오죽 했으면 왜놈 눈 피하려고 그런 꾀를 다 냈을까. 허씨 일문의 대소가大小家들이 서간도로 망명하기 바로 직전에 그랬는데, 아마 서간도로 아주 떠날 준비를 하면서 일본 순사들을 혼란케 하려고 그랬던 것 같다.

우리는 짐을 다 꾸려 한 달간 왕산댁에 가서 살았다. 그 집은 이미 다 떠나고 난 빈집이었다.

그때가 구기자잎이 파릇파릇 날 때였다. 하루는 내가 마당에서 놀고 있으니까 숙부님(一軒 許珪)께서 대소쿠리를 들고 대밭으로 들어가시면서 "순사가 와서 아무개 아무개를 찾거든 모른다고 해라" 하셨다.

왕산 순국 100년 만에 세운 왕산기념관(2009.9.28, 경북 구미 임은동)

나는 구기자잎을 따다가 누군가 오는 기척이 있으면 대밭으로 숨었다. 대가 꼭꼭 차고, 하늘을 찌를 듯 크게 자라 숨기에 참 좋았다. 게다가 뒤로는 담이 높다랗게 둘러 있어 안성맞춤이었다.

죽순이 올라오기 시작하면 옹기그릇을 거기 덮어 놓고는 며칠 뒤 그 안에서 잘 자란 죽순을 잘라다 채쳐서 먹는다. 지금도 죽순요리는 고급인데 그 시절에도 귀한 음식이었다.

또 대나무와 관련된 어릴 적 기억이 떠오른다. 마당에 팽나무가 하나 있었는데, 담 위까지 쑥 올라오는 키 큰 노목이었다. 나는 사금파리를 주워다 그 아래서 소꿉장난을 하며 놀았다. 하루는 삼월이가 나를 업고 있다가 뾰족하게 잘린 대나무 위에 그만 실수로 떨어뜨리고 말았다. 날카로운 대 그루터기에 베인 상처는 아주 컸다. 요새 같으면 약이 좋아 금방 나았을지 모르는데, 지금도 왼팔 안쪽에 흉터가 크게 남아 있다. 작은 올케는 맨날 눈 안 찔렸으니 다행이라고 놀려댔다.

왕산기념관 개관식을 계기로 중국, 미국, 러시아 등지에 흩어져 살고 있는 왕산의 후손들이 100년만에 한자리에 모였다.

한번은 이런 일도 있었다. 모퉁이를 돌아가면 목화밭이 있는데, 그 밭둑 밑에 박실댁이라는 일가붙이가 살고 있었다. 작은집의 옥순이란 종이 박실댁 뒤란에 있는 앵두를 따 먹으러 가자고 해서 따라가는 참이었다. 박실 노인이 마루에서 우리를 보고 있다가 "예끼, 이년들!" 하며 고함치는 바람에 혼비백산해서 달아났다. 겁이 난 우리는 채전밭에 들어가 해질녘까지 숨어 있었다. 우리 큰집에도 앵두나무며 살구나무가 다 있었는데 거기는 왜 갔다가 그랬는지 모르겠다. 작은집에선 옥순이를 심부름 시키려고 아무리 찾아도 없다고 난리가 났고, 우리 집에선 애 잃어버렸다고 난리가 났었다.

마당에 대추나무도 대여섯 그루 있었다. 대추 딸 때가 되면 백모님이 종들을 시켜 집집마다 그릇을 들고 나오게 한다. 나무 아래에 거적때기, 멍석 등을 깔아 놓고 나무를 두들겨 대면 후두둑 떨어지는 게 제법 많았다. 요사이 그 대추나무 생각이 나서 2만 원 주고 두 그루를 사다 지금 사는 아파트 앞 화단에 심었는데 다 죽어 버렸다.

하회로 시집간 사촌 형아는 어릴 적부터 워낙 글재주가 있었다. 그런 형아도 할머니 살아 계실 땐 "저걸 어디에다 시집을 보낼꼬? 내 손녀지만 기역 니은도 모르는걸, 쯧쯧……" 하며 걱정을 끼쳤었다. 그런데 형아가 열 살쯤 되는 어느 날이었다. 박을 따다가 바가지 만든다고 온 마루에 널어놨는데 그 중 한 바가지에 붓으로 글씨를 써 놓은 게 있었다. 여럿이 보고 아주 잘 썼다고, 누가 썼냐고들 하니까 하회 형아가 자기가 썼다고 했다. 그제야 할머니께서는 "그것 뭐 될 것 같다"라고 하시며 좋아하셨다.

묘골로 시집간 큰형은 할머니에게 정식으로 공부 좀 배웠다. 글씨도 좀 썼고. 그러나 하회 형아는 혼자서 했는지 어쨌는지 모르지만 그날 그런 일이 있고부터 재주 있단 소리를 들었다. 그후로 백부님(亞汀 許墩) 돌아가시고, 잇따라 할머니 돌아가시자 집안이 온통 분주하여 나는 차분히 글 배울 기회가 없었다. 그러나 하회 형아는 유씨 문중으로 시집갈 때 가사 지은 보따리를 먼저 보내어 보인 후에 혼사가 결정되어 데려갔단다.

나는 숙부님이 안방에서 먹 갈아 놓고 붓글씨 쓰실 때 가만히 들어가곤 했다. 그러면 글 쓰시다가도 나를 안아다 손목을 잡고 글씨 쓰는 법을 가르쳐 주셨다. 받침하는 것도 가르쳐 주시고 한문도 쓰게 했다.

그 방 벽장에 분합문分閤門이 둘 달렸는데 그 문에 한문 글귀가 적혀 있었다. "홍도녹류근강만紅桃綠柳近江滿"이라는 한 구절만 생각난다. 숙부께서 읽어 보라 해서 "붉을 홍紅, 복숭아 도桃……"하면서 읽던 기억이 벽장 분합문과 함께 눈에 선하다. 서간도로 망명하기 직전이었으니까 여덟 살 무렵이었던 것 같다.

시집온 후에 시아버님께서 내게 글을 가르쳐 보려고 무척 애쓰셨지만 공부할 여가를 내기가 여의치 않았다. 낮에는 저물도록 생나무 불을 때 가며 조석하고 약 달이느라 연기 때문에 눈물이 나서 눈을 제대로 뜨기 힘들었다. 게다가 내 손길이 필요한 애기도 있었다. 밤으로는 석유 호롱불 밑에서 연기눈병을 앓았다. 연기눈병 한번 앓기 시작하면 모래 들어간 것처럼 아파서 눈을 못 뜬다. 오늘 저녁에 앓기 시작하면 이튿날 저녁에야 겨우 뜰 수 있을까? 안약을 넣어도 별로 소용이 없었다. 그러니 언제 글 배우고 글씨 쓰고 해 보겠는가.

그래도 시아버님께서, 내가 첫애 낳고 몸조리하느라고 누워 있으니까 독립선언서의 글이 너무 좋다고 배우라고 하셔서 그때 공부를 좀 했다. 그리고 퇴계 후손인 시어머니께서도 가끔 좋은 문장들을 가르쳐 주시곤 하셨다.

　숙부는 큰집에서 우리와 함께 살다가 살림을 났다. 큰집에 있을 때 딸(홍실이 : 홍씨네 집에 출가한 딸을 이렇게 부름)을 낳았는데, 할머니가 안방에 상을 차려 놓고 새로 태어난 아기를 위해 빌던 것이 생각난다.

　분가하고 몇 달 되지 않아 부인과 딸은 친정에 보내고, 숙부 혼자 서울로 갔다. 주로 서울, 평양, 만주를 오가며 독립활동을 하였다. 난세를 바로잡아 보려는 혁명가에겐 권속이 걸림돌이라고 생각했는지도 모른다.

　숙부는 어려서부터 워낙 영민했다고 한다. 증조부께서 밤에 데리고 주무시면서 손바닥에 손가락으로 한자를 쓰면 다 알아맞히고, 배에다 써도 쓰는 족족 알아맞히니 무척 귀여워하셨다고 한다. 한일합방 전에는 한성법어전문학교를 다녔다고 하니, 우리나라에서 불어를 배우기 시작한 거의 최초의 인물이 아닐까 싶다.

　왕산 어른은 4남 4녀를 두었는데, 서간도로 떠날 무렵에 딸 둘은 이미 출가하였고, 한 명은 청송 가서 죽었다고 하였다. 막내딸이 미혼으로 남아 있었는데 서간도로 떠날 때 화급히 가는 바람에 함께 못 갔다. 고향에 남아 우리와 지내다가 우리 떠날 때 함께 갔다. 그 고모님은 천성이 참으로 고왔다. 뿐만 아니라 봉녕대군 후손이신 왕산 할머님의 영향을 받아 그런지 예의범절이며 일하는 솜씨며 빠지는 게 없었다. 왕산댁에서 급히 떠나시는 바람에 고모님을 우리에게 맡겨 두고 갔기 때문에 2년 동안 함께 살았었기에 잘 안다.

　혼전인 아들 허영(許瑛) 재종숙도 영천 어느 집에 맡겨 놓고, 맏아들(許學)과 셋째 아들(許峻), 열두 살 먹은 여종 한 명만 데리고 갔다고 하였다. 그게 1913년이었다. 둘째 허영 재종숙은 우리보다 훨씬 더 늦게 서간도로 왔다.

　나중에 들으니 왕산 할머님 일행이 서울까지 오니까 당시 정부관리인 엄씨라고만 밝힌 사람이 마중을 나와 신의주까지 모셔다 주었다고 한다. 서간도에서도 일부러 사람이 신의주까지 나와서 모셔 갔다고 한다. 왕산 어른은 의병활동하시다 무참히 돌아가셨지만 그 어른의 부하들이 그렇게 먼저 만주로 나가 독립활동에 관여하고 있었던 것이다. 그 어른이 그렇게 돌아가시지 않으셨다면 의병활동하시던 그 힘으로 독립운동의 첫 개척자가 되셨을 터인데……. 그의 후계자들과 직계 자손들, 또 성산을 비롯한 허씨 일가가 항일투쟁에 나서게 된 것도 다 그 어른의 영향 때문이다. 1855년생이니까 광복 50주년이 되는 금년(1995년)이 왕산 탄생 140주년이 된다.

　나는 1907년 정미생이다. 설 지내고 이틀 뒤에 태어났는데 그때 집안은 매우 어수선한 분위기였다. 그리고 얼마 후 정미의병 의거가 일어나서 시국이 말도 못할 정도로 어지러웠다. 집안사람들이 온통 잡혀가는 바람에 출생계도 진작 못하고 훨씬 나중에야 했다고 한다. 그래서 지금 호적에는 1909년 5월 9일로 올라 있다. 정미년 정월 초사흘인데.

　내가 태어난 곳은 경북 선산군 구미면 임은동林隱洞이다. 지금은 구미시에 편입되었는데, 임은동은 발음이 비슷한 임오동으로 바뀌었다. 공장도 들어서고 유명한 물산도 많이 생산된다고 하니 반가운 일이다. 그러나 가끔 옛날 모습이 그립다.

　내가 어렸을 때 그곳은 그림 같았다. 멀리로는 낙동강이 흘러가고 갯벌에는 갈숲이 무성했다. 바람이 부는 날엔 은빛 갈대가 꼭 춤추는 것 같았다. 마을 앞으로는 들판이 끝없이 펼쳐져 있어 아이들이 뛰어놀기 좋았다. 그러나 나는 반가班家의 규수閨秀라 함부로 나가 놀지는 못했다.

'남녀칠세부동석'이라고, 여자는 대문 밖을 못 나가게 했으니까. 그래도 지금 그 시절을 회상하면 꿈결 같다. 구십 평생 내 생애에 언제 그런 때가 있었던가 싶다.

임은에는 원래 평민들만 살았다고 한다. 마을 사람들은 그 아름다운 자연만큼이나 순박하면서도 명민하였다. 이 마을에 허씨가 정착하게 된 내력에 대해 어른들은 말씀하셨다. 서울을 오가며 무역하던 김해의 경제가 불고헌不孤軒 허돈許暾이란 분이 하루는 상품을 배에 잔뜩 싣고 낙동강을 거슬러 임은 앞을 지나다가 폭풍우를 만났다. 도저히 더 갈 수 없어서 불빛이 비치는 집을 찾아가서 그 밤을 새우고 다음 날 아침을 맞았다. 폭풍우가 개니 하늘과 땅이 눈이 부시도록 아름다워 경탄한 나머지 이곳에 정착할 것을 결심했다. 이런 연유로 훗날 허씨네 일문一門이 임은이란 곳에 뿌리를 내리게 된 것이라고 한다.

처음엔 김해에 사는 허씨 집안 중에서 네 집만 옮겨 왔다. 그후 이 네 집안에서 백여 년에 걸쳐 대소과大小科에 연달아 등과하면서 이곳이 허씨네 기지基地가 되었다. 소과에 19명, 무과에 1명, 대과에 2명의 등과자가 나왔고, 그 외에도 문장과 명필, 충신·효행·열행을 겸한 재덕 있는 사람이 많이 나왔다. 일제 때는 집안 대소가 전체가 국내외에서 항일운동으로 혁혁한 공을 세웠고, 해방 후엔 대법관(許瑨)도 한 분 나왔다.

김해 허씨의 최고最古 선조는 가락국 수로왕의 후예라는 것도 어른들께 들어 알고 있었지만 가끔 기록에서도 보았다.

내 어릴 때 이웃에 장직각댁張直閣宅이 있었는데 우리 집안과 세교世交가 있었다. 동네 앞산 너머 조그마한 재 하나를 사이에 두고 살았다. 직각 어른의 함자는 장승원張承遠인데 직함이 그래서 그랬는지 그 댁을 직각댁이라 불렀다. 그 직각 어른이 해방 후 국무총리를 지낸 장택상張

澤相씨의 부친이다. 그리고 우리 할아버지의 종형인 성산 어른의 장인이 장유환 씨인데 그분은 직각 어른의 형이다. 그러니 집안끼리도 사돈지간인 셈이다.

그 집안은 13대째 내려오는 부자라고 소문난 집이다. 당대에 일 년 소출이 삼만 석이었다. 한번은 장택상 씨 살림 내보낸다고 집을 짓기로 하고 집터를 다듬기 시작했다. 뽕나무 밭이 그 터 한가운데에 있어서 그걸 파내니까 땅속에서 옛날 엽전이 일곱 항아리나 나왔다. 그런데 그걸 일본 놈들이 다 사 가고 말았다. 지금이면 골동품으로서 그 가치가 대단할 텐데……

국태민안國泰民安할 때는 그들과 서로 조왕모래朝往暮來하며 음풍농월吟風弄月로 안락의 세월을 보냈다. 그러나 국운이 불리하여 을사조약이 성립되자 전국에서 의병이 일어났다. 우국의 정신이 붙어 있으면 안락한 생활이 어디 있으며, 시주풍유詩酒風遊가 어디 있겠는가? 국운에 따라 백성들의 생활도 달라졌지. 그런 걸 운명이라 하는지 모르지만 사람따라 인생길도 다 달라졌다.

재종조 왕산께서는 한일합방 전에 의병대장으로 활약하시다가 독수毒讐의 옥고를 몇 번씩이나 치르셨다. 급기야는 서대문형무소에서 참화를 당하시니, 온 집안이 와신상담臥薪嘗膽은 못할지언정 절치부심切齒腐心을 참을 길이 없었다.

서대문형무소에서 시신을 인수해 가라는 연락이 와서 여럿이 갔으나 겁이 나 아무도 접근을 못하고 있는데, 왕산의 수제자 박상진朴尙鎭[01] 씨

---

01 박상진朴尙鎭 : 1884~1921. 독립운동가. 울산 출생. 호는 고헌(固軒). 광복단 총사령. 왕산 허위의 제자. 1963년 건국훈장 독립장 추서. 출전 : 『독립유공자공훈록』(국가보훈처)

가 형장에서 스승의 시신을 인수하여 하얀 천으로 감아서 안고 나왔다. 경비 일체도 그분이 자비로 부담하여 향산鄕山인 지경내地境川로 시신을 모셨다.

그후 집안 어른들이 의논하여 누대로 내려온 조상의 창업지인 임은 땅을 뜨기로 작정했다. 집안의 가장 기둥이 되는 큰집은 왕산 어른 일로 해서 견딜 수 없는 감시와 학대 때문에 제택第宅을 수습하여 경상도 진보로 내려갔다. 왜경들이 주모자를 색출하느라고 온 동네를 발칵 뒤집어 놓았으니 남은 몇 집도 할 수 없이 식구 수십 명과 함께 망명의 길을 떠났다.

허씨 집안의 항일운동가들

우리 부친의 호는 일창一蒼이고, 함자는 발 이다. 어머니 영천 이씨와의 사이에 3남 1녀가 태어났고, 그 중에 내가 외동딸이다. 큰 부자는 아니었지만 농토는 소작을 부치고 해서 글 읽는 선비로서 밥걱정은 없었다.

위로는 조부님(凡山 許蘅)이 계셨다. 나의 조부 범산 어른은 "의표儀表가 아결雅潔하여 눈 내린 숲 속의 학과 같다"고, 부산대학에 있는 이동영(시인 이육사의 조카) 교수가 『임은 허씨의 항일운동』이란 책에 써 놓았다. "말에는 설득력이 있고 재기가 넘쳐서 듣는 이가 심취하게 된다"고도 했다. 을사조약 이후 오적척살五賊刺殺 사건에 사촌지간인 성산 어른과 함께 연루되어 체포되기도 했다는 기록이 『대한매일신보』 광무 13년(1909년) 2월 25일 자에 실려 있다.

내가 기억하는 조부님은 몹시 엄격하신 성품이셨다. 반면에 아버님은 온순하고 자상하셨다. 아버님께서 나를 학교에 보내려고 입학서류까지 다 만들었는데, 조부님께서 여자아이를 학교에 보낼 수 없다고 만류하시는 바람에 끝내 못 가고 말았다.

아버님은 체구는 자그마했으나 당차고 다부진 인상을 풍기셨다. 문학과 글씨에 재질이 있어서 경향간京鄕間에 문우들이 많았다. 한의학을 섭렵하여 의술도 지니고 계셨다. 1915년에 큰집과 우리 집 식구 모두를 인솔하여 만주로 갔는데, 이미 와 있던 왕산의 유가족들과 식솔들을 보호하는 한편 종숙인 성산, 재종인 학(學 : 왕산의 장남)과 또 다른 친지들과 함께 독립운동에도 관여하셨다. 나중에 나의 시조부가 되실 석주石洲 이상룡李相龍 어른과도 친교가 있었다. 임정의 주축이었던 김동삼金東三[02] 선생과도 친밀한 관계를 유지하였다. 조부 범산 허형은 일제 때 의병활동으로 유명한 방산舫山 허훈許薰, 성산性山 허겸許蒹, 왕산旺山 허위許蔿 삼형제분과 사촌지간이다. 조부님이 만주로 이민을 가게 된 동기며 만주에서의 행적이 사촌들과 서로 연계되므로 그분들에 대한 약력을 『임은 허씨의 항일운동』이란 책에서 간추려 보면 다음과 같다. 앞에서 말한 임은 허씨의 정착 내력도 이 책에서 읽었다.

방산 허훈

방산은 문장에 뛰어나서 당대에 박통고금博通古今한 문장가로서 이름

---

02 김동삼金東三 :1878~1937. 독립운동가. 안동 출생. 본명은 긍식肯植, 호는 일송一松. 1931년 하얼빈에서 일경에 피체되어 복역중 1937년 서대문형무소에서 순국함. 1962년 건국훈장 대통령장 추서. 출전 : 『독립유공자공훈록』(국가보훈처)

이 알려졌다. 동학혁명이 일어나던 해에 신진 청년이었던 위암韋菴 장지연張志淵이 "오늘의 난국에 관중과 제갈량이 되어 주기를 간청"하는 편지를 보내오기도 했다.

시국에 대한 처신을 명예와 절개를 지키는 것으로 으뜸을 삼았던 방산은 시국이 점점 암담해지자 토지 3천 두락을 매각하여 성산과 왕산의 의병활동 자금으로 흔연히 내어 주었다. 종가의 맏형으로서 자신은 청송군靑松郡 비봉산 아래 진보로 이사하여 구국운동의 후견인 역할을 톡톡히 하면서 가문을 지켰다.

성산 허로

성산은 허겸 또는 허환許煥으로도 불렸다. 아우 왕산과 함께 의병활동을 맹렬히 하였다. 왕산의 수하에 있었기 때문에 여러 사건에서 왕산과 관계될 수밖에 없었다. 일제의 「폭도에 관한 편책」 제30호에 의하면 "허환은 유생으로서 인솔 부하는 약 사백여 명이고, 활동지역은 경기도 연천·삭녕 지방이고, 허위의 형"이라고 되어 있다. 오적척살 사건과 을사조약 반대운동 때도 투옥된 바 있다. 나중에는 만주로 망명하여 1912년에 김동삼 씨, 유인식 씨와 함께 통화현에 중어中語학교를 세워 한국과 중국, 양쪽 나라의 친선도 유지하면서 만주에서 한족활동을 용이하게 진척시켜 나갔다.

경학사耕學社가 발전적으로 해산되고 부민단扶民團이 조직되자 성산은 이름을 '로魯'로 바꾸어 초대 단장으로서 독립투쟁 전선에 앞장섰다. 이 부민단은 남만 일대에 이주해 온 간척민의 자치단체로서 민생·교육·군사와 관련된 여러 가지 사업을 관장하였다.

성산은 3·1운동 직후엔 국내로 잠입하여 군자금을 모집하다 동대문

경찰서에 검거되어 옥고를 치렀다. 그후 다시 만주로 가서, 노령에도 불구하고 끝까지 광복운동에 헌신하다가 아흔 살을 일기로 만주 유하현 하동에서 돌아가셨다.

왕산 허위

왕산은 우리나라 의병운동의 대표적 인물이다. 동대문에서 신설동, 청량리로 뻗은 도로이름을 이 어른의 호를 따서 '왕산로'라 하는 것에서도 짐작할 수 있듯이 역사적으로 이름난 분이다.

을미년(1895년) 국모시해 사건이 나자 안연히 앉아 있을 수 없어 동지 이은찬李殷贊, 조동호趙東鎬, 이기하李起夏 등과 모의하여 김천 장날 거사하였다. 무기고를 탈취하여 성주로 가던 중 관군과 접전하게 되었다. 인근 각 읍에 격문을 보내 의병이 합세하여 진천까지 이르렀을 때, 해산하라는 고종황제의 내밀한 칙서를 받고 왕명을 어길 수 없어서 눈물을 머금고 해산시켰다.

그후 5년간은 입궐하여 성균관 박사, 중추원 의관, 평리원 재판장, 의정부 참찬, 비서원승 등을 역임하고, 종2품 가선대부嘉善大夫의 품계에까지 올랐다. 비서원승으로 있을 때 일본의 주권 침탈과 자유 억압 등의 만행을 열거한 격문을 살포하다가 일군에게 체포되었다. 이 사건으로 찬정 최익현, 판서 김학진 등도 같이 피검됨으로써 사회에 큰 파장을 일으켰다. 결국 민심을 깨우치고 여론을 확산시키려 했던 효과를 본 것이다.

구속된 지 넉달 만에 석방되니, 관직 생활은 이로써 청산할 수밖에 없었다. 왕산은 이때 이미 항일운동의 첫 신호를 올린 것이다.

관직을 박탈당한 후 정미년(1907년) 헤이그밀사 사건 때문에 군대가 해산되는 걸 보고 다시 경기도에서 창의倡義하였다. 동서남북 없이 도처에서 의병이 창궐하여 일제의 강압에 의한 군대해산의 부당함을 온 세상에 알렸다. (그때가 바로 내가 태어난 지 몇 개월밖에 안 되었을 때다.)

왜병들이 왕산 어른을 잡으려고 혈안이 되어 온 동네를 몇 달씩 뒤지고 다녔다. 의병대장 왕산을 찾아내라는 강압에 집안 식구들이 당하는 고통은 이루 말할 수 없었다.

무신년(1908년)에는 서울 시내에 있는 왜의 통감부를 격파하기로 계획을 세웠다. 죽기를 결심한 병사 삼백 명을 직접 이끌고 동대문 밖 삼십 리 지점까지 왔으나, 후원군이 미처 오지 않은 상태에서 왜군과 장시간 접전하다 연천으로 패퇴하였다. 이것이 가장 치열한 싸움이자 마지막 싸움이 되었다. 이때 총리대신 이완용은 연천에 사람을 보내어 관찰사 혹은 내무대신 자리를 가지고 왕산의 마음을 유혹하기도 했다. 그러나 그의 강인한 애국심은 돈이나 직위로 매수될 리 없었다. 심부름 온 사람을 크게 꾸짖어 보냈다.

그해 5월 24일, 연천땅 반석동의 깊은 산촌에서 철원의 일본헌병 분대장 태전청송太田淸松 대위가 거느린 부대의 기습을 받아 체포되었다. 포박 투옥되어서도 추호의 굴함이 없이 항쟁하다가 마침내 10월 23일 쉰네 살을 일기로 서대문형무소에서 교수형을 당했다. 서울 서대문형무소 교수형 제1호였다.

그 어른이 임종 즈음에 남긴 유서에는 "국치민욕이 이에 이르렀으니 죽지 않고 어이 하겠느냐? 아버지 장례도 치르지 못하고 나라의 주권도 회복하지 못했으니, 충성도 못하고 효도도 못한 몸이 죽은들 어떻게 눈을 감으랴? 國恥民辱 乃至於此 不死何爲 父葬未成 國權未得 不忠不孝 死何暝目"라고 하였다.

의병투쟁에서 독립투쟁으로의 첫발을 내디딘 것을 보고 그 후손들이 유지를 이어 조직한 것이 대한의군부이다. 그 어른이 그때 교수형을 당하지 않았다면 우리나라 독립투쟁의 역사는 달라졌을지도 모른다. 그 어른의 아들들과 성산 이하 허씨 일문의 투쟁 경력을 보거나 박상진을 위시한 그분 제자들의 항일투쟁 발자취로 보아 그분은 틀림없이 독립투쟁의 개척자가 되었을 것이다.

그의 유족들은 더 이상 국내에서 견뎌 낼 수가 없었다. 왕산의 둘째 형인 성산과 함께 모두 만주로 갔다. 만주에 가서 더욱 본격적으로 항일투쟁에 뛰어들었다.

왕산의 아들 허학[03]은 스무 살 약관의 나이에도 의병들에게 기밀연락이나 무기조달을 했기 때문에 부친이 서대문형무소에서 순국할 때도 집상執喪을 못한 채 피신해야 했다. 만주로 망명하여 그의 동지인 박노창과 함께 김동삼 선생을 도와 동화학교를 설립하는 데 큰 역할을 담당하였다. 1917년 유하현 전수허자에서는 이세기 등과 동흥학교를 창설하여 칠백여 명의 광복운동 동량들을 양성하였다. 우리와는 만주생활 내내 서로 의지하고 도우며 살았다.

아정 허민

아버지 형제 중 가장 윗분인 아정亞丁 허민은 성균관 참봉을 지냈다. 글씨가 뛰어나 고종의 어명으로 창경궁의 명정전明政殿 현판도 썼다. 그

---

03 허학許嶨 : 1887~1940. 독립운동가. 구미 출생. 일명 허영許瑩 또는 박경博卿. 의병장 허위의 아들. 1991년 건국훈장 애국장 추서. 출전 :『독립유공자공훈록』(국가보훈처)

런데 합방되기 전에 별세하셨다. 건강하시던 분이 하루아침에 갑자기 돌아가셨기 때문에 항간에는 일본 놈의 간계로 독살되었다는 소문도 돌았다. 칠곡 군수로 발령받아 이삼 일 뒤에는 출발할 계획이었는데 그렇게 되었으니 그런 소문이 돌 만도 하였다.

일헌 허규

나의 숙부 허규는 어려서부터 한학을 배워 시에 뛰어났다. 옥처럼 맑은 얼굴에다 재기가 넘쳤는데 키는 단구短軀였다. 당신의 종숙인 왕산의 창의에 형제들이 가담하여 의병조직과 동지규합, 격려문을 배포하는 등의 일로 왜경에 체포되어 옥고를 치렀다.

1915년에는 광복단 사건으로 수사선상에 올랐으므로 경계망을 피해 만주로 갔다. 만주에서 독립운동에 가담하여 맹활약을 하였다. 만주에 있을 때 우리와는 별로 연락이 없었다. 독자적으로 동지를 규합해서 독립단체를 이끌었다. 그래서 이 어른의 활동에 비해 우리 집안에 알려진 것은 오히려 부족하다.

삼일운동 때도 육 개월간 고형을 받았다. 김규식金奎植, 김구金九, 안재홍安在鴻, 여운형呂運亨, 조소앙趙素昻 등과 친교가 두터워 그들과 함께 활약했다. 이육사가 허규 외삼촌의 영향과 지도를 많이 받았다고 훗날 회고담에서 말했듯이 생질인 이원기李源祺, 이활李活, 이원일李源一 등이 동지로서 함께 활동했다.

1928년 상해임시정부의 지령으로 군자금 모집과 동지규합을 위해 국내에 잠입했다가 피검되어 경성형무소에서 오 년여의 옥고를 치르기도 했다. 그후에도 비밀결사 사건에 관계되어 서울 왕십리에서 피검, 일 년 동안 옥고를 치른 것과 홍천형무소에서의 수감 등 일제 강점기 동안 감옥에서 지낸 세월이 이십 년 가까이 된다.

광복 후엔 미군정美軍政의 입법위원에 뽑혔으며, 건국준비위원회에도 관계하였다. 특히 김구 선생과 함께 통일조국을 위한 노력을 도모했다는 기록도 남아 있다.

그 밖의 사람들

우리 할아버지에게 따님(許佶)이 한 분 계셨는데 내가 태어나기도 전에 퇴계退溪 이황李滉 선생의 집안인 안동 도산면 원촌동의 진성眞城 이씨 가문으로 출가하였다. 이 고모의 둘째 아들이 유명한 저항시인인 이육사이다.

육사도 외가의 영향을 받아 일찍이 만주로 가서 항일운동에 적극 참여하였다. 특히 활

이육사

동을 많이 했을 뿐 아니라 몸소 체험한 바를 시로 써서 민족문학사에 큰 족적을 남겼다. 본명은 원록源祿인데 감옥에서 수인번호가 264번이었기 때문에 호를 육사라 했다고 한다.

왕산 어른의 따님인 영천 고모는 왕산께서 옥중에 계시면서 기별해 혼인이 이루어졌다. 영천 아무 데 사는 권교리 집에 정해 놓았으니 그리로 시집보내라고 했다고 한다. 그 말씀대로 그 집안과 혼인이 이루어졌다.

내가 태어나고 얼마 안 있어 왕산 어른께서 그렇게 처참하게 교수형을 당하시고, 몇 년째 계속해서 온 동네가 들끓고 왜놈 순사들이 일가친척들을 마구 잡아가는 통에 정신을 못 차릴 때 할머니가 돌아가셨다. 몇 살 안 먹었을 텐데 그때 일이 가물가물 기억이 난다.

네 살 무렵이었던 같다. 유월인데 건강하시던 백부님(허민許墩, 1910년 6월 3일 서거)이 갑자기 돌아가시자 일본 놈들의 간계에 의한 독살이라고들 수군댔다. 증거가 없어서 그렇지 확실하다고들 했다. 그리고 몇 달 뒤 할머님이 돌아가셨다.

큰사랑이 있고 또 왼쪽에 아랫사랑이 따로 있었다. 초상이 나면 우리 집안에서는 장사를 석 달 만에 지내는 게 관례였다. 큰 방에 모래를 퍼다 부어 놓고 그 위에다 관을 올려 놓는다. 구십 일 동안 방 안에 시신을 모셔야 하니까 부패를 방지하려고 그랬던 것 같다. 백부님 장사 지낸 후 아랫사랑에서 모래를 퍼내기가 무섭게 또 할머니 초상을 치렀다. 상청 차려 놓고 조석으로 상식上食 올리고 곡하던 것도 생각난다. 아마 나의 가장 오래된 기억들 중의 하나일 것이다.

장주사라는 황해도 사람이 있었는데, 아버지 삼형제분과 서울에서 의형제를 맺은 사이였다. 가끔 내왕하곤 하더니 할머니 돌아가시자 한 달간 상주 노릇을 하였다. 옥색 두루마기를 곱게 받쳐 입은 맵시며 행동거지가 어린 내 눈에도 옥골선풍玉骨仙風으로 보였다. 여섯 살쯤 돼 보이는 아들을 데리고 왔는데, 이름은 국환이라 했다. 옷 입은 맵시가 그렇게 고울 수가 없었다. 남갑사 전복을 예쁘게 차려 입고 동네를 돌아다니며 놀던 그 모습이 지금도 눈에 선하다. 국환이도 지금은 아흔이 넘었을 텐데, 살았는지 죽었는지…….

퇴계 이황 선생의 종가 작은집 따님인 할머니는 어른께서 아홉 고을 원님을 살았기 때문에 삼형제분을 모두 이 고을 저 고을 벼슬하러 다니다가 낳았다. 상주 고을 인왕산, 전라도 남원 고을의 봉황산, 또 어느 산 하나는 기억이 잘 나지 않는다. 어쨌든 태어난 고을을 따라서 숙부께는 왕바우, 백부께는 은바우, 우리 부친께는 봉바우라는 재미있는 아명을 지어 주셨다.

  할머니는 아들 삼형제 외에 딸도 많이 낳았지만 다 실패하고 원촌 고모 한 분 키우셨다. 고모는 당신 어머니 초상에 못 오셨다. 몇 대소가가 거의 다 왜놈들 때문에 이집 저집 난리를 치르니 멀리까지 기별할 형편도 못 되었다. 고모네 집안도 역시 왜놈들 때문에 곤욕을 치르는 형편이었다. 게다가 다산(아들만 여섯)을 해서 몸이 열 개라도 빠져 나오기 어려울 텐데 출가외인이 모친 초상이라고 쉬 올 수 있겠느냐며 아예 알리지도 않았다. 연락해도 못 올 게 뻔했으니까. 결국 장례식에는 참석을 못했고 그후 삼년상 때에 왔다. 서너 살배기 원조源朝(원촌 고모의 넷째 아들)를 데리고 와서 한 달 정도 묵었다. 모친 초상에도 못 왔으니 온 김에 한참 지내다 갈 작정이었던 모양이다.

  어느 날 밤에 자다가 원조가 울었다. 달래도 듣지 않고 계속 울었다. 마침 밖에 "패 주소. 패 주소" 하면서 야경꾼이 지나갔다. 방범순찰을 돌면서 무슨 패牌를 받으러 다녔던지 그 때는 그렇게 패를 달라며 다니곤 했다.

  내가 얼른 "저 소리 들어 봐라. 우는 아이 '패 주라' 한다" 했더니 울음을 뚝 그쳤다. 야경꾼 덕에 순간적으로 생각해 낸 꾀가 통했던 것이다. 나한테는 그게 그렇게 재미있었던지 아직도 기억이 생생하다.

  함께 지내던 그 한 달 동안 고모님은 나에게 "기역 니은 디귿……" 하면서 창호지 반을 접은 종이에 글을 써 가며 국문을 가르쳐 주셨다. 창호지 반 장에 썼다고 그 글자를 '반절半切'이라 한다고 했다. (그리고 우리 한글도 훈은 다르지만 역시 反切이라고 한다는 것을 나중에 알게 되었다.) 겨우 받침할 정도 배운 것 같은데, 그나마 까막눈은 면하게 해주어서 어찌나 고마운지 모른다.

한자는 대개 들은 풍월을 기억해 두거나 어깨 너머로 익혔다. 워낙 글 읽는 선비 집안이라 자나 깨나 귀에 들리는 건 한자와 문장들이라 귀동냥을 많이 했다. 그 덕으로 지금도 신문 읽는 것이 내 유일한 낙이다. 그리고 서투나마 내 나름으로 가사歌辭도 몇 편 지었다.

어릴 적, 어느 해에 어머님이 설빔을 해 주셨다. 섣달 그믐날 밤에 비단 치마저고리를 만들어서 입혀 놓고 어른들은 예쁘다고 좋아하셨다. 그런데 내가 꽃수 놓인 복주머니에 끈을 달아 주지 않는다고 울었다. 그러자 그 밤중에 아버지가 옷 갈아입으시고, 종에게 초롱 들려 약목 장터까지 말 타고 가서 사다 주셨다. 아버지는 그만큼 자상한 분이었다. 당신 부친께 대한 효도도 지극하셨다. 출타해서 돌아오실 때는 반드시 조부님 좋아하시는 단것을 꼭 사오셨다. 당시엔 사탕 같은 것은 없었으니 아마 엿 종류를 사오셨을 것이다.

우리 집안은 대대로 유교를 숭상하고 선비의 지조를 중히 여겼다. 온 집안이 국내외에서 빼앗긴 나라를 되찾는 일에 목숨을 바쳐 가며 항일 운동을 한 것도 유교의 충효 정신이 몸에 배어 있었기 때문이다. 나라에 대한 충성이 부모에 대한 효도보다 앞서야 한다고 믿었던 것이다.

왕산 어른이 의병대장으로 분투하시다가 잡혀서 교수형을 당하자 임은 마을 전체가 발칵 뒤집혔다. 왕산의 백형 방산께선 의병활동에 쓰라고 천석 재산을 다 팔아 두 동생에게 주었다. 그렇게 처분하고는 당신은 경상도 청송의 진보로 이사가 버렸다. 왕산 어른이 돌아가시자 남은 직계 가족들은 더 이상 견딜 수가 없어 만주로 피신해 갔다. 의병 창의에 연루된 많은 사람들이 붙잡혀 가고 허씨들은 몇 집 안 남았다. 몇 해 지나지 않아 허씨 집성촌이던 임은 동네가 썰렁해졌다. 그래도 일본 순사들은 경계를 늦추지 않았다. 왕산 어른이 주모자니까 그 일로 해서 연좌해서 온 집안사람들을 못살게 굴었다. 아버지도 끌려가 경무청에서 한 달 살고 나왔다. 아버지가 잡혀가신 후로 밤이면 친척들이 오고 가고 집집마다 모여 수군거렸다. 그해가 을묘년(1915년)이었다.

번쩍거리는 긴 칼을 찬 일본 순사들은 으레 한복 차림의 조선 사람 보조원 한 명을 데리고 동네를 휘저으며 다녔다. 이들이 동네에 들어서면 어른 아이 할 것 없이 무서워서 벌벌 떨며 숨기 바빴다. 다락에도 숨고, 집 뒤 대밭 속에도 숨었다. 붉은 견장과 철커덕거리는 칼 소리에 동네 강아지들도 놀라 마구 짖어댔다. 나도 어찌나 무섭던지 그들이 멀리서 나타나기만 하면 얼른 들어와 이불 속에 숨곤 했다.

일본 사람만 우리를 괴롭힌 것이 아니다. 한국 사람 중에도 밀정이 있어서 우리 집 동정을 보고한다는 말도 들었다. 같은 민족이면서 돈 받고 그런 양심 없는 짓을 한다고 했다. 이웃에 사는 채판네도 일본인을 추종하는 집이라고 수군대는 걸 들은 적이 있다. 돈 받아먹고 친일파 노릇 한다고 짐승만도 못하다느니 하면서 수군거렸다.

그런 감시 때문에 계속해서 집안사람들이 몇 명씩 붙잡혀 갔다. 경무청에 감금되었다 나오기도 하고, 경찰서에도 잡혀가 어떤 이는 한 달 이상 있다 나오기도 했다. 그후 서로 쑥덕쑥덕하더니 서간도西間島로 가기로 결정을 본 모양이었다.

우리는 아버지가 지차之次이기 때문에 분가해서 살았다. 동네가 다 일가친척들이었는데 우리 집은 왕산 할아버지 댁 바로 뒤 언덕바지에 있었다. 우리 집은 별로 크지 않은 초가집이었으나 왕산 할아버지 댁은 아주 큰 기와집이었다. 우리 큰집도 왕산댁 바로 앞에 입 구口 자로 된 기와집이었다.

그런데 큰집 백부는 고종의 총애를 받아 벼슬하시다가 하룻밤 새에

변사하였으므로 아들이 없었다. 큰오빠가 그댁 양자로 들어갔다. 그래서 큰집 살림까지도 우리 아버지가 다 맡아 주관했다. 서간도로 갈 때도 백모님과 큰오빠 내외를 함께 데리고 갔다.

엄격한 유교적 가풍 때문에 대여섯 살부터는 바깥출입을 못하게 했다. 봄이 되면 온 산에 진달래가 지천이라도 일가집 외에는 아무 데도 나다니지 못했다. 부엌에서 불을 때거나 파를 다듬는 등의 잔심부름을 하였고, 밥 먹고 나면 어머니 하시는 일은 무엇이든 도왔다. 손끝으로 솜을 만져 피우는 일도 하였고, 조각 헝겊을 한데 이어 조각보도 만들었다. 어릴 때 봐도 조각보는 참 예뻤다. 색깔도 곱고 무늬도 예뻐서 이리 만지고 저리 만지곤 했다. 그렇게 하다 보니 자연히 바느질도 배우게 되었을 것이다.

가끔 위아랫집에 사는 일가 큰애기들끼리 감나뭇잎에 먹글씨로 편지를 써서 주고받기도 했다. 종이가 귀한 시절이라 주로 낙엽에 글씨를 썼다. 특히 감나무는 잎이 크고 널찍한 데다 먹발을 잘 받기 때문에 감나뭇잎을 많이 주워 모았다. 불그족족하게 물든 감나뭇잎이며 단풍잎에 무슨 내용을 담았던지…….

서간도로 야반도주

고향땅을 뜨기로 작정을 하고부터는 알지 못하는 세계에 대해 이러쿵저러쿵 말들이 많았다. 밤이면 어른들이 이 집 저 집 몰려다니며 수군거렸다. 서간도에 대해 온갖 말들이 다 돌았다. 강만 건너면 광활한 신천지인데, 거기에는 빼앗긴 조국을 찾으려는 조선의 젊은이들이 홍길동처럼 신출귀몰한 활약이 대단하다고도 했다. 또 거기는 땅이 기름지고 좋아서 구덩이만 크게 파 놓으면 팔뚝만 한 서속(기장과 조)이 절로 자란다고도 했다. 주로 희망적인 이야기와 용감한 활약상에 대한 내용들이었다. 모르는 세상에 대한 이야기니까 다들 좋은 쪽으로 말하는 것이었으리라.

1915년 음력 삼월, 멀리 들판에 엎드려 일하는 사람들의 모습이 드문드문 보이는 계절이었다. 언제 짐을 다 싸 놓았던지 우리는 하늘이 아직 깜깜할 때 집을 나섰다. 성산 어른의 인솔에 따라 우리 가족 모두와 권팔도네 가족, 그리고 당숙(許堡) 가족과 함께였다.

권팔도란 분은 예천 사람인데 전에 의병활동을 하면서 조선 팔도 안다닌 데 없다고 '팔도'란 별명이 붙었다. 가족은 부인과 애기 하나였다. 의병활동을 통해 우리 집안과 잘 아는 사이였다.

성산 어른을 다들 오태 할아버지라 불렀는데, 그 어른이 먼저 당신네 가족을 데리고 도만(渡滿)해서 통화현 다황거우에 자리를 잡아 놓고 나서 우리를 데리러 온 것이었다. 그때 우리는 밤길을 걸어서 구미 아래에 있는 김천시 남면 부상역에 와서 기차를 탔다. 새로운 땅 신천지를 찾아 나선 동네 사람들 수십 명이 깜깜한 어둠 속을 걷고 또 걸었다. 대부분 친척들이었고, 타성바지도 더러 있었다.

그동안 동고동락하던 종들이 함께 가지 못하는 아쉬움을 달래려고 아이들을 업거나 짐을 들고 지천역까지 배웅을 나왔다. 새벽녘, 하늘이 부윰해질 무렵 역에 닿았다. 헤어져야 할 시간이 되자 주인들도 울고 종들도 울었다. 한솥밥 먹고 살아온 정이 그렇게 무서운 것이었다. 우리 집의 열다섯 살짜리 삼월이도 헤어지기 싫다며 서럽게 울었다. 그 뒤론 다들 어떻게 살아갔는지 소식을 못 들었다.

생전 처음으로 기차를 탔다. 나도 물론이지만 거기 모인 사람 대부분이 기차를 보는 것도 처음인 모양이었다. 겉모양은 요새와 비슷하나 일본인들이 칸마다 다니면서 감시를 했고, 한 의자에 두 사람씩만 앉게 했다. 독립운동가들을 잡아내려는 열차 수색원들이 수시로 왔다 갔다 했다.

기차간에서 아이들에게만 '오화당'이라는 알사탕을 주었다. 처음 먹어 보는 것이라 신기하기만 했다. 오색으로 곱게 무늬진 것이 너무도 신기해서 정작 사탕 맛이 어떤지는 몰랐다. 천천히 빨아 먹으라고 해서 아주 천천히 아껴 가며 빨던 생각이 새삼스럽다.

부상역에서 탄 기차를 추풍령에서 갈아탔다. 그리고 몇 시간을 더 달리더니 한참 만에야 서울 남대문 정거장에 닿았다. 거기에서 우리와 합류한 사람들도 있어 일행이 모두 칠십여 명으로 불어났다. 미리 그렇게 약조가 된 듯싶었다. 또 기차를 갈아타고 국경도시 신의주에 도착하자 다 내리라고 했다.

역사를 빠져나오니 비가 억수로 쏟아지고 있었다. 앞으로의 험난한 여정을 미리 일러나 주는 듯 국경의 낯선 역에서는 비바람만이 우리를 맞이했다.

그때 공교롭게도 중국인 행상 한 사람이 어깨에다 긴 장대를 메고 그 양쪽 끝에 무얼 담아 가지고는 "조선외, 조선외!"라고 외치며 지나갔다. 그걸 보고는 백모님이 놀라 질겁을 하며 어디론가 도망치려고 했다.

여러 사람들이 "그게 아니고, 자기네 물건 사라고 하는 소리"라며 달래어 겨우 진정시켰다. 수천 리 타국으로 살러 가는 길이라 극도로 불안하던 차에 눈에 익숙지 않은 중국 사람을 보자 겁이 났던 것이다.

비를 맞으며 우리가 찾아 들어간 곳은 손일민孫逸民[04] 씨가 경영하는 여관이었다. 손씨는 밀양 갑부인데 만주로 가는 사람들 뒤를 보살펴 주기 위해 신의주에서 여관을 하고 있다고 했다. 전에 병사兵使 벼슬을 했던 집안인지 사람들은 그 집을 '손병사 집'이라고 했다. 우리 일행과도 미리 약속이 되어 있었던 모양이었다. 주인 아낙이 얼굴도 잘생겼고 성격도 활달했다.

우리들 행색은 비를 맞아 구질구질했으나 그 부인이 방마다 들여다 보고 불편한 곳을 손수 보살펴 주었다. 이틀 묵는 동안 친절하게 대해 주었고 밤에는 방에 들어와 책을 재미있게 읽어 주었다. 그 바람에 그의 인기가 좋아 모두들 반했었다. 그런데 사람들 말이, 그이는 손일민 씨 둘째 부인이고 본부인은 고향 본가를 지키고 있다고 했다. 얼굴을 드러내 놓고 할 수 있는 일이 아니었기에 둘째 부인에게 경영을 맡긴 것 같다고 했다.

수로만리, 육로만리

신의주 손병사 집에서 이틀 묵는 동안 만주로 들어갈 준비를 하면서 미진한 것들을 보충했다. 배 네 척을 구하고, 소금을 친 갈치도 몇 상자 사서 실었다. 훗날 이 소금으로 몇 달을 잘 먹었다. 내륙에는 소금이 아주 귀했으니까. 생활필수품들도 보충해서 싣고는 또 얼마가 걸릴지 모

---

[04] 손일민孫逸民 : 1884~1939. 독립운동가. 밀양 출생. 호는 회당晦堂. 이명 일민一民 또는 기정基鼎. 경술국치 후 망명. 1990년 건국훈장 애국장 추서. 출전 : 『독립유공자공훈록』(국가보훈처)

압록강 철교

르는 긴 여정에 올랐다. 배는 돛단배였고 사공은 중국인들이었다. 압록강을 타고 거슬러 올라가는 것이 육로로 가는 것보다 수월하고 안전하다고 했다. 강에 떠 있으면 일본 순사들과 마주칠 일도 없으니까…….

다행히 날씨가 좋아 배는 바람을 타고 순조롭게 잘 나갔다. 하지만 해마다 삼사월이면 가물어서 강물이 줄어든다고 했다. 그때도 우리 일행은 배를 저어 가다가 물이 얕아서 더 이상 가기 어려운 곳에 닿으면 배에서 내렸다. 사공들과 일행 중 젊은 청년들이 힘을 합쳐 배에다 줄을 매어 끌고가기도 했다. 보름 동안 강을 거슬러 올라가면서 물이 얕은 곳에서는 배를 묶어 놓고 쉬기도 하고 밥도 해 먹었다. 배 안의 방에 굴뚝 두 개가 있었던 것이 인상 깊게 남아 있다. 아이들은 멀미 때문에 배 안의 방에 누워 있거나 그 굴뚝에 기대어 앉아 있곤 했다. 날씨가 좋은 날엔 아이들도 뱃전에 나와 놀았다.

일행 중에 오정현이란 분이 있었다. (이름은 가명일지도 모르겠다.) 서른쯤 되어 보이는 서울 청년인데 그분도 독립운동하러 가는 분이었다. 유독 가족 없이 단신으로 우리 일행에 합류한 분인데 아이들을 무척 좋아했다. 그래서인지 우리에게 참 친절하게 대해 주었다. 배를 타고 가다가 점심때가 되면 수심이 얕은 곳에 정박하고는 점심을 먹기도 하고 쉬기도 하였다. 그럴 때 오정현 씨는 아이들 손을 일일이 붙잡아 배에서 내려주고 백사장으로 데리고 가서 함께 놀아 주었다.

그때가 음력 사월 들어설 무렵이라 강 양쪽 산기슭엔 진달래가 한창이었다. 그분은 우리를 꽃이 핀 데로 데리고 가서 진달래 꽃다발을 만들어 한 사람씩 목에 걸어 주었다. 나는 진달래꽃을 보니 고향 생각이 났다. '이렇게 떠나오지 않았으면 진달래 꽃잎을 따서 화전도 만들어 먹었을 텐데……'라는 생각도 들었다. 가고 있는 뱃길 오른쪽은 우리 땅 평안도이고, 왼쪽은 중국 땅이라고 했다.

몇날 며칠 배 안에서 밥을 해 먹었는데 반찬은 소금에 절인 갈치와 젓갈뿐이었다. 하루는 평안도 경계쯤에서 배를 멈추고 자갈밭에 앉아 쉬었다. 우리나라 여자들이 봄나물을 강물에 씻고 있었다. 가까이 가보니 고향에서 먹던 나물은 아니고 버들잎 같았다. 그래도 워낙 채소를 먹지 못했던 터라 그것 좀 팔라고 하자, 그 여인들이 나물로 팔 정도는 못 된다고 하면서 그냥 주었다. 그걸 삶아 소금에 무쳐서 맛있게 먹었는데 그 맛이 왜 아직도 잊혀지지 않는지 모르겠다.

지루한 여행은 계속되었다. 선실 안에 방같이 생긴 것은 둘뿐이었다. 배에 탄 사람들이 모두 방에 있자니 너무 복잡해 낮이면 밖으로 나와 있는 경우가 많았다. 해가 있는 날은 머리 위가 너무 뜨겁고, 비 오는 날은 선실 위의 뚜껑을 닫아 버리니 방 안에 갇혀 지낼 수밖에 없어 지옥 같았다. 돛단배라 바람이 불면 잘 가다가도 바람이 멎으면 영 나가질 못하니, 강둑에 매어 놓고 바람을 기다리곤 했다. 그럴 때면 남정네들은 강가에서 시를 읊고, 여자들은 빨래를 했다.

　배를 타고 가는 도중에 만주인들을 많이 봤다. 우리가 쉬고 있으면 만주인들이 몰려왔다. 우리로선 그들을 구경하는 것이지만, 그들은 그들대로 우리 한국 사람이 그렇게 많이 있는 것을 별로 보지 못했던지 떼 지어 몰려와 우리를 구경했다. 신의주에선 백모님이 만주인이 무서워서 달아나는 소동까지 벌였지만 내 보기에도 그들은 무서웠다.

　우리가 만난 중국인은 주로 만주인인데 그들은 대체로 깨끗하지 못했다. 여자들은 머리에 철사를 구부려 만든 '머리틀'을 올려놓고 머리카락을 그 위에 덮어 머리 모양이 커 보이게 했다. 세수도 깨끗하게 하지 않았는지 귀와 목 뒤엔 때가 많이 묻어 있었다. 그런데도 화장은 진하게 했다. 얼굴에다 가루분을 하얗게 발라 놓은 걸 처음 보았을 때는 어린 마음에 옛 노인들이 이야기하던 귀신을 보는 듯했다.

　남자들도 무서워 보였다. 애 어른 할 것 없이 머리 꼭대기에 밥그릇 뚜껑만큼만 머리칼을 동그랗게 남겨 놓고 나머지는 모두 빙 둘러 깎여 있었다. 그리고 그 남겨 놓은 머리칼은 길게 땋아서 꼬리처럼 등 뒤에 늘어뜨리고 다녔다.

　낮에는 강을 거슬러 올라가다가 밤이 되면 인가가 있는 근처에 배를 매어 놓고 밤을 보냈다. 강물 위에 떠서 지내는 밤이면 근처에 인가가 있어도 무서운 생각이 들곤 했다. 가는 중간 중간에 층암절벽이 우뚝 솟아 있고, 그 아래로 푸른 늪이 있었다.

　얼마쯤 가다가 절벽 위에 관왕묘關王廟가 있는 것이 보이자 일행들은 배에서 내려 그곳으로 올라가 보았다. 관왕묘는 바위 사이에 터를 잡아 이룬 큰 건물이었다. 건물이 아주 크고 웅장하여 절로 엄숙한 기운이 느껴졌다. 건물 안에는 관왕關王(관우)을 비롯해서 삼국지에 나오는 명장 유비, 장비 등이 팔척장신의 커다란 상으로 모셔져 있었다. 묘당의 단청은 화려했으나 몇몇 장수들의 팔이 떨어져 나가고 없어 허무해 보이기도 하였다. 장수와 복을 빌며 축원을 드리는 사람들도 눈에 띄었다. 아직도 그 장수들은 푸른 파도가 굽이치는 압록강을 말없이 바라보고 있을 것이다.

보름 동안의 수로여행은 참으로 지루하고 고생스러웠다. 특히 음식이 마땅치 않았다. 중국 뱃사람들은 배 안의 방 한 켠에 살림을 차리고 살았다. 뱃삯을 받아 돈을 버는 한편 선객을 상대로 반찬거리, 주로 생선이나 젓갈류 등을 팔아서 부수입을 올리고 있었다. 우리 일행도 내내 그들이 파는 생선과 곤쟁이젓을 사서 반찬으로 먹었다.

한번은 우리가 곤쟁이젓을 사려고 했는데, 젓갈 파는 사람이 젓갈통을 들어 올리다 그만 끈이 끊어지는 바람에 이불 위에 젓갈이 다 쏟아져 버렸다. 솜이 터져 나온 더러운 이불에 쏟아진 젓갈을 손으로 그러모아 다시 통에 담았다. 그러고는 그것을 예사롭게 또 팔았다. 그 꼴을 본 뒤로 우리는 곤쟁이젓은 사 먹지 않았다.

배로 보름을 가서 닿은 곳은 회인현(지금의 환인현) 화전이었다. 서울서부터 동행해 함께 놀아 주고 꽃다발도 만들어 주던 오정현 씨와는 거기서 작별하였다. 상해로 간다고 했다.

이제부터는 육로여행이었다. 말 스무 필을 임대했다. 겨우내 얼었던 땅이 녹아서 마차가 다니지 못했다. 흙이 찰지기 때문에 발을 디디면 푹 빠졌다가 발을 올리면 찰떡같이 달라붙어 걸음을 떼기가 쉽지 않았다. 그런 땅을 '늪땅'이라 한다는데 여름에도 가물 때만 제외하고는 늘 그렇다고 하였다. 차라리 겨울엔 땅이 얼어 딱딱해지니까 그 위로 마차가 달릴 수 있지만 그렇지 않을 때는 말을 이용하는 수밖에 없었다.

만주 말은 우리나라 말보다 몸집이 컸다. 말에 짐을 잔뜩 싣고, 그 짐 위에 어린이와 노인들만 올라타고 길을 나섰다. 청장년들과 여덟아홉 살 이상 되는 아이들은 걸어서 갔다. 며칠을 갔는지…… 하여튼 수일간 갔다. 어린 나는 말 위에 앉아 갔지만 그것도 힘든 노릇이었다. 끝도 없는 여정이었다.

첩첩산중을 지나기도 하고 끝없이 광활한 벌판을 지나기도 하였다. 날이 저물면 여관을 찾아 들어갔다. 여관에 들어가서는 말이 통하지 않아 어른들이 붓으로 한자를 써서 필담을 했다. 여관방은 마치 기다란 무덤 속 같았고 이부자리는 더러웠다. 중국인 마부들은 첫닭만 울면 영락없이 길을 떠났다. 비가 와도 아랑곳하지 않고 나섰다.

만주인들은 우리처럼 밥을 먹는 식생활을 하지 않아서 밥이란 걸 몰랐다. 서속을 끓여서 쑨 죽과 강냉이떡을 주었는데 서속이 오래된 것이라 색깔이 벌겋고 뜬내가 나고 고약했다. 임은 땅 떠난 뒤로 겪는 모든 일들이 하나같이 낯설고 고생스러웠으나 음식 때문에 겪는 고통이 가장 심했다. 또 그들은 주로 돼지기름으로 요리를 하는데 그 기름이 오래 묵은 것이었는지 부패한 냄새 때문에 모두가 굶다시피 했다.

먼 길에 시달려 지치고 고달픈데 허기마저 몰려오니 이거야말로 난경 중의 난경이었다. 하루는 여관 주인댁에서 장을 좀 얻어 왔다. 그걸 반찬해서 먹으려고 빙 둘러앉았다. 장 속에 건더기 같은 게 보여 고추 박아 놓은 것인 줄 알고 반가워하며 새집 아재(당숙 許亨植)[05]가 덥

---

05 허형식許亨植 : 1909~1942. 독립운동가. 구미 출생. 이명 허극許克. 1939년 동북항일연군 제3로군장에 임명. 1942년 대일전에서 전사함. 출전 : 『許亨植 硏究 – 東北抗日聯軍內 주요 韓人指導者의 항일투쟁 사례검토』(張世胤, 1993)

석 집어 먹었다. 그러더니 갑자기 도로 뱉어 버렸다. 고추꼬투린 줄 알고 입에 넣어 씹은 것이 쥐꼬리였다. 장독에 쥐새끼가 빠졌던 모양이다. 지금도 장을 뜰 때마다 그 생각이 나서 혼자 속으로 웃을 때가 있다. 고추만 봐도 그렇고.

허형식

가다가 비를 만나도 그대로 강행군을 했다. 많은 짐을 실은 말 위에 사람이 앉아 가다가 낙상하는 일도 잦았다. 새집 당숙모도 말에서 떨어져 부상을 입었다. 갈 길이 바쁜데 여관에서 마냥 조리하고 있을 수만도 없어 아픈 몸이지만 그대로 떠나야 했다. 걸어도 걸어도 끝이 없으니까 배여행이 그나마 낫다는 생각도 들었다.

만주는 땅 모양이 우리나라보다 순하다. 워낙 너른 땅이라 평평하고, 산세 역시 밋밋해서 순해 보인다. 압록강가 쪽에는 기암절벽이 있긴 하나 강을 건너 만주로 들어갈수록 더욱 평평하다. 우리가 가는 길에는 인가 없이 몇백 년이나 그대로 묵혀 있었는지 모르는 낙엽이 두 자 이상씩 쌓여 있었다. 흙을 구경하려면 낙엽을 아주 깊이 파내야 했으므로 푹푹 빠지는 낙엽길을 걷는 말도 무척 힘들어 보였다.

언젠가는 날이 저물어 여관에 들었는데 우물가 근처 숲 속에서 더덕 냄새가 난다고 했다. 어른들이 냄새 나는 근처에 가서 여기저기 두리번거리다가 더덕 한 뿌리를 찾아냈다. 그걸 본 만주인들이 손사래를 치며 먹으면 죽는다고 못 먹게 했다. 그러나 우리 어른들은 소금까지 쳐서 맛있게 잡수셨다.

풍토가 다르니 풍물도 달랐다. 먹는 식물과 못 먹는 식물을 가려내는 것도 지역에 따라 다르다는 것을 알 수 있게 해 준 사건이었다. 그 이튿날 가면서 보니까 길가에 더덕이 지천이었다. 먹으면 죽는 풀인 줄 알고 전혀 손을 대지 않아 어떤 것은 팔뚝만 한 것도 있었다. 모두 신나게 캐서 실컷 먹었다.

여행은 쉼 없이 계속되었고 사람들은 날로 기진맥진해 갔다. 비가 오면 신발에 달라붙은 찰흙 때문에 발이 영 떨어지지 않아 힘이 몇 배나 더 들었다. 아이들은 아예 신을 벗어 들고 맨발로 빗길을 걸어갔다.

회인현과 통화현의 접경쯤에서 '금창'이라는 곳을 지나게 되었다. 전에 금광을 하던 곳이라는데 그 엄청난 규모에 놀랐다. 우리나라 광산은 땅속을 뚫고 들어가야 광석이 있는데 거기는 사방 평지에 널려 있었다. 사방에 널려 있는 돌들이 번쩍거려서 눈이 부셨다. 아무래도 그 광석에는 금이 많이 섞여 있는 것 같았다. 어쨌든 참으로 넓고 넓은 땅이었다.

이민생활의 시작

드디어 통화현 다취원이란 곳에 다다랐다. 삯말을 끌고 온 마부들은 그곳이 우리와 계약한 종착역이라면서 짐을 다 풀어 놓고 가 버렸다.

그곳에는 이미 사오 년 전에 본국에서 건너오신 애국지사들이 살고 있었다. 대략 열 집 정도였는데, 우리 일행을 반갑게 맞아 주었다. 그분들은 이민 오거나 임무를 띠고 오는 사람들을 최종 정착지까지 안내해 주는 일을 맡고 있었다. 첫날은 안동 솔밤 사람 하재우 씨가 우리를 저녁식사에 초대했다. 가 보니 상을 잘 차려 깨끗한 보자기로 덮어 놓고 우리를 기다리고 있는 모습이 좋아 보였다. 시집온 지 일 년쯤 되는 새색시와 그 시어머니 사이도 참 보기 좋았다. 그들은 같은 시기에 출산을 하여 숙질 관계가 되는 두 애기를 화목하게 잘 키우고 있었다. 그때부터 십여 일 동안 우리는 방 하나에 몇 집 식구가 한데 우글거리며 지냈다. 우당友堂 이회영李會榮[06] 씨와 함께 서간도에서 먼저 자리 잡고 있던 유기호 씨, 하재우 씨 등이 며칠 뒤 왕산 댁이 계시는 다황거우까지 안내

이회영

해 주었다. 그때는 잘 몰랐지만 나중에 보니 이분들이 이민 오는 동포들의 대책반이었다.

다황거우는 다취원에서도 첩첩산중으로 십 리를 더 가야 하는 곳이었다. 여기저기 물어서 왕산댁부터 찾아 들어갔다. 고향에서는 큰 기와집에서 종 부리고 벼슬하며 사시던 분인데, 막상 뵙고 보니 사시는 모습이 너무나 초라했다. 산비탈 토굴 같은 집에서 방 두 칸 겨우 마련하여 이 방 저 방에 무리지어 거처하고 계셨다. 산전을 개간하여 손수 농사일도 하시면서. 물론 일본 놈들 때문에 살 수 없어 떠나오긴 했지만 그래도 서간도를 목표로 하고 올 때는 땅이 무진장 넓고 기름져서 먹고 살기는 좋을 것이라는 기대를 갖고 출발했었는데…….

---

[06] 이회영李會榮 : 1867~1932. 독립운동가. 서울 출생. 호는 우당友堂. 독립 운동 중 일경에 피체되어 고문으로 1932년 순국함. 1962년 건국훈장 국민장 추서. 출전 : 『독립유공자공훈록』(국가보훈처)

이역만리 타관 땅에서 고생만 하다가 일가친척들을 한꺼번에 만나게 되니 서로들 너무나 반가워했다. 더구나 왕산댁은 고향을 황급히 떠나면서 우리에게 맡겨 두고 간 막내딸을 만나게 되어 더욱 반가워하셨다. 살아서 다시 보게 될지 어떨지 막연했는데 이산가족 상봉의 기쁨으로 눈물바다가 되었다.

우리도 우선 거기서 살기로 했다. 왕산 할아버지의 맏딸네(양주댁), 두 아들네 식구들(허학, 허국)을 비롯하여 온 가족이 다 모였다. 왕산 할아버지의 맏사위 이성면 씨는 충북 보은 사람으로 효령대군의 후손이었다. 그분은 독립활동에 쓸 군자금을 마련하러 서울에 갔다가 숙부님과 같이 붙잡혀서 십삼 년 동안 감옥에서 살았다. 무오년(1918년) 삼월에 병보석으로 나오긴 했으나 양주 자기네 큰집에 가서 얼마 안 있다 돌아가셨다. 사위가 감옥에 가고 없으니 딸네 식구들을 어딜 가나 꼭 데리고 다녔다. 허학 재종숙은 당시 스물 조금 넘은 나이였는데, 자기 부인은 처가에다 몇 해가 될지 기약할 수 없는 부탁을 해 놓고 늙으신 어머니와 누이, 생질 남매와 넷째 동생을 데리고 서간도로 온 것이다.

그 집은 방이 둘인데 차양 같은 걸 치고 많은 식구가 시루 속 콩나물처럼 우거했다. 성산 어른댁은 처남과 처제들도 함께 왔으니 식구가 더 많았다. 삼사월이 되니까 홑이불만 덮어도 견딜 만했다. 왕산댁 방 옆에다 잇대어 방을 다섯인가 여섯을 더 달아 내었다. 나무가 무진장한 곳이라 마음대로 나무를 베어 집을 지어도 아무도 말을 안 했다. 그때 우리 식구는 조부, 조모, 백부, 백모, 큰오빠(許鋠) 내외, 미혼인 작은오빠(許鉉), 나까지 해서 모두 여덟이었다.

날씨가 점점 따뜻해지자 산을 개간하여 화전 농사를 시작했다. 빽빽

이 울창한 나무들을 벌목하여 쌓아 놓고 불을 지른다. 다 타고 나면 나무 벤 자리만큼 널찍한 터가 생긴다. 나무 탄 재가 수북한 데다가 백년 묵은 여러 나뭇잎들도 쌓여 있어서 거름은 좋았다. 산비탈이라 높은 데서 곡괭이를 끌고 아래로 쭈욱 긁어 내려오면 거기에 고랑이 생긴다. 다음에는 고랑 따라 아래쪽에서 위로 올라가면서 옥수수, 콩, 서속, 감자 등의 씨를 놓는다. 주머니에 씨앗을 담아 가지고 놓은 자리마다 발로 꼭꼭 밟아 주면서 올라간다. 우리나라와는 토양이 달라서 밟지 않으면 싹이 났다가도 모두 쓰러져 버린다. 끝까지 다 올라가서 다시 한 번 괭이를 끌고 내려와야 새 고랑이 생기면서 먼저 씨앗을 놓아둔 고랑에 흙이 덮인다.

고향에서는 양반이라고 말고삐 잡고 경향간 내왕이나 하며 글 읽던 분들이 생전 해 보지도 않고 듣거나 본 적도 없는 화전 농사를 직접 하자니 마음대로 잘될 리가 없었다. 게다가 몸은 고달프기 짝이 없었다. 그해 가을에 거둬들인 식량은 겨우 가을 한 철 먹고 나니 다 떨어졌다. 다음 농사지을 때까지 지낼 일이 막막했다.

나는 어른들이 풀 뽑으러 갈 때 따라가서 바가지나 주전자로 물을 떠다 날랐다. 일하면서 물을 마실 수 있도록 밭고랑까지 갖다 드리곤 했다. 또 진대, 더덕, 도라지 같은 나물을 캐기도 했다.

식수로는 도랑물을 먹었다. 도랑가에는 가래나무(호두나무 또는 楸子木)가 많이 자라고 있었다. 나무가 커 열매가 아주 많이 열렸다. 그런데 그해 오뉴월이 되자 그 동네 사람들 모두가 발병했다. '수토병'이라고도 하고 '만주열'이라고도 했다. 물 때문에 생긴 전염병 같았다. 원래 가래나무 있는 곳은 물이 좋지 않다는데 그 물을 먹어서 그랬는지 아무튼 석 달간 병이 돌았다.

성산 어른은 부인을 다섯 번 얻었다. 처음에 한국 있을 때 오태로 장가갔으나 생산을 못하고 사별했다. 둘째 부인 연동 송씨와 그 처족들은 만주에 함께 데리고 갔는데 그 부인은 그만 자살하고 말았다. 다음 부인이 순천 박씨다. 첫아들 낳고 딸을 한 명 낳았다. 부인은 많았어도 자손이 귀해서 지금까지 살아 있는 혈손은 박씨 부인의 딸에게서 난 외손녀인 정릉 스님(임문선) 한 사람뿐이다. 박씨 부인은 서울에 남아서 외딸을 혼자 키우며 고생이 많았다. 그 외딸이 지금 정릉에 사는 스님이다. 성산 어른이 가끔 군자금 관계로 서울에 들어오면 이 딸네 집에 머물곤 하였다. 삯바느질해서 근근이 먹고 살면서도 어른을 극진히 위해 드렸다는 이야기를 나중에 귀국해서 정릉 스님한테 들었다.

연동 송씨의 조카 되는 송병기 씨, 그러니까 성산 어른의 처조카도 그때 수토병으로 사망했다. 권팔도네도 하나밖에 없는 애기를 잃었다. 애 어른 할 것 없이 많이 죽었다. 요새 병명으로는 장질부사(장티푸스)라고 한다던데 나도 그 병에 걸려 석 달을 앓았다. 개울에 가서 나물을 씻어 오다가 쓰러졌다. 그러고는 집에 와서 앓기 시작한 것이 시초였다. 고열이 나는 병이라 팔월이 되니까 머리털이 다 빠져서 새대가리 같았다. 만주 사람이 하는 약국에서 약을 지어 먹어도 소용이 없자 성산 어른이 산에 가서 약초를 구해다 달여 주었다. 서너 달 앓고 나서야 조금씩 회복되어 갔다.

압록강 건너올 때 신의주에서 소금 친 갈치를 많이 샀었다. 소금이 없어서 몇 달 동안 소금 대신 짠 갈치를 아주 조금씩 아껴 먹었다. 먹을 것이 없어서 뜬 좁쌀죽에 소금하고 겨우 먹었다. 눈만 떴지 송장이나 다름없이 누워만 지냈는데 그래도 용케 살아났다.

망명 온 댓바람에 겪은 일이라 모두들 당황했다. 수천 리 수만 리 고생길에 겨우 짐 풀어 놓고 자리 잡으려다가 두 달 만에 그렇게 된 것이었다. 그렇게 많은 사람들이 앓은 걸 보면 긴 망명길에 고생스럽고 지친 탓이었던 것도 같고, 수질이나 풍토가 우리 체질에 맞지 않아서 그랬을 수도 있고. 좀더 나은 세상에서 살아보겠다고 고생고생하면서 만주까지 왔다가 죽어 간 사람들 생각하면 참 허망하다. 특히 어린아이들의 죽음은 그 부모들 가슴에 못질을 한 것이다.

모두가 병을 앓는 바람에 그렇게 힘들게 개간해서 파종했던 것들을 묵혀 두었으니 가을에 거둬들일 것이 없었다. 당장 겨울날 양식이 걱정이었다. 할 수 없이 고국에서 떠나올 때 가져 온 옷감들을 만주 사람들에게 내다 팔았다. 그 돈으로 좁쌀을 사서 죽을 쑤어 끼니를 이어갔다. 은가락지, 은비녀 같은 패물들도 다 그렇게 처분했다.

내 큰 올케는 만주 오기 바로 전해에 예안에서 선산 우리 집으로 시집왔다. 땅뙈기나 있을 때였으니 큰집 며느리 본다고 아버지 형제분들이 있는 힘껏 정성을 다해서 혼수를 마련해 주었었다. 홍갑사 청갑사 치마에, 저고리는 모본단으로 하고 패물도 갖추어 했다.

만주 와서 먹을 것이 없으니 형님이 소지하고 있던 그 채단 치마저고리 두 벌, 나비잠, 매화잠, 은가락지 들을 십 리 밖에 살고 있는 한국 사람에게 가서 팔았다. 은전 얼마를 받아 와서 그걸로 양식을 사 먹었다. 그 형님은 그때가 열여섯 살이었는데, 열다섯에 시집와서 일 년 만에 그것들을 처분하고는 눈물을 줄줄 흘렸다. 나는 그 모습을 보면서 새색시가 결혼 때 받은 귀중한 것을 없앴으니 눈물이 날 만도 하다고 생각했다.

만주에 도착한 첫 해에 머물렀던 통화현 다황거우에서 그렇게 고생만 하다가 석 달 후 설 쇠고 나서 오십 리 떨어진 진두허라는 곳으로 이사를 갔다. 만주 사람의 논을 소작 부칠 수 있다고 했기 때문에 그랬던 것 같다. 거기에는 먼저 자리 잡고 살면서 이미 중국말도 배워서 통변하는 동포들이 있었다. 그들은 자치구역 같은 것을 만들어 놓고 한인들이 소작해서 살아갈 수 있도록 주선하고 있었다. 새로 이주해 오는 사람들을 '이사꾼'이라 했는데, 이사꾼들이 오면 그들은 '아무 데 토지가 얼마 있으니 그리 가라' 하는 식으로 가르쳐 주었다.

중국인 지주의 땅을 소작하면 살 집과 일 년 농사할 동안 먹을 식량과 약간의 돈, 그리고 채소 갈아 먹을 채전 얼마를 주었다. 이사꾼들이 대개 돈도, 식량도, 살 집도 없기 때문에 그들은 대체로 후하게 마련해 주었다. 그때만 해도 중국 사람들 인심이 좋았기에 그 많은 동포들이 춥고 서러운 땅에서 견뎌 낼 수 있었다.

이사꾼들은 그렇게 마련해 준 걸로 먹고 살면서 농사지어 추수한 연후에 갚는다. 갚을 때에 소출을 나누는 비율은 땅의 질에 따라 다르다. 아주 험한 땅을 처음 개간하여 쓰면 3년 동안은 지주에게 아무것도 주지 않아도 된다. 땅이 덜 험한 곳은 그 정도에 따라 지주 대 소작인 소출비율을 1대9, 또는 2대8이거나 3대7 등으로 한다. 개간이 완전히 끝나 좋은 논이 되면 5대5로 나눈다.

논을 개간하는 일은 여간 힘든 일이 아니었다. 중국 사람들은 쌀을 주식으로 하지 않기 때문에 논이 없었다. 우리는 황무지를 우선 전답으로 만들어야 했다. 우리 망명자들에 의해 논을 개간하여 서간도 땅에 처음으로 벼농사가 시작되었다. 중국 땅에 망명 온 한인들로 인해 중국 식생활도 큰 변화를 겪게 되었던 것이다.

땅에는 울로초 또는 울로덩이라고 하는 풀들이 멧방석만큼이나 잔뜩 엉켜 있었다. 뿌리는 둥근 상 같은데 단단히 엉켜 있어서 그걸 캐내기가 그렇게 힘들었다. 또 그 위로는 버드나무가 자라고 있어서 땅속으로는 뿌리들이 서로 뒤죽박죽이었다. 그것들을 쳐 내고 땅을 고르게 해서 물을 대어 논을 만드는 것이다. 연장도 없고 일을 해 본 적도 없는 사람들에겐 여간 고생스러운 것이 아니었다. 겨우 잡곡 한 공기 정도밖에 못 먹는 처지라 배는 항상 고프고 기운도 없었다. 그래도 다황거우보다 좀 나은 점은 산간이 아니고 평지라는 것이었다.

우리도 중국 지주의 땅을 얻어 소작을 시작했다. 이미 일흔이 넘으신 할아버지만 빼고 온 식구가 다 나가서 농사일을 거들었다. 아버지도 소를 몰아 땅을 갈았다. 서툴러서 소가 제멋대로 이리 가고 저리 가고 하니까 나더러 소 앞에서 고삐를 잡고 끌라고 했다.

어느 날은 아버지가 소를 몰아 콩밭을 덮어 주는데 역시 내가 앞에서 고삐를 쥐고 끌었다. 소는 여전히 말을 안 듣는데 해는 벌써 지고 달이 환하게 떴다. 그만하고 집에 갔으면 좋겠는데 아버지는 계속 소를 몰고 계셨다. 너무 답답한 나머지 나도 모르게 소리를 한 자락했다.

"천 리 상사 오주월은 저 하늘에 다시 떴다."

큰 올케가 도산에서 시집올 때 베껴 온 내방가사의 한 구절을 인용했던 것이다. 귀동냥해 둔 걸 써 먹었는데 나중에 집에 돌아와서 아버지가 그 얘기를 꺼내셔서 부끄러워 죽을 뻔했다. 결국 두 시간이면 끝날 일이 서툴러서 하루 종일 걸렸다.

그곳은 토질도 좋지 않았다. 땅이 푸석푸석해서 식물이 뿌리를 잘 내리지 못했다. 김을 매고 난 뒤에는 소를 몰아 골을 밟으면서 흙을 덮고 꼭꼭 눌러 주어야만 했다. 소출은 안 좋았으나 나락씨(볍씨)를 뿌렸기 때문에 그걸로 강냉이죽이 아닌 쌀죽이나마 끓여 먹을 수 있어 다행이었다. 같은 죽이라도 쌀이 들어가면 훨씬 나았다.

농사가 잘 안되는 땅이라 거기서 계속 살기는 어려웠다. 다시 왕산댁 가족을 찾아 만리거우로 이사를 가기로 했다. 가는 도중에 일이 생겼다. 올케가 버선 위에 짚신을 신고 있었는데 발이 얼어서 움직이지를 못했다. 목적지 조금 못 가서 올케의 친정 일가 되는 원일 씨 집이 있었다. (원일 씨는 김동삼 씨 사돈이었다.) 그 집에 들어가 발을 살펴보니 퉁퉁 부어 커다란 얼음덩어리 같았다. 올케만 그 댁에 임시로 맡겨 놓고 우리는 계속 갔다.

진두허에서는 만주 사람들과 한집에 살았다. 그들은 신발을 잘 만들었다. 헌 헝겊을 모아 풀로 여러 겹을 바른다. 신바닥이 될 부분은 더 여러 겹 바르고 해서 누빈다. 발바닥 모양으로 오리고 그 위에 발등을 갖다 붙인다. 발등에는 예쁜 수도 놓는다. 중국 여자들은 시집갈 때 이 신발을 이삼십 켤레씩 해 간다. 우리 한국 여자들이 시집갈 때 버선을 몇 죽씩 해 가듯이. 나도 이때부터 중국 여자들한테 배워서 몇십 년 내내 신을 안 사고 만들어 신었다. 그것 아니면 짚신을 신어야 하는데, 짚신은 눈 위를 걸으면 눈이 자꾸 발에 뭉쳐 올라 붙는다. 그러면 발도 시리고 무거워져 넘어지기 일쑤다.

추위 때문에 고생했던 잊히지 않는 일이 하나 떠오른다. 시월인데 성산 할아버지 생신이라서 엄마와 큰엄마하고 같이 나섰다. 날이 너무 추웠다. 할아버지댁에 거의 다 와 가는데 도저히 더 갈 수가 없었다. 눈에 띄는 대로 아무 집이나 들어갔다. 만주 사람이 하는 주점이었다. 귀가 얼마나 시리든지 나중엔 얼어서 뻣뻣한 것만 느껴지고 아픈 줄도 몰랐다. 내가 덜덜덜 떠니까 그 집 주인여자가 강냉이 죽솥에서 따끈한 죽물을 한 사발 갖다 주었다. 그걸 마시고 나자 그제서야 사지가 벌벌 떨리던 것은 멈추었다. 몸이 좀 녹으니까 얼었던 귀가 터져서 진물이 줄줄 흘러내렸다. 발도 얼어서 아리고 아팠다. 나도 모르게 눈물이 나왔다. 그 댁에 고맙다 인사하고 할아버지댁으로 갔다. 한약재를 갈아 가루로 만들어 아픈 부위에 자꾸 발랐다. 한 달이 지난 뒤에야 겨우 아물었다.

서간도의 겨울 추위는 참으로 엄청나다. 추운 날은 아예 공기의 느낌 자체가 다르다. 공기도 쨍하게 얼어 붙은 것 같을 때도 있다. 어떤 날은 해도 안 보이고 온 천지에 눈서리가 자욱하여 아무것도 보이지 않는다. 하늘과 땅 사이에 오직 바람 소리만 요란하다.

나는 그토록 지독하고도 모진 추위에 단련이 되어서 요즘도 추위는 잘 견딘다. 견딜 뿐만 아니라 그때 생각하면 어지간한 추위는 추위라고 느껴지지도 않는다. 요새 내가 옷을 얇게 입고 있으면 애들이 감기 든다고 걱정하지만 나는 끄떡없다. 음식도 어지간히 쉰 것을 먹어도 배탈이 안 난다. 다 만주에서 겪은 고생 덕분이다.

동상 때문에 못 걷는 올케는 원일 씨 집에 맡겨 놓고 우리는 만리거우로 갔다. 왕산댁에 이사 가는 우리까지 합세하니 그날은 식구가 많아졌다. 남자들은 전부 독립활동하느라고 바깥일에만 전념하니까 그 집도 나무 하나 해다 주는 사람이 없었다. 나에게 재종 백모님이 되시는 왕산댁 셋째 며느님이 밥을 지으려고 동네에서 짚을 얻어다 불을 때셨다. 짚에도 얼음이 얼어서 떡장 같았다. 호호 불면서 불을 붙이려 했지만 젖었으니 잘 붙을 리 없었다. 마르지도 않은 생나무를 때자니 불은 안 붙고 연기는 매워서 눈물이 줄줄 흘렀다.

백모님께선 그래도 또 그 불을 살려서 밥을 지었다. 눈물로 지은 밥을 우리가 얻어먹고서 이튿날 계속해서 이사 가는 목적지로 떠났다.

눈물 흘리며 밥 지어 주셨던 그 백모님께서 언젠가 당신 시아버님인 왕산 어른에 관해 말씀해 주신 적이 있다. 인품이 훌륭하신 건 말할 것도 없고 외모도 아주 잘생기셨다고 했다. 이마도 훤하게 잘생기고, 눈은 그리 크지 않으나 눈 깊숙이 어디선가 빛이 나오는 것 같다고 했다. 어른께서 길을 나서시면 길이 온통 환해지는 느낌을 받는다고 했다. 임은에 시집가서 얼마 모시지 못하고 왜놈에게 교수형을 당하셨으니 그 훌륭한 어른을 오래 모시지 못한 것이 무척이나 아쉬웠다는 말씀도 하셨다.

한국을 떠날 때 왕산댁에서 열두 살 되는 여자 종 하나를 데리고 갔는데, 그 무렵 나이가 열아홉 살이 다 되었다. 과년하게 묵힐 수 없어서 딸이라 하고 박씨 집에 시집보냈다. 식구 하나라도 줄여야 양식 걱정도 덜겠다는 생각에서였을 것이다. 나중에 친딸이 아니라는 것이 들통 나자 박서방이 술 먹고 와서 "나는 이 집 사위 아니더라"고 주정하는 것을 보았다.

만리거우에서 그날 하루 묵고 유하현 우두거우를 향해 계속 갔다. 병진년(1916년) 12월 초순이었다. 한겨울이라 매운 추위는 여전해서 온 천지가 얼어붙은 빙판이었다. 초가을부터 내린 눈이 녹지 않고 쌓이기만 해서 보통 이듬해 봄까지 그렇다고 한다. 그 얼음 위로 마차가 굴러가면 바퀴와 얼음이 부딪쳐 빠작빠작 나는 소리가 아주 모질다.

이삿짐만 마차에 싣고 다들 걸었다. 어린애와 노인들은 도저히 보조를 맞춰 걸어갈 수가 없었다. 그렇게 더디니 도중에 날이 어두워졌다. 어쩔 줄 모르고 얼음판 위를 기다시피 하며 어두운 길을 가고 있는데 천행으로 한국 사람을 만났다. 그분은, "여기서 오 리만 가면 우리 집입니다. 우리 집에 가셔서 밤을 넘깁시다"라고 하였다. 너무나 고마웠다. 통성명을 하고 보니 안동 도산에서 살다 온 진성 이씨였다. 함자는 배호 씨라고 했다. 그 집에 가니 식구들이 우리를 기다렸다는 듯이 반갑게 맞아 주었다. 하늘이 도운 듯했다. 그분은 거기 와서 농사를 시작한 지 3년 되었다고 했다.

다음 날 짐은 마차에 실어 청년들 딸려 먼저 보냈다. 노인과 애들은 발이 얼어서 걷지 못하니 사흘을 더 쉬고 떠나기로 했다. 먼저 간 청년들이 우두거우에 짐을 풀어 놓고 다시 마차를 가지고 와서 우리를 데려갔다. 참으로 마음 놓고 푸근하게 신세졌다.

우두거우에는 한국 사람들이 삼십 호 정도 살고 있었다. 그곳도 밭농사만 하는 곳이었다. 만주나 중국이나 아예 쌀농사는 할 줄 몰랐다. 잡곡 농사만 하기 때문에 생일이나 무슨 날이면 찰조밥이나 기장밥을 해서 나눠 먹는다. 그래도 인심이 후하고 서로 도우며 단결하여 잘 살아가고 있었다. 소학교를 설립하여 동포들을 가르치고, 자치단체도 조직하여 질서를 잘 유지해 나갔다. 만일 법에 어긋나거나 도덕적으로 관행에 벗어나는 일이 있으면 아주 엄하게 벌하였다. 인구가 그리 많지 않은 부락인데도 틀이 잡혀 있었다.

그러나 우리는 거기서도 오래 살지 못했다. 논농사를 짓는 것이 좋겠다고 하면서 동네 유지 몇 분이 여기저기 찾아다닌 끝에 유하현의 고산자와 삼원포가 적당하다고 결론이 났기 때문이다. 거기는 우리 한국인들이 많이 사는 데다가 중국인 지주가 영농비용 일체를 다 부담하고 나중에 갚도록 한다는 것이었다.

동네 사람들이 연일 보따리를 싸서 떠나기 시작했다. 우리도 따라서 뜨기로 했다. 성산 할아버지네는 이미 먼저 가서 유하현 전술량자에 살고 있었다. 우리는 같은 유하현의 하동 다두자에 가서 두 해 동안 농사를 지었다.

성산 할아버지는 그곳에서도 약국을 하셨다. 의술이 있으니 어딜 가나 약국 간판을 걸 수 있었다. 아버지도 의술을 배웠지만 본격적으로 뛰어들지는 않고 집안에 환자가 생기거나 친한 사람들에게만 필요할 때 화제和劑를 지어 주었다. 뒷날 해방 후 한국에 와서는 '을유약업'이라는 간판을 내걸기도 했다.

작은오빠는 성산 할아버지 약국에서 약 짓는 일도 돕고 글공부도 배울 겸 거기 가 있었다. 할아버지의 그때 부인은 서울 할머니라는 분인데 딸을 하나 낳았다가 잃어버렸다. 그 딸 이름이 대국大國 가서 낳았다고 '대국'이었다. 할머니가 그 딸을 잃고 하도 못 견디시기에 우리 집으로 놀러오시게 하려고 내가 대신 집을 봐 주러 거기 갔다. 그날 할머니가 나하고 밤에 한 이불을 덮고 주무시는데 새벽녘이 되니까 "너는 할배 있는 아랫목으로 가거라. 나는 윗목으로 갈란다"라고 하셨다. 시키는 대로 자리를 옮겨 잤는데 일어나 보니 할머니가 돌아가셨다. 기가 찼다. 할머니는 당신이 돌아가실 줄 미리 알고서 나를 아랫목으로 보냈던 것인지 지금도 알 수가 없다.

그해 무오년(1918년)에는 독감이 굉장히 유행했다. 나도 거기 며칠 있는 동안 독감에 걸렸다. 약국집이라 당장 화제를 내어 약을 달여 주는데도 내가 안 먹겠다고 떼를 썼다. "대국이 죽는 것 못 봤냐? 이 약 안 먹으면 죽는다"라고 하시며 허학 재종숙께서 억지로 먹게 했다. 아마 할머니도 독감으로 그렇게 가신 것이 아닌가 싶다.

그 새벽에 오빠하고 나하고 곧바로 집으로 왔다. 아래윗집 살던 당숙 허보께서 곧 운명하실 것 같다는 기별을 받고 부랴부랴 집에 와 보니 벌써 운명하신 뒤였다. 하루에 두 분이 돌아가시니 초상이 겹쳤다. 무오년 독감이 또 한 번 우리 주변을 후려치고 지나간 것이다.

두 집 장례를 허학 재종숙이 주관하여 치렀다. 다원 아지매(왕산의 삼남 埈의 부인)는 친정에 가 살고 있을 때다. 시숙모가 돌아가셨으니 거기에도 연락해야 했다. 그리로 우리 아버지께서 '전술량자 종숙모 상모통박'이라고 부고 전보를 쳤다. 그 전보를 받아 본 다원 아지매가 그만 정신이 없어 '전수허자'로 착각하고 당신 시어머니께서 돌아가신 줄 알고 달려왔다. 들어오면서 머리 풀고 "아이고 어맴요오, 어맴요오!" 하면서 곡을 하니까 방 안에서 왕산 할머니께서 삐죽이 내다 보셨다. 당신 시어머니께서 방에 앉아 계시는 것 보고서는 달려와 끌어안으며, "아이고, 어매님, 잘 살았습니더, 잘 살았습니더!" 했다. 그제야 초상 중에도 한바탕 웃었다. 전수허자에 살고 있는 왕산 부인과 전술량자에서 돌아가신 분은 동서간이라 두 분 다 종숙모가 되니까 전보를 그렇게 쳤던 것이다.

큰 올케는 그해 가을, 9월에 첫딸을 낳았다. 그런데 그 딸이 세 살 먹어서 어느 날 갑자기 죽었다. 큰 올케가 비통해하며 온 동네가 꺼지도록 울던 모습이 눈에 선하다. 만주 나오기 전에 조선에서도 아들을 하나 잃어버렸기 때문에 그 애통함이 더 절절했으리라.

메마른 황무지에 기후도 좋지 않으니 자연히 비명횡사하는 일이 많았다. 또 홍역, 천연두, 장질부사(장디푸스) 같은 전염병 때문에 아이들이 많이 희생되었다. 형님은 그후로 딸 다섯, 아들 다섯을 낳았는데, 지금은 딸 둘, 아들 한 명만 살아 있다. 만주에서도 잃었지만 아들 둘은 해방 후 서울에 오자마자 홍역 끝에 죽었다. 둘이 같이 홍역을 앓으면서 제대로 땀을 내지 못해 한꺼번에 그렇게 된 것이었다.

성산 할아버지는 전술량자에서 서울 할머니가 돌아가시자 혼자 살 수가 없어서 고산자 남쪽 반수허자라는 곳으로 이사 가서 젊은 부인을 얻었다. 다섯째 부인이 되는 셈인데, 딸을 한 명 낳아서 이름을 '두루지'라 했던 기억이 난다. 두 분이 금슬은 좋았으나 동네 주민들이 칠십 노인이 이십대 젊은 여자를 데리고 사는 것이 좋지 않다며 부인을 억지로 다른 곳으로 보내 버렸다.

우리 망명사회의 자치 규범이 그만큼 엄했다. 과부가 남의 사내 얻어서 아이 낳고 살더라도 가만두지 않았다. 풍기문란한 사람이 있으면 남녀 다 붙들어다 가두어 놓고 혼을 냈다. 부모에게 불효하거나 남녀 관계에 불미한 일이 있다고 동네에서 가두어 놓고 혼내 주는 것을 나도 봤다. 그랬으니까 남의 나라에 가서도 그 나라 사람들 손가락질 안 받고 살았던 것이다.

떳떳하고 당당하게 살아가기 위해서는 도덕적으로 올바르게 처신하도록 지도할 수밖에 도리가 없었다. 질서와 치안도 다 그렇게 자치적으로 해 나갔다.

그 할아버지가 독립활동 일도 많이 하시고 그곳 사회에선 지도자 역할을 하시는 분인데도 법이 그러니 어쩔 수 없었던 모양이다. 반수허자에서 자치구를 운영하는 사람들이 젊은 아내를 빼앗아 다른 데로 보냈으니, 성산 할아버지는 거기서 더 살 수 없어 조카들(허학, 허준 등)을 찾아 영안현 철령허로 갔다.

우두거우에 살던 우리는 무오년에 하동 다두자로 또 옮겼다. 큰오빠네는 다두자의 고산자 장터에서 십 리쯤 떨어진 녹미팔음으로 살림 나가 따로 살았다. 그때 내 나이가 열한 살이었다.

또 논을 개간해야 했다. 산전 개간하듯이 땅을 덮은 나무와 풀뿌리들을 쳐냈다. 기구나 연장들이 신통찮아서 여전히 힘든 작업이었다. 땅은 넓어서 시야가 확 트이도록 끝간 데 없이 펼쳐져 있었지만 워낙 넓어서 일부만 개간했다. 그리고 미리 와 있던 이북 사람들이 개간을 많이 해 놓기도 했었다. 이렇게 논을 개간하는 것을 '신풀이'라 했다.

호호막막浩浩漠漠한 황야라 나무가 우거지게 덮인 곳에는 울로초라는 풀이 있다. 이 풀은 땅 임자와 관계없이 지붕을 잇는다고 아무나 베어 간다. 이것으로 지붕을 이어 놓으면 삼십 년도 간다. 또 마부들이 소가죽으로 신을 만들 때 이 풀을 두드려 솜같이 해서 신 속에 넣으면 발이 잘 얼지 않는다. 땅속에 박힌, 둥근 상처럼 생긴 뿌리를 캐내야만 제자리에 흙을 밟아 논을 만들 수 있었다. 진두허자에서 한 번 해 봤기에 요령은 좀 생겼다.

지광地廣이 너무나 넓어 안력眼力이 모자랄 지경인 이곳은 일단 논을 만들어 씨를 뿌려 놓기만 하면 농사짓기는 쉬웠다. 볍씨를 뿌려 놓고 물이 마르지 않게만 해 주면, 그 뒷일은 추수하는 것뿐이다. 이렇게 논을 개간하여 논농사를 짓고 난 뒤부터 비로소 밥을 맛볼 수 있었다.

풍년을 바라며 모두들 욕심을 내어 일했다. 개간 첫해는 풍년이 들더라도 개간 수고가 크기 때문에 지주에게 주는 것은 그리 많지 않아 괜찮았다. 추수 뒤 중국인 지주에게 비율대로 주고도 남는 것이 많았다. 일년 비용도 갚고 비교적 안정된 생활이 시작되었다.

그러자 사람들은 본국에서 농토 없이 고생하는 가난한 친척들을 불러들였다. 먼저 온 애국지사들은 개척지를 계획하는 일부터 이민자들을 배당하는 일을 대대적으로 했다. 이민 온 사람들 관리하고 통솔하는 일이 곧 애국활동이었다.

매년 봄가을로 만주 동삼성 방방곡곡에 널린 한인부락에 수십 호씩의 이민이 쏟아져 들어왔다. 거의가 단봇짐에 짚신 몇 켤레, 바가지 하나 대롱대롱 차고 오는 행색이었다. 이들이 자리 잡히면 또 불러오곤 해서 만주땅은 우리 한인들에 의해 개척한 땅들이 부쩍부쩍 늘어났고, 한인들 수효도 엄청 늘었다. 아마 무오년과 기미년(1919년)에 가장 많이 왔을 것이다.

한국에서 이민 오는 무리가 봉천, 개원, 삼성자에 도착했다는 연락만 오면 단박에 동네 회의를 열고 전접奧接할 준비를 했다. 그리고 각 집으로 "어디까지 몇백 명, 몇 가구가 왔다"라고 연락한다. 그러면 중국말 잘하고 교제 잘하는 한인 몇몇이 중국인을 만나 농경지와 토지 개간 조건 등을 교섭한다. 처음 삼 년까지는 등급에 관계없이 무료로 있고, 그다음 해엔 토지에 따라 1대9, 또 다음엔 2대8, 3대7, 4대6으로 하거나 반반으로 하기도 한다. 토지의 비옥 정도에 따라 다르다.

처음 도착하면 자치구에서 당번들이 나와 누구네 몇 가구, 또 누구네 몇 가구를 배당해 준다. 배당받은 집에서는 가옥과 토지가 완전히 결정되어 정착할 때까지 먹여 주고 보살펴 준다. 농력農力이 있는 이들은 일 년이 지나면 모든 것이 제대로 체계가 잡혀 이듬해엔 자작농을 할 수 있다. 그러니 자연 고향에 있는 빈한한 친척들을 자꾸 청해 오는 것이다.

그런 일은 아주 잘하는 것이었다. 거기 나와 있는 한국인 중에는 독불장군이 없었다. 다들 그런 식으로 단체의 도움을 받으며 서로 도와야 살 수 있었기 때문이다. 그렇게 해서 몰려든 이민자가 몇 백만은 되었을 것이다.

애국단체의 활동과 신흥무관학교

만주의 허허벌판은 이때부터 흰옷 입은 우리 민족들로 허옇게 덮여

포도밭으로 변한 합니하 신흥무관학교 옛 터 ⓒ 박도

옥수수밭으로 변한 고산자 신흥무관학교 옛 터 ⓒ 박도

갔다. 멀리서 서로 쳐다만 봐도 든든했다. 이렇게 되자 애국지사들이 한인자치단체를 만들어 엄중한 규율을 세우고 학교도 세웠다. 일본에 빼앗긴 나라를 도로 찾을 때까지 만주 땅에다 하나의 작은 나라를 만들어 운영한 셈이었다.

소학교는 거리 곳곳에 많이 세우고 중학교는 드문드문 세웠다. 집이 멀거나 다른 지방에서 온 학생들은 애국지사들이 각각 나누어 맡아 하숙을 시켰다. 우리나라 사람 자식 가르치는 일에 대한 열성은 그때도 여전해서 여기저기에 크고 작은 교육기관들이 많이 생겨났다. 어쨌든 많이 배워야 사람 된다고 했다.

서간도에만 해도 학교가 이백여 개는 된다고 들었다. 북간도에도 서간도 못지않게 학교들이 세워졌다고들 했다. 북간도는 서간도보다 더 진보적이라고 들었다. 동흥중학교, 대성중학교 등이 들어 본 이름들이다.

한인학교 중에서 가장 잘 알려진 것이 합니하에 세워진 신흥무관학교이다. 우당 이회영, 성재省齋 이시영李始榮[07] 형제와 나의 시조부인 석주 이상룡 선생이 주축이 되어 세우셨다. 이 학교 창설자들 가운데는 박상진 씨도 있었다. 그는 앞에서도 잠깐 말했지만, 왕산 어른의 제자였다.

왕산 어른이 돌아가시자 의병활동도 그것으로 끝나 버리고, 그후 박상진은 스승 왕산의 유지를 받들어 국내에서 '광복단'을 조직하였다. 그리고는 만주에 와서 채기중蔡基中[08] 씨와 함께 광복단 지부를 만들어 활동하였다. 그후 광복단은 발전적 해체를 하고 신흥무관학교 설립에

---

07 이시영李始榮 : 1869~1953. 독립운동가. 서울 출생. 자는 성옹聖翁 호는 성재省齋. 대한민국 초대 부통령. 1951년 건국훈장 대한민국장 서훈. 출전 : 『독립유공자공훈록』(국가보훈처)
08 채기중蔡基中 : 1873~1921. 독립운동가. 영주 출생. 호는 소몽素夢. 1963년 건국훈장 국민장 추서. 출전 : 『독립유공자공훈록』(국가보훈처)

동참했다. 일본에 대항하여 이길 수 있는 길은 오직 군사력을 기르는 것뿐이라고들 했다.

큰오빠가 이 학교에 입학해서 제일 먼저 배워 온 노래가 아직도 생각난다.

슬프도다, 우리 민족아!
오늘날 이 지경이 웬일인가?
사천여 년 역사국으로
자자손손 복락하더니
오늘날 이 지경이 웬말인가?
철사주사鐵絲紬絲로 결박한 줄을
우리 손으로 끊어 버리고
독립만세 우뢰 소리에
바다가 끓고 산이 동動하겠네

이시영 씨 댁을 이참판댁이라 불렀다. 대대로 높은 벼슬을 많이 한 지체 높은 집안이었다. 여섯 형제분인데 특히 이회영 씨와 이시영 씨는 관직에 있을 때도 배일排日사상이 강하여 비밀결사대의 동지들과 긴밀한 관계를 취하고 있었다. 국외 연락과 황제와의 밀통을 위해 관에 계속 있도록 동지들이 권했던 것이다. 그러다가 합방이 되자 이동녕[09] 씨, 그리고 우리 시할아버지 등과 의논하여 만주로 망명하기로 했다.

---

09 이동녕李東寧 : 1868~1940. 독립운동가. 천안 출생. 호는 석오石吾. 대한민국임시정부 의정원 의장 및 주석 역임. 1962년 건국훈장 대통령장 추서. 출전 : 『독립유공자공훈록』(국가보훈처)

1910년 12월에 이회영 씨 형제분과 시할아버지 등 여섯 가구가 식솔을 이끌고 분반하여 만주로 망명해 왔다. 그 집은 만석꾼이었기 때문에 자기 집에서 재산을 가져다 학교를 설립하는 데에 많이 보탰다.

내가 시집가기 십 년 전, 그러니까 1913년에 시아버님은 고향집 임청각을 팔려고 매도증서를 준비했다고 한다. 학교 운영비와 활동자금이 부족했기 때문이다. 그러나 문중에서 못 팔게 해서 어른께서 막 소리 지르고 야단하셨다고 한다. "내 집 팔려는데 왜 못하게 하느냐"라고 하시며. 합방 후라 일본 정부에서 방해를 하기도 해서 결국 못 팔았다. 그 대신 문중에서 돈을 좀 만들어 주어서 그것을 가지고 와 보태 썼다는 것을 나중에 시집오고 나서 들었다.

다른 고장에서 온 학생들의 식생활도 이참판 댁에서 도맡았다. 병진년(1916년) 봄에 합니하로 가서 이 학교에 들어가게 된 내 큰오빠도 이시영 씨 댁에서 생활하면서 학교에 다녔다. 그런데 방학 때 집에 왔던 큰오빠가 개학이 되어 가려고 하니 할아버지가 못 가게 했다. 제1차 세계대전 때라 전쟁에 끌려가면 죽는다고. 그거야말로 남의 전쟁을 대신 치러 주는 것이니까 개죽음 당하기 십상이었다. 백모님도 "저거 보내 놓고 내 못 산다"며 계속 우셨다. 그래서 못 갔는데 결국 일 년 만에 학교를 중단하고 말았다.

둘째 오빠도 그 학교 보내 달라고 졸랐으나 농사일 할 사람이 없다고 할아버지가 안 보냈다. 그러나 큰오빠는 학교 그만둔 후에 농사일은 하지 않고 늘 목총 메고 나가 살았다. 큰오빠는 가끔 학교 다닐 때 목총 메고 군사훈련을 받던 얘기를 재미있게 들려주었다. 나는 오빠의 그런 이야기들이 너무 재미있고 많이 부럽기도 했다. 계집애는 글 배우면 못쓴다고 해서 나는 학교 가고 싶다는 말도 감히 꺼낼 수 없었다.

그때가 고산자에 살 때인데, 고산자 소학교 교장 선생님은 송호성宋虎聲[10] 선생님이었다. 무관이었는데 유명한 애국지사였다. 6·25 때는 국군사단장이었는데 북한에 납치되었다. 친정아버지 제사에도 다녀간 적이 있다. 그분께서 언젠가 "좋은 일이 있으면 입을 조금 벌려 천천히 웃어야 그 기쁨이 오래 간다"라고 말씀하시는 걸 듣고 우리는 그 말이 우스워 더 크게 웃었던 적이 있다. 그렇게 부드러운 분이 학생들 기합 줄 땐 꽁꽁 언 겨울 땅에 주먹 쥐고 엎드려 기어가게 시킨다고들 했다.

얼마 전 광복회장 하셨던 이강훈 씨도 신흥무관학교 선생이었다. 그리고 내 조카 법法이의 외조부이신 이장녕李章寧[11] 씨도 대한제국 시대에는 무관이었기에 그 학교 군사학 교관을 했다. 상해임시정부의 중추였던 이동녕 씨 사촌이기도 한 그분은 큰 인물이었다.

본국에서 일본인에게 시달리다 못해 온 사람들, 못살아서 온 사람들로 해서 만주로 모여든 사람이 육칠 년 후에는 전 만주에 걸쳐 몇 백만이 된다고 했다. 중국에 입적하여 호적 작성이 다 되고 한인자치단체가 조직되어 호당 세금을 냈다. 개인적으로 열렬히 성금을 내는 사람들도 많았다. 처음에는 회인현, 통화현부터 차차 인구가 많아지더니 이민자들은 유하현, 삼원포, 고산자로 옮겨갔다.

고산이란 높은 둑산이란 뜻인데, 그 산봉우리 꼭대기에 나무가 하나 우뚝 서 있었다. 그 서쪽은 '시성서'라는 농촌이다. 동쪽으로는 시장이 있었고, 시장 둘레로 농사짓는 들판이 펼쳐져 있었다. 십리지허

---

10 송호성宋虎聲 : 1889~1959. 항일운동가. 6·25 때 납북됨. 출전 : 한국현대인물종합시스템
11 이장녕李章寧 : 1881~1932. 독립운동가. 천안 출생. 호는 백우白于. 1963년 건국훈장 국민장 추서. 출전 : 『독립유공자공훈록』(국가보훈처)

에 있는 하동 다두자란 곳에 한국인들이 모여 살았는데 백여 호 정도 되었다. 농토도 좋을 뿐 아니라 주민들도 단결이 잘되었다. 남녀노소 할 것 없이 합심하여 노력하니 나이 열두 살 정도였던 나도 거기서는 기쁠 때가 많았다.

한국에서 농사짓다 온 사람들 중에는 한글도 모르는 이들이 많아서 자치회에서 그들에게 한글을 가르치고 정신적인 지도도 했다. 이 집 저 집에서 남녀를 모아 놓고 야학을 열었다. 여자들이 부끄럽다고 안 나오려 했기 때문에 집집마다 찾아다니며 설득하고 끌어내는 일이 가르치는 것보다 더 힘들었다. 농촌계몽운동이 만리 타국에서도 활발히 전개되었던 것이다. 그때의 기쁨은 가르치는 이나 배우는 이나 똑같이 큰 감격이었다. 재미를 느끼게 되면서 야학은 더욱 활발히 퍼져 나갔다.

무오독립선언과 부민단 창설

이 무렵엔 하동 다두자에서 무오, 기미, 경신에 걸쳐 삼 년 가까이 살았다. 그런데 경신년(1920년)에 또 난동이 났다. 알고 보니 '경신참변'이라는 큰 사건이었는데 나는 어려서 큰오빠, 아버지, 할아버지들이 뭐하는지 전혀 몰랐다. 어쨌든 당시

청산리 항일전적비(1999년 촬영) ⓒ 박도

신흥무관학교를 다녔던 큰오빠는 경신참변을 피해 하얼빈으로 도망갔다. 당시 오빠는 학교를 그만둔 뒤에도 계속 목총을 들고 다녔었다.

기미년 삼일운동 이듬해에 만주에서는 청산리전투가 있었다. 이범석 장군이 이끄는 부대가 승리했다고 하였다. 훗날 이범석 장군은 시집에 와서 며칠 묵기도 했는데, 이때는 보지는 못했고 승전 소식으로 떠들썩했었다. 그해가 경신년인데 일본군은 그 보복으로 대대적인 만주토벌을 감행했다. 일본 토벌대 때문에 도저히 배겨 낼 수가 없어서 오빠가 피해 달아났다.

하동 다두자에는 이북 곽산에서 나온 사람들이 많이 살고 있었다. 수십 호 가량 되었다. 이북에서는 행세하던 유지들이어서 농사일을 할 줄 몰라 고생도 많이 했다. 생활고 때문에 이민 온 사람들은 아니었고, 주로 지식층으로 조국을 위해 무언가 해 보려고 앞장서 나온 선구자들이었다. 우강 양기탁梁起鐸[12] 씨, 소호 이탁李鐸[13] 씨, 곽무 씨郭武[14] 곽영郭英[15] 씨, 김자순 씨 등이었다.

그 중에 곽무·곽영 씨는 총을 메고 상해며 북경을 사뭇 다녔다. 그들의 활약이 대단하다고들 했다. 말하자면 독립운동을 하는 무장 군인들로, 곳곳에서 일본 군부대나 경찰서를 습격해 개가를 올리곤 하

---

12 양기탁梁起鐸 : 1871~1938. 독립운동가. 평양 출생. 호는 우강雩岡. 대한민국임시정부 주석 역임. 1962년 건국훈장 대통령장 추서. 출전 : 『독립유공자공훈록』(국가보훈처)
13 이탁李鐸 : 1889~1930. 독립운동가. 평남 평원 출생. 본명은 제용濟鏞 호는 동우東愚. 1963년 건국훈장 국민장 추서. 출전 : 『독립유공자공훈록』(국가보훈처)
14 곽무郭武 : 1888~1920. 독립운동가. 울진 출생. 이명 곽종목(郭鍾穆). 한족회 설립. 1920년 일군에 피살. 1999년 건국훈장 애족장 추서. 출전 : 『독립유공자공훈록』(국가보훈처)
15 곽영郭英 : 1897~?. 독립운동가. 아산 출생. 임시정부에 참여함. 1990년 건국훈장 애국장 추서. 출전 : 『독립유공자공훈록』(국가보훈처)

였다. 그런데 이 두 분이 경신참변 때 일본군에게 붙잡혀 중국 마차에 실려와 구덩이에 산 채로 매장됐다는 소문이 있었다. 이런 식으로 무참히 잡혀 죽은 사람이 얼마나 많은지 모른다. 그래서 '참변慘變'이라고들 했다. 이 변란으로 모두 놀라 풍비박산 달아나니 서로 어디로 갔는지도 모른 채 마을 사람들이 다 흩어졌다. 곽영 씨 부인은 동네 부인회 회장인데 점잖으면서도 활동적이어서 칭찬이 자자했다. 도량 넓고 인품 훌륭하고 이해심 많고, 게다가 성격이 모가 나지 않아 다들 좋다고 했었는데…….

일본을 피해 피난민 겸 망명객으로 떠도는 생활이었기에 어디를 가나 우리는 우선 찍어 먹을 장이 없었다. 간장, 된장, 고추장 등을 구경도 할 수 없었다. 그래도 먼저 와 고생하며 농사지었던 사람들이 양철통으로 한 통씩 갖다 주었다. 나중 오는 사람들이 낯설지 않도록 조금이라도 먼저 와 자리 잡은 사람들이 배려하고 도와주는 정이 있어 자연히 만주 이민사회에는 따뜻한 동포애가 넘쳤다.

양기탁 씨 댁도 먼저 이민 와 살고 있었는데 잊혀지지 않는 고마운 사람들이다. 그 집에는 일흔이 넘은 노모와 부인, 늦둥이 외아들이 있었다. 외아들은 일곱 살 정도였다. 또 평안도에서 온 허모 씨는 이름은 기억나지 않으나 마흔 살쯤 되는 분이었다. 그 부인이 떡을 해서 할아버지에게 자주 가져왔다.

그 댁은 양천 허씨인데도 같은 성씨라 그런지 더 친근감이 갔고 오랫동안 기억에 남을 정도로 자상했다. 이웃들 인심이 후해서 모두가 화목하게 지냈다. 평안도 사람인 김자순 씨 딸하고 북경 가서 대학 다닌 주병웅 씨 아들하고는 혼인을 맺었다. 서로 친하다 보니 사돈을 맺은 거였다.

양기탁 씨 부인도 부인회 일을 맡아 했다. 무오년에 고종황제가 돌아가셨을 때[16] 온 동네를 돌아다니며, 한국에 국상이 났으니 학교 운동장에 다 모이라고 했다. 그리고는 검은 완장을 나누어 주며 왼쪽 팔에 두르라고 했다. '망극하다'는 말을 연거푸 하며 눈물을 글썽거렸다. 우리 여자들과 학생들도 모두 검은 완장을 둘렀다.[17] 애국지사들의 비분강개에 찬 연설과 독립선언문 낭독이 있었다.[18] 그전 같았으면 웅성웅성했을 텐데 모두가 숨을 죽이고 조용히 들었다.

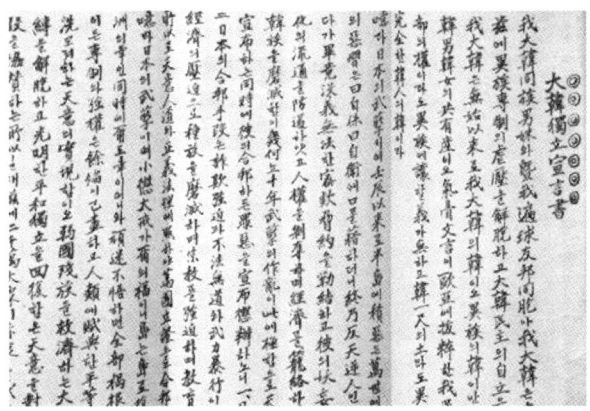

대한독립선언서(독립기념관 소장)

1919년 음력 정월쯤이었는데 그후 국내에서는 고종황제 인산일에 전 국민이 '대한독립만세'를 외치며 대대적인 만세운동을 펼쳤다는 말을 들었다. 그 당시 아버지께서는 오래 출타중이었다. 아버지는 외지

---

16 고종황제 서거일은 1919년(기미년) 1월 21일이나 음력으로는 1918년(무오년) 12월 20일이 됨. 당시 만주에서 음력을 주로 사용한 관계로 무오년에 서거한 것으로 기술함 - 편집자 주
17 검은 완장으로 조의를 표하는 일은 우리 전통사회에는 없던 풍습이라 서구사회의 모방이라고 당시 서간도 사회에서는 물의가 일어나 그 타당성 여부에 대한 논란이 있었다고 『석주유고』에 실려 있음 - 기록자 주
18 『長征』 pp.436~437에 보면 조소앙이 무오년에 만주로 가서 윤세복, 이시영, 윤기섭 등과 협력하였고, 동 11월에 이상룡, 여준, 김좌진, 황상규, 박찬익 등과 대한독립선언서 - 속칭 무오독립선언서 - 를 작성하여 공포하였다고 했음 - 기록자 주

출입이 잦았으나 어린 나로선 언제 어디에 왜 가셨다 오시는지 모를 적이 많았다. 나중에 알고 보니 번번이 군자금과 연락 때문에 국내에 잠입했다 돌아오곤 하신 것이었다.

기미년 2월에도 집을 비웠다가 한참 만에 돌아오셨다. 3·1운동 무렵이었던 걸로 보아 무오선언과 기미선언이 서로 연관되지 않았나 싶다. "조선에 갔는데, 인산은 못 보고 그냥 왔다. 조선에는 지금 진달래가 한창이다. 활짝 핀 것을 보고 떠나 왔다"라고 말씀하셨다. 말씀하시는 그 순간에도 서간도는 추워서 감히 집 바깥에 나갈 엄두도 못 낼 지경인데 한국엔 진달래가 피었다니……. 나는 갑자기 두고 온 고향이 떠올랐다. 진달래꽃 따다 화전 만들어 먹던 옛 고향이. 만주에 와서는 고향 생각할 겨를이 없어 까맣게 잊고 있었는데 말이다.

서간도에서는 8월 29일 밤이면 모두 학교 운동장에 다 모인다. 동네에서 단체로 찰떡도 하고 김치도 담가 나누어 먹고, 간단한 식도 하고 연극도 한다. 경술년(1910년) 국치일을 잊지 말자는 내용의 연극인데 나는 그 연극을 보고 있자니 눈물이 났다. 국치일 노래도 목이 터져라 불렀다.

> 경술년 추팔월 이십구일은
> 조국의 운명이 다한 날이니
> 가슴을 치고 통곡하여라
> 자유의 새 운(運)이 온다

그 가사가 조금 생각난다.
또 큰오빠한테서 배운 신흥무관학교 교가도 떠오른다.

서북으로 흑룡^{黑龍} 태원^{太原} 남의 영절에
여러 만만 헌원^{軒轅} 자손 업어 기르고
동해 섬 중 어린것들 품에다 품어
젖 먹여 준 이가 뉘이뇨

우리 우리 배달 나라의
우리 우리 조상들이라
그네 가슴 끓던 피가 우리 핏줄에
좔좔좔 물결치며 돈다

백두산 밑 비단 같은 만리 낙원은
반만년래 피로 지킨 옛집이어늘
남의 자식 놀이터로 내어 맡기고
종의 설움 받는 이 뉘이뇨

우리 우리 배달 나라의
우리 우리 자손들이라
가슴치고 눈물 뿌려 통곡하여라
지옥의 쇳문이 운다

칼춤 추고 말을 달려 몸을 단련코
새로운 지식 높은 인격 정신을 길러
썩어지는 우리 민족 이끌어 내어
새 나라 세울 이 뉘이뇨

우리 우리 배달 나라의
우리 우리 청년들이라
두 팔 들고 소리 질러 노래하여라
자유의 깃발이 떴다

  이 노래의 앞 두 구절의 '흑룡 태원'은 중국을 가리키는 말이고, 다음 두 구절의 '동해 섬 중 어린것들'은 일본을 뜻한다고 생각하면서 불러 보면, 그 당시 후손들에게 가르치고자 했던 정신을 잘 알 수 있다. 또 당시 군가로 불렀던 노래도 알고 있다.

하늘 밑의 모든 백성 앞을 부를 때
파도같이 몰려온들 그 무엇이랴
나가라 싸워라 대승계 월계관
내게로 돌아와 싸워라 싸워라
오전五戰과 육전六戰의 모든 주인은
분분함이 백운심처白雲深處 소낙비로다
신체를 발육하는 동시에
경쟁심 주의를 양성하려고
공기 좋고 구역 넓은 운동장으로
활활 나는 듯이 빨리 나가세
만인萬人 대적大敵 연습하여
후일 전공 세우세

  그리고 하나 더 불러 보면,

이곳은 우리나라 아니언만
무엇을 바라고 예 왔는가
자손의 거름될 이네 독립군
설 땅이 없지만 희망이 있네
국명을 잃어버린 우리 민족
사해에 티끌같이 떠다니데
이렇다 웃지 말라 유국有國 국민들
자유의 활동할 날 있으리니

압록강 건너를 살펴보니
금수강산이 빛을 잃었고
신성한 단군자손 우리 민족은
왜놈의 철망에 걸려 있구나

높이 솟은 백두산아 내 말 들어라
저 건너 부사산富士山을 두려워 말라
조국을 잃고서 가는 영혼은
천당도 도리어 지옥뇌리라

여운형 씨 7촌인 여준呂準[19] 씨가 신흥무관학교의 영어 선생이었다. 그는 체구는 자그마하나 다부지게 생겼다. 추위를 안 타서 다른 이들

---

19 여준呂準 : 1862~1932. 독립운동가. 용인 출생. 호는 시당時堂. 신흥무관학교 창립. 1968년 건국훈장 독립장 추서. 출전 : 『독립유공자공훈록』(국가보훈처)

은 털모자를 쓰고 다녀도 그는 안 썼다. 큰오빠 말로는 신흥무관학교 다닐 때 여준 선생이 그렇게 모질었다고 했다. 벌을 세워도 매섭게 세운다고 했다. 또 누가 쓴 글인지는 몰라도 이런 노래 구절도 아직 마음속에 생생하게 남아 있다.

> 사천이백오십이년 삼월 일일은
> 이내 몸이 압록강을 건넌 날이니
> 연년이 이날은 돌아오건만
> 나의 목적 달하기 전 못 돌아오리

앞에서도 잠깐 언급했지만 이장녕 씨도 이 학교에서 군사학을 가르쳤다. 뒷날 상해임시정부 의정원 의장을 지내는 유명한 독립운동가 이동녕 씨와는 사촌지간이다. 무오년에 이장녕 씨 외동딸과 우리 둘째 오빠가 혼인했다. 이장녕 씨네는 하동 다두자에서 삼원보 쪽으로 팔십 리 떨어진 곳에 살았는데, 혼례식을 신부 집에서 치르고 신부는 거기 묵혀두었다. 우리 집 형편이 너무 어려워서 새사람이 오면 식구 수가 늘어나 더욱 살기 어려워질 것을 염려했기 때문이다. 그러나 그런 사정은 그쪽 집도 마찬가지였다. 일 년 뒤에 데려왔는데 그동안에도 데려가라고 몇 번 연락이 왔었다. 입 하나라도 덜려고 그랬으니…….

여기 살 때가 그래도 제일 재미있었다. 온 동네가 전부 합심이 잘 되었다. 10월 3일 개천절 날에 기념행사를 크게 가졌다. 동네에서 시루떡 두세 말과 찰떡을 하고 설탕도 사오고 해서 운동장이 꽉 차게 모여 먹으며 놀았다. 이런 행사 때마다 부르던 애국가가 있었다. 나중에 알고 보니 석주 어른이 지은 것이었다. 곡조는 우리 애국가의 옛날 곡조에 맞춰 불렀다.

> 화려강산 동반도는 우리 본국이오
> 품질 좋은 단군자손 우리 국민일세
> 무궁화 삼천리 화려강산
> 우리나라 우리글로 길이 보전하세

그때는 농사가 비교적 잘되었지만 그 대신 세금을 많이 냈다. 모두가 독립운동 자금으로 나가는데도 좀 무식한 아낙네들은 세금에 불평이 많았다. "고산자 장터가 범 아가리"라고 하면서. 여자들이 장에 가서 나락 팔고, 쌀 팔고 해서 돈을 좀 손에 쥐면 무슨 단체, 무슨 모임에서 가두모금을 하기 때문에 하는 소리였다. 그러면 남자들이 야단을 쳤다. 나라 위해 하는 일인데 다 같이 협조할 줄 모른다고. 하기야 그렇게 조직적으로 운영해 나가는 단체 덕을 다들 보았지, 안 본 사람이 어디 있는가? 그 너른 천지에 어디 가서 자력으로 그렇게 살아갈 수 있었겠는가?

군자금을 걷는 일은 자치단체 구장의 소관이었다. 구장이 집집마다 돈을 걷으러 오면, "일본 놈 보기 싫어 만주 왔더니, 농사지어 놓으면 군자금 한다고 다 뺏어 간다"고 퍼붓는 아낙도 있었다. 일본 놈도 싫지만 세금 걷어 가는 독립군도 싫다는 것이었다. 군자금은 그만큼 피땀 어린 혈세였으며, 목숨의 대가였다.

봄이 되면 앞산으로 나물을 캐러 갔다. 우리 엄마하고 큰엄마, 그리고 곽영 씨 부인하고 주로 다녔다. 삼사월경이었을 것이다. 산골짝에 엎드려 부지런히 나물을 뜯고 있는데, 중국 사람이 와서 산나물을 뜯지 말고 저기 있는 자기네 무와 무청을 가져다 먹으라고 했다. 중국 사람들 인심이 그만큼 좋았다. 중국인들은 밭에 구덩이를 크게 파고는 사다리를 놓고 내려가 그 속에 채소들을 저장해 놓는 모양이었다. 그래도 우리는 나물 뜯는 재미도 있고, 새로 파릇파릇 올라오는 산나물이 더 맛있을 것 같아 직접 캐러 다녔다.

그때는 농사가 잘돼서 안정되게 살았다. 특히 이북 사람들은 생활력이 강해서 살림이 윤택했다. 고산자 장에 나가면 여관이나 음식점 같은 곳에서 이북 사람들이 방앗간처럼 기계를 만들어 놓고 메밀을 빻아서 가루를 내는 것을 볼 수 있었다. 그 메밀가루 반죽으로 떡같이 덩어리를 만들어 기계에 넣고 누르면 밑에 있는, 물이 펄펄 끓는 물통 속에서 메밀국수가 건져져 나온다. 돼지고기에다 김치 썰어 넣고 먹으면 그렇게 맛있을 수가 없다. 이북 사람들은 음식을 푸짐하게 해서 남을 주어도 듬뿍 주곤 하였다. 황무지를 개간해서 그렇게 되기까지의 그 개척 정신은 알아주어야 한다.

그런데 3·1만세운동 이후 일본은 우리나라 사람들을 마구잡이로 잡아다 학살했다. 그 여파가 우리 집안에도 미쳤다. 도저히 앉아서 당할 수만 없어 또 어디론가 피해 가야 했다.

그전까지는 만주 각처에서 독립단체의 세포조직이 활발히 움직이고 있었다. 노친께서는 '부민단' 단총을 맡았으므로 집은 자연 호번浩繁하였다.

부민단을 처음 창설한 것은 성산 어른이었다. 신흥무관학교 창립 핵심인물인 석주 어른과 이회영 형제분이 만든 경학사가 발전적으로 해체되고 나서 조직을 더 강화하여 새 단체를 만들려고 할 때였다.

성산 할아버지가 식구들 다 있는 자리에서 "새 단체 이름을 뭘로 하면 좋을까?"라고 하셨다. 옆에 계시던 왕산 할머니께서, 그러니까 성산 어른의 제수씨가 "부민단扶民團이 어떻겠습니까? 백성을 부양한다는 뜻으로"라고 하자 다들 좋다고 하여 그 이름이 붙여졌다. 2대 단장은 석주 어른이 했다고 들었다. 나중에 석주 어른께 들으니 백성을 부양한다는 뜻도 의미 깊은 데다 만주 땅에 세운 부여扶餘 민족, 즉 우리 민족의 단체라는 의미이기도 하다고 하셨다. 우리 친정과 시댁은 이미 구국救國이라는 같은 목적 아래 내 혼인 전에도 그렇게 가깝게 연결되어 있었다.

우강 양기탁 선생님 댁과도 서로 앞뒷집이어서 자주 왕래하였다. 그 댁은 교인들이라 교회도 잘 운영해 나갔다. 교회는 교회대로 신앙심으로 뭉쳐져 있어 애국활동에 매우 적극적인 것 같았다.

신흥무관학교 액목현 교하로 옮기다

경신년에는 한재旱災로 파종도 못하여 공사간公私間 곤란이 심했다. 설상가상으로 시월에는 일본 토벌대들이 전 만주를 휩쓸어 애국지사들은 물론이고 농민들도 무조건 잡아다 학살하였다. 청산리전투에서 이범석·김좌진 장군을 위시한 독립군의 성과가 컸기 때문에 그에 대한 보복으로 일본군이 대학살을 감행한 것이었다. 이것이 이른바 경신참변이다. 그래서 애국지사들은 산지사방 가족을 두고 단신으로 길림성, 오상현, 영안현, 흑룡강성으로 흩어졌다. 우선 봉천성을 빠져나가는 게 시급했다. 봉천성 바깥으로만 나가 버리면 워낙 넓은 천지라 마수의 손길이 뻗치기 힘들기 때문이다.

그 난리 중에도 일본 앞잡이 노릇을 하는 한인이 있었다. 흉년 끝에 옥수수나 좁쌀 몇 말 얻어먹으려고 일러 바치는 바람에 아까운 지사들이 많이 희생당했다.

가족도 버리고, 발길 닿는 대로 걸어서 도피했던 애국지사들은 얼마 후 머물 곳이 정해지면 연락을 취하여 가족들을 몰래 오라고 하였다. 우리도 왕산댁 허학 재종숙이 영안현 철령허로 오라 하기에 또 그리로 이사했다.

가서 보니, 우선 대소가가 다 모인 것도 좋을 뿐 아니라 미리 가 있던 동족들이 많아 신접 같지 않았다. 가는 곳마다 신개척지이긴 하였으나 산협이 아니고 한없이 넓은 들판이라 다행이었다. 소련과 중국의 접경이라 그런지 자전거같이 생긴 큰 농기계가 있었다. 그 기계 위에 올라앉아 땅을 갈았다. 기계는 빌려 써야 하는데 삯이 비싸서 몇 집이 합쳐서 한 대씩 빌렸다. 일일이 사람 힘으로 하던 때보다 훨씬 수월했다.

농사도 잘돼 가고, 바깥어른들이 하시는 일도 얼마간 잘 되어 가는 것 같았다. 남만주의 난리 후에 신흥무관학교는 길림성 액목현 교하로 옮기고 '금성중학교'로 이름을 고쳤다. 교장에 여시당(여준) 선생, 평교사는 오광선吳光鮮[20] 선생이 맡았다. 오광선 씨는 여준 선생의 처가쪽 조카였던 것으로 기억된다. 그동안 남만청년총동맹 청년들이 금성중학교를 점령하려 했으나 홀홀히 그들 뜻대로 해 줄 리가 없었다. 어떻게 해서 세우고, 어떻게 꾸려 온 학교인데…….

영안현은 철령허에서 칠십리 길이고 모란강은 철령허에서 오 리쯤

---

20 오광선吳光鮮 : 1896~1967. 독립운동가. 용인 출생. 동북항일한중연합군 독립지대장. 1962년 건국훈장 국민장 추서. 출전 : 『독립유공자공훈록』(국가보훈처)

떨어져 있다. 내려다보면 강둑에 모란꽃같이 생긴 돌들이 드문드문 보였다. 그래서 모란강이라 한 것 같았다. 농경지는 얼마든지 있어서 수백 호가 모여 사는 부락이 되었고, 각종 사업이 편리할 뿐 아니라 기차역 근처라 교통이 편리하다고 일본 관할을 피해 남자들이 다 그리로 갔다. 남자들이 활동하기 편하다고 가니까 우리도 안 갈 수가 없어 뒤따라갔다.

그런데 옛말에 노루를 피하려다 범을 만난다고, 일본 놈 피해 온 곳에 러시아 병사들이 우글거렸다. 전쟁이 끝나고 서백리아(시베리아) 철병을 하느라고 군인과 대포를 실은 기차가 수없이 왕래하는 걸 보고 다들 놀라 쑥덕거렸다. 난리 피해 온 것인지 난리 마중을 나온 것인지 모르겠다고. 코도 크고 덩치도 큰 러시아 병사들을 보면서, 남녀간 혼인감이 있으면 딸을 먼저 보내야 된다고들 수군댔다. 임술년(1922년), 그해 내 나이 열여섯이었는데, 나를 두고 하는 소리들 같았다. 지금 아이들 같으면 똑똑하고 철도 들었을 것이다. 그러나 그 당시는 이역풍상에 호번한 가정이라 학교에도 못 가고 고추 꼭지나 따고 파 다듬는 일이나 하던 내가 시집간다는 것은 상상조차 못할 일이었다.

어릴 때는 좀 총명하다 하여 어디 심정해 놓은 데가 있다는 말은 들은 적이 있다. 사촌 형아 시집보내 놓고 한번 보러 간다고 아버지 형제분이 하회에 가셨던 적이 있다. 그때 하회 마을 근처 초밭이란 곳에 광산 김씨인 김 참봉이 살았다. 원촌 고모님이 국문을 가르쳐 보니 영특하더라고 그래서 그랬던지 『소학』 3권 읽는다고 소문이 났더란다. 거기다 하회 형아는 이미 시집 쪽에서 글 잘한다고 이름이 나 있었고. 그러니까 김 참봉 댁에서 아버지 형제분을 초대한 것이었다. 잔칫상을 한 상 잘 차려 내놓고 사돈 맺자고 청혼을 하더란다. 겨우 일곱 살이던 나를……. 그후 만주로 와 버렸으니 없던 일이 됐는데도 농담 삼아 그 애기가 가끔 나왔다. 그러나 험한 세파에 시달리느라 동서분간도 못하는 철부지였지만 겉으로는 이렇다 저렇다 말 한마디 입 밖에 못 냈다.

그때가 신유년(1921년), 최실이(허인숙, 큰오빠 허채의 딸) 나던 해인데 큰오빠는 경신참변 끝에 한참 날뛰는 일본군을 피해 멀리 달아났다. 워낙 행패가 심하니 혼자 보낼 수 없다며 어머니가 동행했다. 올케는 첫애기(허인숙) 산달이라 같이 못 갔다. 다원 아재(왕산의 3남 垹)네 동네에 가서 앞뒷집으로 방 하나 얻고, 토지 좀 얻어서 농사를 시작했다고 나중에 소식이 왔다. 일할 줄 몰라 그랬겠지만 농사가 잘되지 않았단다.

그 이듬해 정월에는 우리도 철령허로 일가를 찾아 뒤좇아 갔다. 올케와 애기는 솥이라도 하나 붙여 놓은 백모님에게로 먼저 가고, 우리는 거기서 얼마 멀지 않은 철령허 정거장 근처에 자리 잡았다. 작은오빠 내외, 할아버지, 아버지, 어머니 그리고 나까지 여섯 식구였다.

초등학교 건물용 교사가 있었는데 아직 개교하기 전이라 우선 거기 들어가 살았다. 법이 외조부(이장녕 씨)도 와 있어서 함께 살았다. 칠팔월경에 집을 하나 새로 지어서 옮기고 학교는 비워 주었다.

그해 작은오빠네 첫애기(許法)가 태어났다. 그리고는 얼마 안 있어 나쁜 소식이 왔다. 만주와 한국을 드나들며 군자금을 모으고 동지들도 규합하며 활동하던 숙부(許珪)가 체포되어 감옥에 갇혔다는 것이다. 국내에서 왜경에게 체포되었는데 3·1운동 뒤끝이라 십오 년이란 장기 징역형이 선고되었다.

고향에 살 때 나를 무척이나 귀여워해 주시고 내 손목을 붙들고 글씨를 가르쳐 주시던 생각이 나서 나도 모르게 눈물이 나왔다.

할아버지는 여든의 고령이시라 처음엔 쉬쉬 하며 알려 드리지 않았다. 한 달 후에야 알렸더니, 눈물을 흘리며 비탄에 잠기셨다. 연로하신 몸으로 이역만리에서 고초를 감당하시기도 버거우실텐데 이 억울한 소식을 듣고 간간이 호곡號哭을 금치 못하셨다. 불리한 시운에 그 비탄을 어찌 참으실 수 있으셨겠는가! 조석도 거절한 채 시작詩作에만 몰두하셨는데 아무도 그 시들을 보관하지 못한 것이 안타깝다. 피난 다니느라 그럴 경황이 없었다.

그후 숙부께서는 일본 황태자 출생 축하로 형기가 2년 감형되어 십삼 년을 살고 출옥하였다. 말이 13년이지 젊고 혈기 있던 한창 시절을 물같이 떠내려 보내고, 열혈청년이 노인이 다 되어 나온 것이다. 그전에 살았던 것까지 합치면 이십 년 가까이 된다. 해방 후 그분은 군정 시대 입법위원을 지내시고 일흔넷에 돌아가셨다. 그리운 마음 사무치니, 유유명명幽幽冥冥 중 영령이 계시어 후세에 만나게 될지 그 누가 알겠는가?

할아버지는 당신 셋째 아들 비보를 듣고 상심 끝에 조석도 거절하시더니 급기야 별세하시고 말았다. 여한이 무궁할 뿐, 남은 가족들의 슬픔은 이루 말할 수 없었다.

돌아가시던 날 저녁에 큰오빠와 아비지는 영안현 영고탑에 가셨는데 늦도록 안 돌아오셨다. 늘 그렇듯이 부민단과 관계된 일이거나 회의 때문이었을 것이다. 두 분 오시면 드리려고 밥을 솥에 넣어 놓고 기다렸는데…….

그해는 농사가 엉망이라 양식이 귀했다. 그리고 거기 쌀은 야물지 않아서 밥해서 하루 지나면 못 먹는다. 풀 쑤어 놓은 것처럼 변해 버린다. 배도 고프고 해서 올케하고 먹어 버릴까 하다가 혹시 몰라 그대로 기다리고 있었는데 두 분 다 안 들어오셨다. 할아버지께서도 좀처럼 주무시지 못하시는지 늦게까지 담뱃재 터는 소리가 났다.

다음 날 아침 일찍 상차려 들어가니까 모로 누운 채 기척이 없었다. 벌써 기침해서 이불은 개어 놓고, 베개는 이불 위에 얹어 놓은 상태였다. 목침만 베시고는……. 무척 정갈하신 분이었다. 가까이 가 보고서야 돌아가신 줄 알았다.

농사가 잘 안된 해라 초상 치를 형편도 못 되었다. 동네에서 집집마다 쌀 한 말씩 부조해 주어서 그 덕에 겨우 일을 치렀다. 날이 많이 추웠다.

거기는 타작할 때 좀 덜 두들겨서 등겨는 털어 버리고 얼음판 위에다 놓고 두들긴다. 그러면 쌀에 돌도 섞이지 않고 좋다. 일부러 땅바닥에다 물을 퍼부어 꽝꽝 얼리면 번들번들한 얼음판이 된다. 누구네 집이든 얼음판 위에서 나락을 두드려 알만 가져오고, 짚은 다 그대로 내버려 둔다.

할아버지 초상 때 이 짚을 세 마차나 가져다 사흘 동안 불을 때서 구덩이를 팠다. 그러잖았으면 땅이 얼어서 장사도 못 지낼 뻔했다. 얼음구덩이 파느라고 7일장을 했다.

삼우제 지내고 나서 산소 주위를 빙 둘러 굴밤나무를 심었다. 작은오빠가 구덩이 흙을 파면 할머니가 굴밤 하나씩 넣곤 했는데, 십 년쯤 뒤에 가보니 많이 커져 있더란다. 근처는 원래 잔디밭이었는데 채소밭도 일구어 놓았고, 밭둑에는 모과나무 한 그루가 우뚝 서 있었다.

그 산소는 지금 있는지 없는지조차 모른다. 거기는 철령허 정거장 근처라 지금은 다 개발을 해서 많이 변했을 것이다. 지금이라도 가면 혹시 찾을 수 있을 것 같기도 하나 정거장 근처라 많이 변했으면 못 찾을 것 같기도 하다.

훤한 비산비야非山非野인데 옴폭하게 낮은 곳이라 산소 자리로는 참 좋았다. 그때 내가 열여섯 살이었다. 지금 살아 있는 사람 중에서 나 아니면 그 산소를 확인할 사람이 없어서 이장은 꿈도 못 꾼다.

그해는 농사도 안된 데다 집 짓느라고 더 쪼들렸다. 집 짓기 전에는 초등학교 열려고 준비하고 있는 건물에서 임시로 살았다. 새로 지은 집은 방이 네 개로 제법 컸다. 입택入宅한 지 얼마 되지 않아 내 혼인 잔치를 했다. 결혼식은 큰 데서 하느라 먼저 살던 학교 강당에서 했다. 오랜만에 대소가 친척들 다 모이고, 이웃 교민들도 다 모이니 훈훈했다. 왕산 가족들도 이웃에 살았고, 도성이 엄마(왕산 둘째 며느리)도 한국에서 들어온 지 일 년밖에 안 된 딸 둘을 데리고 우리 이웃에 살고 있어서 모두 참석했다.

제2장
항일투쟁과 이민생활

이천팔백 리, 시집가던 길

열여섯 살 되던 해(1922년), 음력 섣달 스무이튿날로 혼인날이 정해졌다. 할아버지께서 셋째 아들 비보를 듣고 상심 끝에 돌아가시고 얼마 안 있어 섣달에 혼인식을 치르기로 했다고 어른들께서 말씀해 주셨다. 나이 어리다고 일 년을 더 기다리자고 하다가, 철로 육로 합해 이천팔백 리 길인데 이렇게 분주한 시국에 더 이상 미루는 건 안되겠다 싶어 결정한 것이라 했다.

그해 가을엔 농사가 엉망이었다. 당시 우리는 철령허 정거장 근처에서 살았고, 왕산댁 가족들과 큰오빠네는 거기서 십 리 떨어진 율리팜허에 살았다. 오빠네와 우리, 양쪽 다 농사가 잘 안되었다. 이삭이 팼다가는 그대로 빳빳하게 말라 버렸다. 가뭄이 극심했기 때문이다.

여느 때는 나락단을 줄지어 들판에 세워 놓으면 그 위에 눈이 수북이 쌓인다. 그러면 꿩이 눈을 피해 나락단 속에 들어와 앉아들 있다. 그놈들을 잡아서 볶아도 먹고, 메밀국수에도 넣어 먹었는데 맛이 참 좋았다.

들판을 달릴 때 사용하는, 손수레처럼 생긴 '발구'라는 것이 있었다. 나무로 만들어 말에 매서 짐도 실어 나르고 사람도 탔다. 쓰지 않을 때는 그 위에 짚을 덮어 놓았다. 그러면 그 발구 짚 속에 꿩이 숨어 들어가 피한避寒하곤 했다. 추위를 피하느라 그렇게 옹기종기 모여 있는 꿩을 잡기는 식은 죽 먹기였다.

그러나 그해는 농사가 실패라 나락단 세울 게 없으니 꿩 구경하기도 힘들었다. 먹을거리도 변변치 않은데 혼인날이 잡혔으니 어른들은 내심 걱정인 눈치였다.

혼인 정하기 사오 년 전에 만리거우에 살고 있던 허국 재종숙(왕산의 막내아들)이 왔다. 이분이 석주 어른의 셋째 손녀와 혼인을 하였다. 친정으로 나의 재종숙 되는 분이 장차 시집갈 집의 시누이 남편이었다. 나를 자기네 처남댁이 되었으면 좋겠다고 중매를 한 것이다.

나는 그때 어려서 종숙인 형식 아재하고 산에 새나 잡으러 다니며 놀 줄만 알았지 그 말은 예사로 들었다. 아재라도 나이는 나보다 두 살 아래였다. 이름은 허극許克 또는 허형식許亨植인데, 1942년 항일유격전에서 전사하였다.

초가집 끝에 지어 놓은 새집마다 올라가서 후벼 파면 새가 손에 잡힌다. 그놈들을 잡아다 어른들 드리면 구워서 잘 잡수셨다. 그 재미에 빠져서 눈만 뜨면 산으로 들로 아재들과 쏘다녔다.

아재들은 학교에 다녔는데 나는 여자라고 학교에 안 넣어 주었다. 어른들께서는 아재들을 하굣길에 만나면 "인제 학교 갔다 오냐?"고 반가이 인사하면서 나는 학교라는 말만 꺼내도 야단 치셨다.

어쨌든 아재들이 학교 갔다 오면 나는 늘 같이 어울려 놀았다. 그때 아재들 따라 부르던 노래도 몇 구절 생각난다.

  다다랐네 다다랐네 우리나라에
  소년의 활동시대 다다랐네
  공부하는 청년들아 열심히 공부하여라
  동서대지에 국가성쇠가
  모두 다 학식으로 나오고
  장차 천지내 영웅준걸이

모두 다 학식으로 나온다
열심으로 공부하여
너의 직분 다하여라

그전에 유하현 우두거우에 살고 있을 때가 내 열한 살 때인데, 종숙질이 매일 만나 새를 잡아다 큰집 할머니(왕산 부인)께도 갖다 드렸다. 여자는 새 먹으면 그릇 잘 깬다고 하기에 나는 새를 먹지 않았다. 할머니는 그걸 정성껏 장만하여 양념해서 우리 집에 가져와 할아버지 두 형제분(성산과 범산)께서 잡수시도록 해 드렸다.

그 할머니는 선비댁 마님인데도 채전도 잘 가꾸셨다. 어린 애호박이 처음 열리면 오 리나 떨어진 우리 집에 가져오셨다. 손으로 칼국수 밀어서 봉지 안에 싸 가지고 와서 새로 연하게 올라온 파도 숭숭 썰어 넣어 할아버지 두 분께 끓여 드렸다. 지금도 칼국수 봉지 들고 집에 들어서는 모습이 눈에 선하다.

그때쯤이었다. 허국 재종숙이 장가갔다는 소문이 있더니 한 팔십 리 상거相距인 만리거우에 산다고 했다. 이분이 남편 될 사람과 처남매부가 되자고 편지 내왕을 한 것으로 짐작이 간다. 어느 날 와서 "너, 내가 시집보내 줄게" 했다. 그러나 시집이 뭔지도 모르는 열한 살 때의 일이었다.

그러다 세월이 한 오 년 흐르는 사이에 두 집이 제각기 이사를 갔다. 난리 피해 서로 이리 가고 저리 가다 보니 아주 멀리 떨어져 버렸다. 시집이 될 집은 화전현의 완령허로 가고, 우리는 하얼빈에서 천 리 더 들어간 영안현 철령허로 간 것이다. 친정과 시집이 이천팔백 리 상거였다. 한국으로 말하면 남쪽 끝 부산과 북쪽 신의주쯤 된다.

요새 와서 이천팔백 리 눈길을 시집가던 생각을 하면 우습다. 눈송이가 꽃송이처럼 눈앞을 휠휠 날아다니던 모습이 지금도 선하다. 기차 타고 하얼빈 와서 자고, 또 장춘으로, 장춘에서 길림까지.

운명이라는 것이 아마 그런 건지도 모르겠다. 항일투사 집안에서 태어나 항일투사 집으로 시집간 것도 다 운명이었던 것 같은 생각이 든다. 나라의 운명 때문에 한 개인의 운명도 그렇게 되었을 것이다.

혼례식을 위해 시아버님께서 그 먼 거리의 철령허로 오셨다. 노독여 해路毒旅害가 심한 데다 독립사업 걱정에 심경이 안정되지 않은 상태였다. 시아버님 외택이 영안현에 있어서 한 십여 일은 거기서 머무셨다. 딸네집(허국 씨네)도 들르시고 친우들도 만나느라고 진작 못 떠났다. 혼인 십여 일 후에 출발하겠다는 편지를 화전현으로 부쳤다. 친정아버지께서 상객으로 같이 떠났다. 신랑과 나, 그리고 시아버지, 친정아버지 해서 모두 네 명이 나섰다.

이천팔백 리 먼 길은 내 시집가는 길이요, 앞으로 전개될 인생길의 험난함을 예고하는 길이기도 했다. 조국의 운명이 순탄했으면 그리 되었겠는가?

정월의 날씨라 한국의 깊은 겨울보다 훨씬 더 추웠다.

길림 오다가 뜻밖에 나흘 밤을 자게 되었다. 시아버님은 길림에서 독립운동하는 동지들을 여럿 만나 그들과 밤을 잊은 채 글짓고 시국토론 하느라 과로하셨다. 신경을 너무 쓰셨던 것 같다. 시아버님이 밤중에 어디론가 나가서 돌아오지 않는 사건이 생겼다. 약간의 신경쇠약 증세가 아닌가 하고 걱정들을 했다.

길림은 시내 여관에 들면 일본 스파이가 많아서 안된다고 여러 사람들이 제중의원에 가라고 했다. 이 병원 주인은 서울에서 왔는데 이시영, 이회영 씨 형제가 한국에서 만주로 올 때에 같이 온 모양이었다. 화전현에 있다가 길림에 온 지는 일 년 되었다고 했다. 이 병원은 동포들 치료뿐 아니라 독립운동가들 비밀연락처이기도 하였다. 우리가 갔을 때도 독립운동하는 분들이 다 모여 있었다.

제중의원 사모님은 아기가 없었으나 인자하고 다정하였다. 시집살이하러 가는 새댁을 위해 여러 가지 훈계를 해 주시던 일을 지금도 잊지 못한다. 그때 마흔이 넘었으니 이제는 이 세상 떴을 것이다.

병원은 며칠씩 머물다 가는 사람들로 북적거렸다. 거기서 이장녕 씨도 만났다. 얼마 전까지 우리와 함께 학교 건물에 살았었는데……. 이분이 시아버님보고 농담 삼아 "사돈, 사돈!" 하고 두 번만 부르면 딱 맞는다고 했다. 내 친정과 사돈지간인데 그 사돈의 사돈이 되었으니까.

동지들이 그렇게 모두 모여 회포도 풀고 반가워하며 이틀을 지내다가 사흘째 되던 날, 밤중에 자다가 시아버님이 그만 없어지신 것이다. 신도 안 신고 버선발로 나가셨는데 며칠째 기다려도 안 들어오셨다. 눈이 많이 와서 몇 자나 쌓였는데 돌아오시지 않으시니 이 일을 어쩌나 하고 여간 걱정이 아니었다.

할 수 없이 우리만 먼저 떠나기로 했다. 시집가는 딸 데리고 상객으로 함께 가시던 친정아버지께서는 한 방에서 주무시던 사돈의 거취를 모르니 체통이 말이 아니었다. 친정아버지, 신랑, 나 셋이서만 길림에서 마차를 빌려 타고 화전현으로 다시 출발했다. 마차가 덜컹거릴 때마다 천장에 머리가 부딪치는 바람에 깨질 듯 아팠다. 준령을 넘는데 길이 나빠서 마차 안에서 연신 부딪쳤다. 길이 녹은 데는 바퀴가 빠져서 구르지를 못하니 내려서 걸었다. 그런 식으로 가니까 하루에 백 리 정도밖에 못 갔다. 그렇게 사흘을 더 갔다.

화전현에 도착해서 우선 시오촌(李光民,[21] 호는 자화)이 계신 집으로 갔다. 종조부님은 큰댁에 가고 안 계셨고, 자화 당숙께서는 군청에서 퇴근하시는 길이었다. 며칠을 기다리다 못해 오늘도 편지를 부치고 왔노라 하였다. 온다는 날보다 워낙 늦어지니 왜 안 오는가 싶어서 철령허 시누이집으로 편지하셨던가 보다.

이광민

당숙은 중국 군청의 직원으로 있으면서 독립군들 보호막 역할을 단단히 하고 있었다. 당숙모께서도 바쁘게 서둘렀다. 밤인데도 신랑 신부 도착했다는 기별하러 완령허로 사람을 먼저 보내고, 이튿날 또 마차를 구해 와서 우리를 태워 완령허로 보냈다.

그날은 그 독하던 추위가 풀렸으나 날이 따뜻하니 이젠 길이 녹아서 또 말썽이었다. 찰흙이 딱 달라붙어 마차바퀴가 돌지 못해 내려서 걸어야 했다. 눈이 녹지 않은 음지쪽으로 가게 되면 잠깐씩 탔지만 나머지는 내내 걸어서 갔다.

완령허 고개를 넘어 가는데 그곳에 묘가 많던 생각이 난다. 종일 오십 리를 걸어 밤 열시에 도착했다. 정월 열이튿날 출발했는데 스무나흗날에야 도착한 것이다. 기차로 마차로 해서 꼬박 열이틀 걸렸다. 열여섯 어린 나이에 시집가는 길이 그토록 험난할 줄이야…….

방안에 앉으니 과일, 떡국 등을 차려 내놓았다. 화전현 완령허 신랑

---

21 이광민李光民 : 1895~1945. 독립운동가. 안동 출생. 호는 자화子華. 백부 석주(이상룡)를 따라 망명. 정의부 법무위원장. 1990년 건국훈장 독립장 추서. 출전 : 『독립유공자공훈록』(국가보훈처)

집에서는 우리가 그곳을 향해 출발하던 날부터 잔치를 한다고 돼지를 잡고 친척들이 원근간 다 모였다. 그런데 십여 일을 기다려도 오지 않으니까 일부는 돌아가고, 일부는 열이틀째 기다리고 있었다.

도착 예정일을 많이 초과하니, 조모님은 안달하시면서 석주 어른의 오촌인 이승화李承和[22] 씨에게 단수(점괘) 좀 뽑아 보라고 했다고 한다. 그 어른이 취미 삼아 단수를 잘 뽑는다고. 점괘를 보니 네 명이 출발했는데 세 명만 온다고, 이상하다고 했단다. 조모님은 점괘를 듣고는 걱정이 되어 더욱 성화였다고 한다. 우리가 도착하자 가까운 곳에 있는 이들만 다시 모여 잔치를 했다.

시아버님께서는 다행히 이튿날 혼자서 집으로 찾아오셨다. 길림에서 도보로 거기까지 오셨다고 했다. 여러 날 걸렸으니 발이 얼어서 형편없었다. 그래도 어른께서 돌아오시니 집안에 화기가 돌았다. 시할아버지 석주 어른께선 그때는 집에 계시지 않았다. 액목현 금성중학교에 가 계셨다.

시집살이 첫 시작으로 수십 일 비웠던 방에 불을 때니, 사방 쥐구멍에서 연기가 나 눈을 뜨기 힘들었다. 불을 안 땐 지 오래라 아궁이를 쥐들이 안식처로 삼은 모양이었다.

이렇게 시작된 시집살이 후 친정 소식은 가뭄에 콩 나듯 드문드문 들었다. 한번 부모님 뵈러 가고 싶어도 이천팔백 리 길을 혼자 갈 수가 없었다. 멀기도 하지만 그 당시는 만주인들이 너무도 우둔무지하여 감히 혼자하는 여행은 생각할 수조차 없었다. 보고 싶어 경경耿耿하던 그

---

22 이승화李承和 : 1876-1937. 독립운동가. 안동 출생. 호는 담옹淡翁. 서로군정서에서 활동. 1990년 건국훈장 애족장 추서. 출전 : 『독립유공자공훈록』(국가보훈처)

심정, 꿈을 빌려 만나도 깨고 나면 허사 되어 마음에 맺혔다.

시집온 그 이듬해 갑자년(1923년) 동짓달에 어머니 편지가 왔는데, 대소가를 따라 노령(러시아 땅)으로 이사 간다고 적혀 있었다. 눈물이 앞을 가려 편지를 다 읽지 못하고 밖으로 뛰쳐나왔다. 저녁을 짓는다고 물 긷고 불 때고 하여 저녁상 올리고, 뒷일마저 마치고는 방에 들어와 옆사람도 모르게 울고 또 울었다. 그렇잖아도 멀리 떨어져 있어서 다시 만나기는 어렵겠다 싶어 서러웠는데, 이제 더 먼 곳으로 간다니 다시는 못 볼 것 같았다.

날이 밝으니까 얼굴이 부어서 어른들 앞에 나설 수가 없었다. 진짓상 갖다 놓고 얼른 돌아 나왔다. 눈을 떠도 떠지지 않으니 어딜 나서지도 못했다. 부엌에서 세수하고 말리고, 또 세수하며 암만 생각해도 살아생전에는 다시 못 만날 것 같았다.

할머니가 귀는 좀 어두웠으나, 내가 편지 받고 우는 사연을 눈치 채고는, "아이고 가엾어라. 우리도 강실이, 유실이 열예니곱 살 때 그렇게 먼 데 시집보내 떨쳐 두고 왔더니, 그 보복이 너한테로 돌아왔구나" 하시며 함께 우셨다. 세상을 잘못 만난 탓이라 하고, 광복대업을 성공하면 너희들은 오늘을 회상하며 좋은 때를 볼 것이라고도 하며 나를 달래셨다. 강실이는 서주 어른의 익동딸로서 독립운동가 강남호의 부인이고, 유실이는 석주 어른의 맏손녀로 하회 유씨 가문으로 출가했다.

한 달 뒤에 다시 편지가 왔다. 왕산댁이 먼저 떠나 대소가가 모여 살자고 연락이 와서 갈까 하고 마음을 내었는데 가기 싫다는 이가 많아 파의破議하고 오상현으로 간다고 했다. 거기 가서는 아버지께서 약국을 열었다고 했다. 아버지 호를 따서 '일창약국'이라 이름 붙였다고 했다. 그때 상해 가서 활동하던 이시영 씨가 약국에 몇 번 다녀가셨다고도 했다. 그나마 노령에 가지 않게 됐다는 소식만으로도 가슴을 쓸어내렸다.

그 뒤로도 모녀 한 번 만날까 간절히 바랐더니, 친정이 지나사변支那事變(중일전쟁의 일본식 표기. 여기서는 1931년에 일어난 만주사변을 말함 — 편집자 주)에 만고파란을 겪고는 환국해 버려서 만주에서는 끝내 못 만났다. 우리가 안동으로 환국한 사오 개월 만에 친정아버지께서도 팔순의 연로하신 몸으로 만당한 자손을 인솔하고, 고향 임은은 아니었지만, 대구로 무사히 귀국했다는 소식을 들어 다행이었다.

1931년 일본이 만주까지 점거하니 항상 피해다니고 쫓겨 다니느라 활동 근거를 잃게 되었다. 그러자 아버지께서는 옥고 중인 당신 동생(허규)의 옥바라지라도 해야겠다며 귀국하시게 되었다고 하였다.

해삼위海參威(블라디보스토크)는 중국 땅이었다가 러시아 땅이 된 곳이다. 농경지가 많아 한국인들이 그곳으로 많이 갔다. 물론 독립사업도 그쪽으로 많이 옮겨 갔다. 왕산댁도 그래서 그쪽으로 갔다. 먼저 가서 자리 잡아 놓고 우리 친정도 그리로 오라고 했던 것이다.

우리 친정은 안 갔지만 그때 가신 친척들 대부분이 한국으로 못 나오고 있다가 공산 치하에 남게 되었다. 그때 남았던 분들 거의가 지금은 세상을 떴을 것이다. 왕산 어른의 넷째 며느리인 우리 손위 시누이(허국 부인)도 금년에 아흔다섯이니 이 세상에 안 계실 것 같다. 거기 남은 사람들의 후손들이 자기네가 한국인인 줄 알기나 할는지……. 생각할수록 마음이 산란하다.

그때 같이 간 가족 중에서 왕산 어른의 셋째 아들인 다원 아재의 아들 둘이 구 소련에 살고 있다. 웅배雄培(허진, 필명은 임은. 『김일

허웅배(허진)

성왕조성립비사』 저자)는 모스크바에, 환배(桓培)는 타슈켄트에 사는데 세상이 바뀐 덕에 둘 다 한국에 몇 번 다녀갔다. 우리 허씨는 이름을 외자로 지었는데 이름이 두자였냐고 물었더니 배달나라의 환웅이 되라는 뜻이 들어있다고 했다.

그들 말이 우리가 귀국한 뒤 얼마 안 있어 환국하려 했단다. 우선 아버지 허준 혼자 기회를 보려고 한국에 몇 번 다녀갔는데 어떻게 하다가 그만 북한에 주저앉게 되었다고 한다. 그게 1947년이다.

북한에서 사는 동안 겪은 고초는 이루 말로 다 할 수 없었다고 했다. 탄광에서 강제노동도 하고, 갖은 학대를 받으면서 죽을 고비도 몇 번씩이나 넘겼다고 했다. 총에 맞아 부상당한 흔적도 보여 주었다. 나중에 둘 다 가족이 아무도 없는 고아로 위장하는 데 성공하여 겨우 소련 노동자로 자원해서 소련으로 가게 되었다고 한다.

거기서도 늘 굶주리고 감시받고 했지만 아슬아슬하게 노동자수용소를 탈출하는 데 성공하여 지금은 망명한 소련인으로 잘 살고 있다. 고생한 보람이 있어 대학교수도 지냈고, 지금은 작가로 생활하며 여러 가지 활동을 많이 해 성공한 고려인으로 알려져 있다. 웅배는 지금 러시아에서 『고려일보』라는 신문의 발행인이고, 고려인과 한국유학생을 위해서 모스크바 부속 국제대학도 세웠다.

사회주의 땅에 남아 처형되지 않고 기적같이 살아남은 것만 해도 고맙기 그지없다. 웅배가 처음 한국에 나왔을 때 우리 허씨 일가들과 상면하던 날은 참으로 꿈만 같았다. 도저히 상상할 수 없는 일이 현실로 일어난 것이다. 다들 초면이었는데, 나는 공산 치하에서 그동안 얼마나 고생이 많았냐고 위로했다. 그는 오히려 숙부(許珪)의 외아들 술銖이를 붙들고 "나는 자네가 시정잡배나 거리의 불량배가 되어 있어도 그럴 수밖에 없다고 생각하려 했는데, 이렇게 훌륭하게 되었구나!" 하면서 감격하였다.

숙부가 이십 년 가까이 감옥살이하고 해방 직전인 1942년에 풀려나와 늦게야 얻은 아들이 열네 살 먹는 것 보고 세상을 떴다는 소식을 그 얼어붙은 나라에서도 들었던 모양이다. 그 동생이 기특하고 갸륵해서 하는 말이었다. 숙부는 술이 태어난 뒤에도 또 붙들려가 함경도 함흥에서 옥살이를 했다. 술이는 엄마 등에 업혀 아버지 면회 갔던 일이 생각난다고 했다.

정릉 스님(성산의 외손녀) 얘기로는, 해방 직후 웅배 부친(許埈)이 남한으로 이주해 오려고 북한에 가족을 두고 우선 단신으로 먼저 서울에 왔을 땐데, 그가 서울에 들어오자마자 한국 정부에서 그를 빨갱이라고 체포해 버렸단다. 당시『현대일보』에 "적색 맹장 허준 체포"라고 큼지막하게 실렸단다. 그때는 숙부가 미군정 입법위원으로 계실 때라 그 기사를 보고 분해서 벌벌 떨며 당시 수도청장인 장택상 씨를 찾아갔단다. "네가 허준이 누군 줄 아느냐? 왕산 어른 셋째 자제다. 그런데 감히 적색 맹장이라고?" 하며 불호령하니까 즉시 석방해 주더란다.

장택상 씨와는 윗대부터 세교가 있던 사이라 왕산 어른 함자만 들먹거려도 통하게 돼 있었다. 우리 집안은 빨갱이가 아니라 애국활동했다는 사실을 그분이 더 잘 아니까 말이다.

그러고 나서 허준 아재는 북에 있는 가족을 다 데리고 오겠다고 간 후 그놈의 삼팔선 때문에 영영 못 왔다. 그 대신 그의 아들이 육순 노인이 되어 처음으로 우리들 앞에 나타났으니……

서로군정서

산로만리山路萬里 수로만리水路萬里, 낯설고 물설은 화전현에서 새애기 시집살이가 시작되었다. 첫날부터 부엌에 들어가 조석을 장만하려니 장이 없었다. 사방을 둘러봐도 땔나무도 없고 식량도 없었다. 간장이나 된장이 없기는 친정에서와 마찬가지였다. 도랑 건너 앞집에 이북에서 온 홍기섭 씨란 분이 살았다. 장이 없다니까 그분이 양철통으로 하나 갖다 주었다. 고맙기 그지없었다. 그렇게 장 맛을 본 이후로 그해는 장이고 소금이고 맛을 못 봤다.

깊은 내륙이라 소금이 귀했다. 오십 리, 육십 리 가야 소금을 구할 수 있었다. 농삿거리 서너 말은 가져가야 소금 한 말과 바꾸는데 농삿거리도 없을 뿐더러 또 있다 해도 무거운 걸 지고 그 먼 곳까지 갈 사람도 없었다. 바깥어른들은 독립운동하시느라 주로 외지에 나가 계셨다.

종중宗中에서 금화 이백 원이 왔다. 그걸로 생활비와 결혼비용을 제하고 나니 아무것도 남지 않았다. 나는 어리기도 했지만 워낙 풍진 생활고 속에서 자라면서 어른들 거취만 보았지 아무것도 할 줄 몰랐다. 오직 일심정력을 기울여 어른들 시탕侍湯에만 마음 쓰기로 결심했다. 그렇게 작정허니 머릿기름, 연지분이 무슨 소용 있었겠는가. 그때부터 그런 것은 다 무용지물이었고 오로지 땟거리가 걱정이었다. 어떻게 하든 끼니를 해결해 나가야 했다.

방 윗목에 새우젓 독같이 생긴 쌀독이 있었다. 시집온 첫날에도 그 독 안엔 쌀이 없었다. 여러 가구에서 쌀을 모아 주었고, 이웃에 사는 고모댁(시고모부가 애국지사로 유명한 강남호 씨임)에서도 쌀 서 말을 갖다 주었다. 당시 석주 어른께서 군정서 독판督辦할 때라 가족수당으

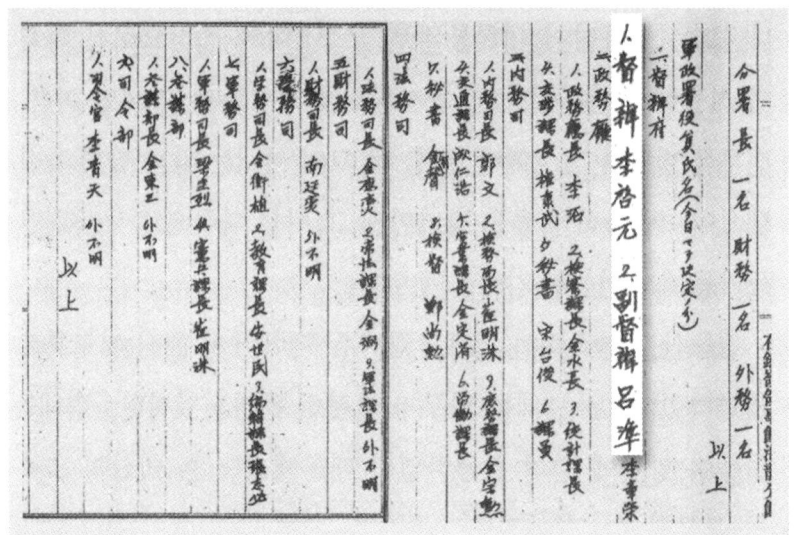

1920년 서로군정서 조직변경자료 「유하현 지방 불령선인단 조직변경에 관한 건」(대정9년 8월 9일). 독판 李啓元(이상룡), 부독판 呂準의 이름이 보인다.

로 매달 쌀 서 말씩 나오긴 했으나 늘 부족했다.

먹을 것도 없는 집에 쥐구멍은 어찌 그리 많은지, 불을 때면 굴뚝이 안으로 몇 개나 되었다. 막으려 해도 겨울에는 얼어서 흙을 구할 수 없다. 농민들은 쓸 흙을 미리 초가을에 덩어리로 만들어 집 안에 준비해 둔다. 그러나 이 집은 그런 노력은 전혀 할 줄을 몰랐다. 붓이 마당을 쓰는 도구가 아니라는 정도나 알 뿐이었다. 부엌에는 빗자루도 없었다. 노인들만 계시는 집이라 더욱 그랬다. 사랑에는 벼룻물 떠 올 유리병 하나 없었다. 식기와 바가지로 떠 날랐다. 다른 것도 대충 다 그러했다.

방은 모두 네 개인데 고모네가 두 개 사용했다. 고모네에 우리가 얹혀 살면서 방 한 칸은 우리가 거처하고, 또 한 칸은 군정서 회의하는 방으로 썼다. 같이 기거하다 보니 자연 신세를 많이 지게 되었다. 고모네는 고향에서 산의 송목松木을 팔아 오기도 하고 위토位土를 팔아 오기도 해서, 생계도 꾸리고 정객들 뒷바라지도 했다.

매일같이 회의를 했다. 삼월 초에 이 집으로 이사 오고부터 시작한 서로군정서 회의가 섣달까지 계속되었다. 서로군정서는 서간도 땅에서 독립정부 역할을 하던 군정부가 임시정부 쪽과 합치면서 개편된 조직이다. 곳곳에 여러 단체가 있어서 정의부, 통의부, 자신계, 군정서 등으로 나뉘어 활약했다. 통신원들이 보따리를 싸 짊어지고 춥고 덥고 간에 밤낮으로 우리 집을 거쳐 다녔다. 만주 일대의 정객들도 전부 내왕했다. 그 정객들 조석은 집에서 해 드릴 때가 많았고, 가끔 나가서 드실 때도 있었다. 방이 비좁아 정객으로 오신 손님들은 십 리 상거, 오 리 상거에 숙소를 정해 두고 출퇴근했다.

이진산 씨도 이때 우리 집에 와 있었다. 김형식金衡植[23] 씨, 성준용 씨도 와 있었다. 법이 외증조부이신 이병삼 씨도 오셔서 석주 어른과 한방에 거처하셨다. 그때 석주 어른이 서로군정서 독판이었고, 여시당 씨가 부독판이었다. 김형식 씨는 시할머니의 친정 조카였고, 김동삼 씨도 시할머니 먼 조카였다. 김원식金元植[24] 씨도 와 있었다. 이분도 조카뻘이었다. 이분들은 만주권 인사 중에서 아주 중요한 인물들이었다. 아무짓도 모르는 나한테도 이분들은 친척이면서도 피로 맺은 동지들이라는 느낌이 왔다.

---

23 김형식金衡植 : 1877~1950 독립운동가. 안동 출생. 부친 백하 김대락을 따라 만주로 망명. 경학사, 신흥학교, 부민회에서 활동. 1944년 연안독립동맹 북만지부 책임자. 해방 후 북한으로 돌아가 1948년 남북연석회의 상임위원장을 지냄
24 김원식金元植 : 1888~? 독립운동가. 안동 출생. 서로군정서 통의부원. 1968년 건국훈장 국민장 추서. 출전 : 『독립유공자공훈록』(국가보훈처)

대한협회 안동지회 취지서(석주선생 작성, 출전은 『석주유고』)

　김동삼 씨는 자상한 면이 있어서 여가가 있을 때면 할머니와 자주 말씀을 나누었다. 혼인 전 우리 친정에도 몇 번 오신 적이 있었으므로 안면이 있었다. 당시엔 부민단 일로 우리 아버지와 함께 일했었다.
　서로군정서에서는 의복도 모두 단체로 만들어서 군정서 조직원들에게 배급해 주었다. 부녀자들이 동원되어 흑광목과 솜뭉치를 산더미처럼 사서 대량으로 생산했다. 일본의 감시를 피하기 위해 중국식 검정 두루마기를 만들어 입도록 했다. 이 두루마기 한 벌을 받으면 다 해지도록 입곤 했다. 중국식 복장이 한국인이란 표도 잘 안 나고 한복보다 활동하는 데도 더 편했다. 나도 그 옷을 숱하게 만들었다. 김동삼, 김형식 어른들께 손수 옷을 지어 드렸던 것을 생각하면 지금도 감개가 헤아릴 길 없다.
　우리 시댁은 친정보다 오 년이나 먼저 서간도로 나와 있었다. 경술년

한일합방이 되고 난 이듬해인 신해년(1911년) 정월에 망명의 길로 나섰던 것이다. 시조부이신 석주 어른께서는 경술국치 일 년 전인 1909년 2월 안동경찰서에 구인되었는데, 비도와 연결되었다 하여 수차례 고문을 당하셨다. 이 때문에 시내에선 항의 데모가 대단하였다고 한다. 결국 이렇다 할 증거가 없어 한 달 만에 풀려 나셨다. 석방된 즉시 대한협회 안동지회를 조직하고 회장으로 취임하셨다. 안동에서는 행세하는 양반이라 군·면에서 백방으로 구명운동을 하여 빨리 석방되긴 했으나 무고한 사람이 잡혀가 고생한 것이다.

나오자마자 석주 어른께선 우리가 살 길은 절치부심 항일의 길밖에 없다는 결심을 하셨다. 합방이 되어 버렸으니 더 이상 좌시하고만 있을 수 없었다. '때는 왔다' 하고 이회영, 이시영 씨 형제분과 이동녕 씨와 의논해서 망명하기로 결정을 보았다. 이시영, 이회영 씨네는 당시 서울의 고위 관리였고, 우리 시댁은 지방 유학자이자 양반이었다. 그런데도 그분들과 인연이 닿았던 것은 그 전에 의병활동하면서 뜻 있는 사람들끼리 의기투합을 하였기 때문이다.

경향간에 떨어져 서신왕래만 하다 석주 어른께서 서울로 와서 우선 그분들과 면식을 갖고 망명에 대해 구체적으로 의논했다. 그리고는 그들 형제분이 한 해 먼저 만주로 가 모든 조처를 해 놓고 나서 들어오라는 연락을 주었다. 그리하여 그쪽 집안과 이쪽 집안의 사람들이 대거 망명길에 나서게 되었다.

처음 나와 보니 이회영 씨, 이시영 씨 등이 신흥무관학교를 설립해 놓고 자금이 부족하여 운영을 제대로 못하고 있더란다. 조직이 움직이려면 돈 없이는 안 되는 건 뻔한 일이었다. 석주 어른께서는 당신의 사백오십 년 된 고택인 '임청각'을 매각해서 독립사업에 쓰려고 외아들인

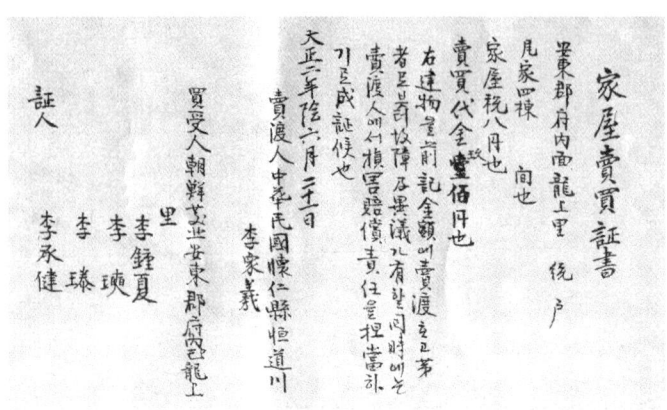
임청각 매매증서. 매도인은 李象羲(이상룡), 매매대금은 900원으로 나와 있다. 일경의 독립운동자금조사에 대비한 위장증서로 보인다.

나의 시아버지를 한국으로 들여보냈다. 아버님은 "20누대의 종손으로서 가문도 내팽개치고 독립운동한답시고 떠나갔다가 독립달성도 못하고 고향에 다시 들어가려니 얼굴에 소가죽을 덮어 쓴 것 같더라"고 나중에도 몇 번 말씀하셨다. 종손은 가문을 지켜야 하기 때문에 어느 집안도 종손이 망명을 떠나는 법은 없었다. 그런데 석주 어른께서는 종손이면서 집안일보다 국가 안위가 더 우선이라며 떠났으니 문중에서 좋아할 리가 없었다.

문중에서 임청각 매각을 반대했다. 또 일본의 눈치도 봐야 하는 난관도 있었다. 아마 문화재라서 더 그랬던 것 같다. 어떻게 해서든 팔아보려고 중간에 사람도 놓았으나 뜻대로 되지 않았다. 문중에서는 아쉬운 대로 돈 오백 원을 마련해 주었다. 그래서 지금도 매각하는 대신 돈을 해 주었다고 임청각을 내 집이 아니고 문중 집이라고 생각하는 집안사람도 더러 있다. "문중 집에서 살면 고마운 줄 알아야 한다"는 말도 가끔 듣는다. 지하枝下가 많으니 이런 말 저런 말 나올 수 있다. 그러나 문중의 중요한 위치에 있는 사람은 그런 말 하면 안 되는데……. 일제강점기에는 오죽했겠나 하는 생각도 든다.

그 돈 오백 원은 신흥무관학교 운영비에는 조금밖에 못 보태고 대부분 생활비로 썼다. 일부는 친지의 사기로 중간에 좀 유실되었다고 한다. 조직원들이 워낙 많기 때문에 그들을 먹여 살리는 일만 해도 큰돈이 들었다. 또 해 먹이는 일 그 자체도 큰 역사役事였다. 작은 국가 하나 경영하는 것이나 다름없었다.

내가 처음 시집가서 보니 백로지 뭉치가 방 안에 가득히 쌓여 있었다. 사랑에는 등사판을 차려 놓고 계속 인쇄해서 전 만주와 중국, 또 한국으로 보내고 있었다. 그러니 날만 새면 숨 쉬는 것부터가 돈이었다. 군자금, 독립자금 만드는 일이 가장 급선무일 수밖에 없었다.

그러나 그때는 모두가 손잡고 협조적으로 잘해 나갔다. 주로 청소년 교육사업과 군사양성사업에 주력했는데 신흥학교에 군사양성과를 병설하여 군관을 많이 배출했다. 나중에 이들이 독립군으로서의 역할을 톡톡히 했다.

임시정부가 들어서고 난 뒤에 대표로 여운형 씨가 석주 어른을 찾아와서 합치자고 했단다. 동지 중에는 반대하는 사람도 있었지만 어른께서 "한 민족이 두 개의 정부를 가질 수 없다. 힘을 얻기 위해서는 단결을 해야 하므로 지위나 권력욕을 가져서는 안 된다. 사심 없이 합치자"고 군정부를 서로군정서로 고치고 최고 지위도 독판에서 총재로 바뀌게 된 것이었다.

석주 어른과 함께 활동한 인물 중에 이시영 씨는 똑똑할 뿐더러 곧고 강직한 성격에 오로지 구국일념에만 차 있었다. 높은 벼슬하던 지체 높은 양반이고 부자여서 굳이 고생하지 않아도 될 분이었다. 해방 후 부통령 할 때도 대쪽 같은 성격과 신념에 찬 행동 때문에 이승만 대통령도 마음대로 어쩌지 못하는 것 같다는 인상을, 신문기사를 읽으며 받았다. 그 신문 읽으면서 그 양반으로선 당연하다고 생각했다.

협조적으로 조용히 돼 가던 독립사업이 3·1운동 후에 도망 다니느라 여기저기 서로 흩어지면서 된서리를 맞았다. 만세사건 이후 성난 일본이 무차별 체포 구금해 대니까 서로 온데간데없이 뿔뿔이 다 헤어졌다. 이회영 씨, 이시영 씨는 일본의 감시를 피해 상해로 갔다. 식구들도 한꺼번에 이주하지 못하고 하나씩 둘씩 빼돌려서 한참이나 걸려서야 다시 다 모일 수 있었다.

처음 서간도에 도착해서 회인현에 살 때 동생을 둘이나 잃어버린, 남편의 한스러운 이야기도 들었다. 그러니까 내가 시집오기 한참 전의 일이었다.

늘 횟배를 앓았던 그 여동생이 여섯 살 때였다. 그날도 갑자기 복통이 시작되어 통증이 심해지자 할머니가 업어서 배를 꼭 눌러 주면 좀 괜찮을 거라며 업었다. 그런데 업혀서도 뒹구는 바람에 애가 땅에 뚝 떨어졌다. 얼른 안았는데 벌써 명은 끊겨 있었다. 아이의 배를 만져 보니 회가 아른아른하게 겉으로 내비치더란다.

또 그 아래 동생은 남자아이인데 그 2년 뒤에 홍역을 했다. 당시에 남자들은 회의에 참석하기 위해 이백 리 떨어진 곳에 나가 있어서 집안에는 연로하신 안식구만 두 분 계셨다. 일꾼이 중국 약국에 가서 어떻게 어떻게 해서 서툰 의사표시로 약 한 첩을 지어 왔단다. 중국아이들도 다 홍역을 앓고 있으니 손짓으로 그와 같다고 했던 모양이었다. 약은 지어 왔는데 땔나무가 없어 그제서야 산에 나무하러 갔다.

중국 사람들은 사람이 죽으면 대개 널을 한쪽은 높고 한쪽은 낮게 비스듬히 짠다. 그것을 땅에 묻지 않고 들판 미루나무 아래 같은 데 그냥 방치해 둔다. 몇 년이고 그렇게 놔뒀다 썩으면 그 위에 흙을 덮어 준다. 그러면 무덤이 되는 것이다.

일꾼이 나무해 온다는 것이 들판에 버려진 그 널조각을 주워 왔다. 마당에다 돌 세 개를 놓고 그 위에 약탕관을 올려 놓고 끓이다가 미끄러져 깨졌다. 하필이면 관에 썼던 널조각으로 불을 땠으니……. 어렵사리 구한 약을 써 보지도 못한 채 그날 밤에 그 애는 저 세상으로 가고 말았다. 그래서 삼남매였는데 졸지에 남편만 남게 되었다. 다음부터는 약국 가까운 데로만 가서 살자 했으나 뜻대로 되지 않았단다.

군정서 회의 때마다 쟁쟁한 인사들이 수십 명씩 드나들었지만 이름은 거의 알지 못한다. 그 중에 생각나는 한 분이 양세봉梁世奉[25] 씨다. 이북 사람으로 참령 벼슬을 한 무관이었다. 인물 잘나고 키도 컸다.

당시 옷차림은 중국인처럼 변장하느라고 다들 검정 두루마기 같은 중국옷을 입었다. 독립군들 대개가 입성은 초라했지만 대문에 들어서면 집 안이 환해질 정도로 모두 인물

요녕성 신빈현 왕청문소학교에 서 있는 양세봉 석상(2003년)
ⓒ 박도

들이 좋았다. 그 중에서도 양세봉 씨는 특히 그랬다. 내가 열두 살일 때 그분은 서른 살 좀 넘은 것 같았다.

무오년 고종황제 돌아가셨을 때 우리 집(결혼 전 친정)에 오셔서 한

---

25 양세봉梁世奉 : 1894~1934. 독립운동가. 평북 철산 출생. 호는 벽해碧海 이명 양서봉梁瑞奉. 항일전쟁에서 전사. 1962년 건국훈장 국민장 추서. 출전 : 『독립유공자공훈록』(국가보훈처)

달 정도 계셨다. 그때 올케는 첫딸을 낳아 누워 있었고, 나는 가을 고추를 널어 말리고 있었다. 마침 양세봉 씨가 집으로 들어가다가 내 손을 꼬옥 쥐어 주시며 "우리 때문에 어린 네가 이렇게 고생한다" 하셨다. 손이 시려울 때라 마주 쥐어 주시는 손길이 무척 따뜻하고도 고마웠다.

그렇게 내 기억에 남아 있는 분을 나중에 시가에서 또 뵙게 되니 친정아버지를 뵈온 듯했다. 나라 위해 중임을 맡으시고도 다정하고 인자하신 성품을 간직하고 계신 그 분이 오래도록 잊혀지지 않는다.

요새 우리 동네 경로당에서 우연히 그분과 한 동네 살았다는 안 노인이라는 사람을 만났다. 나이는 나와 동갑인데 다섯 살 때 부모 따라 만주 들어갔다고 했다. 아들 한 명, 딸 한 명 있었는데 아들만 서울로 공부하러 들여보냈다가 해방이 되는 바람에 수십 년 동안 왕래가 끊겨 서로 못 만나고 살았단다. 그러다가 한국에 나오게 되었는데 이제 나온 지 십오 년밖에 안 된다고 했다.

늦게까지 만주 있다가 나온 이 분한테서 양세봉 씨 소식을 근래에 들었다. 왕청현에서 일본 놈들이 끌어다 때려서 죽였단다. 죽이고 나서도 "저놈은 죽여도 그래도 죄가 남는다"면서 죽은 사람의 목을 또 잘랐단다. 그리고 그의 세 살 된 어린애까지 데려다 죽이고……. 그전에 어디에서 듣기로는 홍경현 삼도구에서 총살당했다고도 하던데…….

그 어린아이는 보통 애들과는 남다른 사연이 있다.

한번은 양세봉 씨가 대낮에 집에 불쑥 왔더란다. 밤낮으로 가정도 돌보지 않고 밖에서만 활동하던 이가 낮에 집에 와서 부인을 방으로 들어오라고 했다. 갑자기 그러니 방으로 들어서는 부인이 그만 가슴이 두근두근해지더란다. 왜 그렇게 가슴이 펄떡거리냐고 남편이 물어서 겁이 나서 그런다고 대답했단다. 혁명가의 아내가 그렇게 겁이 많아서 어디에 쓰겠느냐고 하면서 가만히 보듬어 주더란다. 그래 놓고는 또 훌쩍 어디론가 가 버렸단다.

그런 일이 있은 후 그 아내는 아기를 낳았다. 시동생이 아기 소식을 전해주러 수소문해서 찾아갔더니, "그래, 뭐 낳았냐?"고 해서 아들이라니까 "그러면 뭣하러 왔냐? 빨리 가라"고 하며 딱 하룻밤 재워 보내더란다. 먼 곳까지 물어물어 찾아갔지만 일본 놈들이 알면 아기도 위태롭다는 걸 짐작했기 때문이었을 것이다.

세 살짜리 그 아들을 같이 죽이지만 않았더라도 후손이 끊기지는 않았을 텐데……. 가끔 신문에도 그분의 활약상이 나오던데 후손이 없어 아직 유해는 못 찾은 것 같았다. 대개가 이런 형편이었으니 어찌 독립운동가의 후손이 귀하지 않겠으며, 어렵사리 목숨을 부지한 경우라도 교육은 제대로 받고 살았겠는가?

시집살이

여름에 장마가 져서 우물이 흙탕물이 되었고, 부엌 바닥에서도 물이 폭포같이 솟았다. 부엌에다 도랑을 쳐서 물이 빠지도록 했다. 군정서 회의 중이라 손님들로 북적거릴 땐데 세숫물도 그 물을 떠서 가라앉혀 어른들과 손님들께 올렸다. 식수도 그 물로 했다. 화전현이 송화강에 둘러싸여 있기 때문에 장마만 오면 수몰된다.

한번은 강을 사이에 둔 집창자라는 동네가 물에 잠겼다. 그러자 자치단체에서 수재민 구호에 나섰다. 중국인들은 비교적 쉽게 피난을 시키지만 우리는 물자 구하느라 시간을 다 허비한다. 늦게나마 군청에 다니는 당숙이 뗏목을 구해 오고, 동네 청년들을 동원하여 뗏목을 한데 묶어 사람들을 끌어올렸다. 처음엔 살림살이를 다 갖고 오르려 하는데 그것도 문제였다. 또 여자들은 남자의 손을 잡아야 뗏목에 올라가는데 그냥 돌아서는 사람들도 많았다.

그러나 비가 연속 폭우로 쏟아지고 물이 가슴까지 꽉 차오르면, 그때는 살림살이도 소용없고 남자의 손도 먼저 잡아당겨 오른다. 그리고 안정한 후에는 계면쩍어 돌아앉아 웃는다. 한국 기관 단체에서 그토록 많은 노력을 한 덕에 인명 피해 없이 동족 삼백 가구를 구했다.

물이 빠진 다음에는 다들 수해복구에 들어가고, 안정이 되고 난 뒤에야 각자 일자리로 돌아갔다. 당숙이 중국 군청에 다니는 것은 생활 방침도 될 뿐 아니라 종종 한국 독립군들이 목갑 단총을 옷 속에 넣고 다니다가 중국 관헌에게 걸려 문제가 될 때 해결을 수월하게 하기 위해서였다.

각종 독립운동 사업이 처음에는 봉천성 회인현에서부터 시작하여 통화현, 유하현, 길림성까지 뻗어 갔다. 활동 범위는 그만큼 늘어났지만 그 넓은 지방에 해마다 하는 이사가 큰 사업거리였다.

당시에는 워낙 어려서 잘 몰랐으나 시집오기 전에 삼원포, 유하현, 고산자로 옮길 무렵이 학교와 세포단체가 많이 조직되고 활동도 활발했던 것 같다. 의견 충돌이 없었던 것은 아니나, 한국 독립에 근본 목표를 두고 국민 된 의무를 다한다는 의식을 일깨우려 하였다. 어쨌든 교육활동과 계몽활동도 그때가 가장 활발했던 것 같다.

이 기간이 시집 쪽으로는 회인현 시절부터 통화현 시절까지의 활동 기간이었다. 십삼 년 동안의 일을 직접 보지는 못했지만 들은 이야기를 종합해 보면, 이때가 독립활동의 기초를 세우고 조직을 강화하면서 세력을 확장해 나간 가장 중요한 시기였던 것 같다.

　항상 손님은 많았는데, 땟거리는 부족했다. 점심 준비하느라 어떤 때는 중국인에게서 밀을 사다가 국수를 만들곤 하였다. 마당의 땡볕 아래서 맷돌을 돌려 가루를 내고, 또 그것을 반죽해서 국수를 뽑았다. 고명거리가 없으니 간장과 파만 넣어 드렸다. 삼시 세끼 준비가 결코 녹록치 않았다. 시집온 다음 해에 한번은 감기가 들었으나 누워서 쉴 수가 없었다. 무리를 했던지 부뚜막에서 죽솥으로 쓰러지는 걸 시고모부가 지나가다 보시고는 얼른 부축하여 떠메고 방에다 눕혔다. 다음 날도 못 일어났다. 그때가 열일곱 살, 그러니까 1923년이었다.

　어른들 식사는 별도로 준비했다. 옥수수 덜 여문 걸 골라 씻어서 그릇에 대고 숟가락으로 슬쩍슬쩍 긁는다. 그러면 툭툭 터지면서 노란 물이 나온다. 두어 번 더 긁으면 더 나오고 또 더 나오는데 거기에 소금 간을 조금 해서 투가리에 찌면 꼭 계란 쪄 놓은 것 같이 된다. 맛도 좋고 색도 곱다. 할아버지 내외분께 드리면 잘 잡수시곤 했다.

　그러나 강냉이가 다 여물어 버리면 딱딱해져서 그렇게 못하고 강냉이밥을 한다. 밥을 해서 드리긴 하는데 반찬이 마땅치 않았다. 간을 맞출 소금이나 간장이 귀하니 어떻게 해 볼 도리가 없었다.

　그해(1923년) 섣달에 반석현 하마허자로 이사했다. 고모네와 같이 있을 때는 식량 등으로 신세를 많이 져서 마음이 불편하고 미안했는데, 이사 나오니 궁하긴 해도 마음은 편했다.

　이때 정객들은 군정서 회의가 끝나고 각자 각처로 떠난 뒤였다. 시조부는 한 달 전에 먼저 이사하시고 우리가 뒤따라갔다. 임시로 일가집에서 닷새 유숙하고 나서 중국인 마을에 집을 하나 세 얻었다. 집 뒤엔 절이 있었다. 이곳에서 일꾼 두 명을 두고 농사를 시작했는데 나락씨

뿌린 후 날이 가물어서 또 실패했다. 일꾼들도 먹을 것이 없으니 떠나 버렸다. 그해 농사는 포기했다. 땔나무도 없어서 어머니가 들에서 주워다 해결했다. 사랑어른들은 다 외지로 활동하러 가고 안 계셨다. 그래서 집에는 항상 우편물이 수북했다.

일년 후엔 절 아래쪽으로 방 네다섯 개 되는 집을 얻어서 내려왔다. 여관 하던 집이라 마차 대던 마당이 넓었다.

열여덟 살 되던 해에 첫애기가 들어섰다. 그해 양식이 없어서 고생하던 생각은 유달리 잊혀지지 않는다. 좁쌀도 없어서 겨우 뜬 좁쌀을 구해 왔다. 그걸로 밥을 해 놓으면 색깔도 벌겋고 곰팡내가 나서 아주 고약하다. 입덧 때문에 더 심하게 역했던지도 모른다. 어릴 때 장질부사(장티푸스) 앓던 해에도 온 동네 사람들이 다 앓고 죽고 하는 바람에 농사를 못 지어서 거의 굶다시피 했다. 그때도 뜬 좁쌀로 쑨 죽을 먹을 수가 없었는데 그 기억이 새삼스러웠다. 아무튼 쌀밥 한번 실컷 먹어 봤으면 소원이 없을 것 같았다.

할 수 없이 중국인 집에 가서 소금을 조금 얻어다 김치를 담가서 겨우 입덧을 달랬다. 가을에는 강냉이를 바싹 말렸다가 송곳으로 쑤셔 죽죽 줄을 내면 까기가 쉬워진다. 그렇게 깐 딱딱한 강냉이를 물에 불려 맷돌에 간다. 굵은 알갱이는 밥해서 우리 먹고 잔 것은 어른들 밥해 드렸다.

남편은 신흥무관학교에 다니느라 합니하에 가 있었다. 방학하면 와서 잠깐씩 지내다 가곤 했는데 쌀밥 한 번 못해 주었다. 유월에 왔다 갔는데, 가고 난 구시월엔 당초 밥도 없고 간도 없었다. 그해 식량을 구하느라 죽을 고생한 것 생각하면……. 그전에는 중국인 지주에게 꾸어다 먹고 농사 잘되면 갚곤 했는데, 농사가 워낙 안되었으니 갚을 길이 막막하여 꿀 수도 없었다. 꾸지도 못하니 굶기를 밥 먹듯 할 수밖에 도리가 없었다.

한번은 아버님이 다마유라는 고기를 한 마리 외상으로 사오셨다. 양자강에 사는 고기라는데 무게가 아홉 근, 열 근씩이나 나가는 큰 고기였다. 지금 생각해 보니 요새 연어라는, 바로 그 속살이 빨간 고기인 것 같다. 근으로 달아서 팔기 때문에 무게 많이 나가라고 누런 소금을 얼마나 많이 쑤셔 넣어 놓았는지 모른다.(내가 그 소금 덕을 톡톡히 봤다.) 그걸 조금씩 잘라 구워서 어른들 상에 놓아 드렸다. 잡수시고 조금 남으면 시할머님께서 "이것 놔뒀다 나중 상에 또 놓아라." 하셨다.

애기 서는 입이라 그것이 그렇게 먹고 싶었다. 그래도 어른 말씀을 어길 수 없으니 먹을 수는 없었다. 그 고기가 몸은 커도 대가리 부분은 작았다. 한번은 그 대가리를 구워서 강냉이밥하고 실컷 먹었다. 이런 얘기까지 다 하려니 창피스럽다.

또 한번은 어른들 다 나가시고 날씨도 제법 포근한 어느 날이었다. 강냉이밥을 해서 한 옹가지 퍼서 연어 속에 든 소금을 설설 뿌려 비벼 먹으니 어찌나 맛이 좋던지……. 한 번 먹고 아쉬워 또 한 번 더 떠서 소금을 설설 뿌려 먹었다. 굵은 소금이 깨물리는데 그게 그렇게 맛이 좋았다. 세 번째 먹으려니까 그만 입이 떫어 더 이상 먹지 못하였다.

그후론 손님이나 친척들이 오실 때 그 고기 사오면 냄새는 물론 꼴도 보기 싫었다. 애기 설 때라 그렇게 유난스러웠던 것 같다. 요새도 생선을 별로 좋아하지 않는데, 먹기 싫다가도 그때 그 먹고 싶어 하던 생각 하면 "이것을 내가 왜 안 먹겠나? 먹어야지!" 하며 먹는다.

거기서 일 년을 나고 설쇤 후 호지진이라는 데서 십 리 떨어진 후얼란이라는 곳으로 이사했다.

애기는 유월에 생겨서 이듬해 삼월에 낳았다.

애기 낳은 지 한 달이 되니까 애 아버지가 왔다. 그때 잠깐 와 보고 훌쩍 떠난 후로 육 년 동안 한 번도 안 나타났다. 신흥무관학교 다닐 때 벌써 독립운동 바람이 들었다. 열여섯 살에 그 학교에 들어가서 졸업학기에 이미 만주 전역과 전 조선을 훑고 다닌다고들 했다.

정의부 요원으로 무장한 채 압록강을 건너가 평북 청성진의 일본 놈 지서를 때려 부수었다. 그 때문에 붙잡혀 감옥에 갇혀 있다는 연락을 한 번 받고는 종무소식이었다. 어디 가서 죽었으려니 생각하고 지냈다. 감옥에 있다는 연락을 받아도 별 도리가 없었다. 나는 집안일 때문에 집 바깥을 한 발짝도 나설 수가 없었으니까……. 나타나면 그제야 왔나 보다 했다. 육 년 동안 네 분 어른들 조석 봉양하고 사랑손님들 치다꺼리만 해도 역부족이었다.

후얼란 집창자라는 곳의 조그만 장터 근처에 살 때에는 장터와 도랑 하나를 사이에 두고 집이 있었는데 집에 볕이 잘 들었고 농토도 좋아 농사가 잘 되었다. 도랑만 건너면 장터인데도 상에 한 번 나가 볼 틈이 없었다. 갓난애(첫애기 도증이) 돌보랴 시어른들 수발하랴 또 매일 산에 가서 나무하랴. 농사일은 일꾼 둘한테 맡겼어도 할 일이 그렇게 많았다.

산에 가면 해당화 나무가 온통 지천이었다. 우리나라 해당화는 꽃이 겹이어서 장미꽃 비슷한 게 아주 이쁜데, 거기 것은 그렇게 이쁘지도 않은 데다 가시도 무척 많았다.

그 가시를 전부 훑어 내고 가지를 끊어 널어놨다가 시들시들해진 뒤, 단으로 묶어 산에서 끌고 내려와 땔감으로 썼다. 겨우살이 준비로 땔감 장만하는 것도 큰 일거리였다.

언젠가는 석주 어른 삼종 고모부 되시는 유림柳林[26] 씨가 광동사범학교를 졸업하고 우리 집으로 오셨다. 댁은 봉천에 있는데 거기 안 가시고 석주 어른 도우러 오신 것이다. 삼월에 오셔서 팔월까지 계셨다. 식성이 까다로워 아무거나 잡수시지 않아서 반찬해 대느라 애먹었다. 그분도 어르신네들과 함께 독립활동하러 와 있었지만, 식성 까다로운 손님은 오래 계시면 정말 반찬 때문에 걱정스러웠다. 이웃에 마침 중국사람이 경영하는 피복공장이 있었는데 거기서 단춧구멍 만드는 일감을 가져다가 부업을 해서 그 돈으로 음식을 장만해 드리기도 했다. 그런데도 잘 잡수시지 않아 얼마나 속상했는지 모른다.

그때도 석주 어른은 집에 안 계실 때가 많았다. 북경 가셨거나 상해 가셨거나 했다. 아랫대 아버님은 집에 앉아서도 부민단 책임을 맡아 일하셨다. 부민단은 우리 친정의 성산 할아버지가 창설하시고 초대 단장을 역임했었다. 2대 단장이 석주 어른이었지만 늘 외지에 가 계시니까 실무는 시아버님이 담당하신 거였다.

그런데 우리와는 아주 멀리 떨어져 화전현 완령허에서 농사짓고 있던 작은댁 둘째 당숙(이광국)이 여름에 마적에게 납치를 당하는 사건이 터졌다. 일 년 농비와 식량을 다 바쳐야 살려 준다고 했다. 그러니 적굴에서 연락이 오면 담배와 사탕을 즉시 요구대로 갖다 바쳐야 했다.

종조부 이봉희李鳳羲[27]께서는 신흥무관학교 교장을 지낸 애국지사로 이계동李啓東이란 함자를 쓰기도 했는데, 이 어른과 자화 당숙(첫째 당

---

26 유림柳林 : 1894~1961. 독립운동가. 안동 출생. 호는 단주旦洲 본명은 화영華永. 1944년 임시정부 국무위원. 1962년 건국훈장 국민장 추서. 출전 : 『독립유공자공훈록』(국가보훈처)
27 이봉희李鳳羲 : 1868~1937. 독립운동가. 안동 출생. 호는 척서尺西, 일명 계동啓東 상훈相勳. 신흥학교 교장. 1990년 건국훈장 독립장 추서. 출전 : 『독립유공자공훈록』(국가보훈처)

숙 李光民) 부자분은 정월에 흑룡강으로 이사를 가셨다. 가까운 친척도 대부분 흑룡강으로 이주한 상태였다.

둘째 당숙을 구해 내야 할 사람은 우리였다. 생명을 구하는 일이라 적굴에 연락도 잘 취해야 하고 뒤치다꺼리를 소홀함이 없이 해 주어야 했다.

한창 농사를 짓던 6월에 납치하여 첩첩산중 토굴 속에 가둬 두었다. 마적들은 돼지우리 같은 곳에서 살면서 말 타고 도적질하러 다녔다. 그 사람들은 좁쌀로 마른 조밥을 지을 줄 몰랐다. 어느 날은 마적들이 나가면서 당숙 보고, "오늘 집 잘 보고 밥해 놔" 했다. 돌을 일어서 마른 조밥을 해 놓으니 와서 먹어 보고는 좋아하더란다.

그네들은 죽밖에 쑬 줄 몰라 가마솥 가득히 물을 부어 끓이다가 위에 뜨는 것을 건져서 자배기에 담아 다시 중탕을 하는데 그러면 곡기가 다 빠져나가 맛이 하나도 없다. 그런데 당숙이 한국식으로 밥을 지어 주니 맛이 좋다고 하면서 매일 밥을 지으라고 했단다. 대우도 달라졌다. 이전에는 차마 달까닥 한 입에 털어 넣기 아까울 정도의 음식 ― 좁쌀밥 한 공기와 약간의 소금 ― 을 주더니 그후론 양껏 먹으라 하더란다. 당숙이 중국학교 나온 사람이라 중국말도 워낙 잘하고 하니 그들도 생각이 달라진 모양이었다.

중국 사람들은 엽초를 말려 그냥 대에 비벼 넣고 피웠다. 궐련은 관공리 정도 돼야 피울 수 있었다. 윗대 조부께서는 마적들이 요구하는 대로 궐련도 사서 보내고, '빙탕'이라는 얼음같이 생긴 사탕도 사 보냈다. 여름철에는 빙탕을 깨서 물에 타 마시는데 그것을 큰 덩어리로 사다 주었다. 그리고 유월에 농사지은 것을 들판째로 팔아 돈 장만하여 다 갖다 주고야 사람을 데려올 수 있었다. 마적굴에서 나온 뒤부터 당숙 내외분께서는 우리와 함께 살았다.

이 일이 있기 전 해의 동짓달에 종조부의 둘째, 그러니까 마적굴에 납치되는 그 당숙이 어른 생신상 차려 드린다고 오시라 하여, 종조부께서는 맏이네(이광민)서 둘째네(이광국)로 갔다. 그 둘째 자부는 밝고 마음씨가 좋았다. 어른이 오시니까 이웃끼리 술잔이라도 나눠야 한다고 준비에 여념이 없었다. 솥에 물 부어 놓고 장작불 지펴 놓고 방앗간에 맡겨 놓은 쌀 가지러 가는데, 네 살짜리 딸이 "엄마, 부채로 부칠까?" 하는 걸 돌아보지도 않고 "부치지 마라. 내 방앗간에서 쌀 가져와 떡 해 줄게" 하면서 나갔다.

할아버지는 뒤란에서 나무작대기로 지팡이를 다듬고 계셨다. 갑자기 애 우는 소리와 기함하는 소리가 났다. 할아버지는 속으로 '에미가 애를 때리는구나' 생각하며 말리러 와 보니 애 옷에 불이 활활 붙고 있었다. 그 시절에는 두루마기에도 솜을 두둑히 놓고 저고리, 치마, 속바지에까지도 다 솜을 두었다. 애는 뜨거워 팔짝팔짝 뛰는데 그럴수록 옷에 붙은 불은 점점 더 잘 탔다. 이 어른은 급한 김에 손으로 불을 끄다 보니 손도 데이고 당신 옷에도 불이 붙었다.

에미가 와 보니 조손祖孫이 함께 불덩어리가 되어 있었다. 급한 김에 얼른 옹가지 물 한 바가지를 퍼부었다. 그리고는 아이를 안아다 방에 눕혀 놨다. 그런데 그날 저녁에 가버렸다. 애 잃고 난 뒤 칠 개월 만에 애 아버지마저 마적단에 끌려갔다. 게다가 큰애도 병으로 잃어버린 뒤라 심적으로 타격을 너무 많이 입으셨다. 그래서 식구도 없는데 외진 곳에서 살면 더 외롭다고 우리와 합치도록 했다.

그때 우리 식구는 조부모님, 부모님, 애기, 나 여섯에 당숙모님까지 일곱이 되었다. 당숙께서는 그렇게 풀려 나와서도 활동하시러 외지에 나가 계셨다.

 그러던 어느 날 갑자기 당숙모님이 병환이 나셨다. 열이 펄펄 나면서 끙끙 앓았다. 집에서 힘껏 약을 써도 한약으로는 도저히 안 되었다. 어른들이 의논하고선 길림에 있는 동양병원으로 모시고 갔다. 일본인 병원인데, 진찰해 보더니 수술해야 된다고 했다. 복막염에 늑막염이 겹쳤다는 것이다. 급한 대로 시부모님께서 입원을 시켰다. 그러나 병원비가 걱정이었다. 돈 마련하는 일은 내 차지였기에 나는 농사지은 나락을 두 마차, 그러니까 모두 열여섯 가마를 갖다 주고 수술비를 해결했다.

 다행히 수술경과는 좋아 한 달 만에 퇴원하기에 이르렀다. 병원비를 내려는데 보호자인 남편이 와야 퇴원할 수 있다면서 퇴원수속을 해 주지 않고 자꾸 끌었다.

 그 병원은 길림에 하나밖에 없는 일본 놈 병원이었다. 우리가 한국 독립운동가 가족이라는 것을 병원 측에서 알고 그런다고 누가 알려 주었다. 사실은 당시 그 병원에 밥을 대 주는 병원 옆집 여관 주인이 한국인인데 그가 귀띔을 해 주었다. "아주머니, 아저씨나 할아버지 여기 못 오시게 하세요. 독립운동하는 사람이라고 잡아가려고 해요. 우리가 알려 드렸다는 사실이 드러나면 큰일 나니까 입조심하시고요." 그 소리 듣고 놀라서 병중인 환자가 화장실 가는 것처럼 해서 일단 옆집 여관을 거쳐 빠져 나왔다.

 그런데 당숙모님은 퇴원 후 석달 만에 친정 가서 세상을 뜨고 말았다. 병마와의 싸움에서 어렵고 힘든 고비는 다 넘겼는가 했는데 애석하기 짝이 없었다. 나하고는 서너 살 차이건만 어리고 미거한 나를 이끌어 주시던 그 인자하고 후덕한 마음씨를 생각하니 그리운 마음 간절하다. 모든 고역을 같이하며 여러 사람에게 사랑받던 그때가 좋은 시절이 아니었던가 여겨진다.

가족을 다 잃은 당숙께서는 우리가 환국한 뒤 해방이 된 후 이북으로 가게 되었다고 한다. 거기서 조만식이 위원장으로 있던 조선민주당에서 부위원장 등을 지내다 숙청당했다고 한다. 그 소식을 내몽고에서 일시 귀국했던 육촌 시누이(이광민의 딸)에게서 아주 최근에(1989년) 들었다.

그해 농사는 잘됐으나 그렇게 예기치 않게 병원비로 들어가 버렸으니 식량은 또 모자랐다. 우리는 다시 반석현 후얼란 집창자라는 곳으로 이사를 갔다. 한 해에 다섯 번을 이사한 것이다. 그러자니 붙어 있는 것도, 남아나는 것도 없었다. 그래도 형편 좇아 따를 뿐이었다. 새로이 이사 간 집은 다섯 칸 집인데 방이 여덟 개나 되었으니 허술하기가 말로 다 못할 정도였다.

그런데 손님 다섯 분이 오셨다. 그 중 한 분은 이청천李靑天[28]으로, 함자가 여럿이었으나 해방 후에 본성을 찾아 지청천으로 고친 분이었다. 그리고 강재 신숙申肅[29], 몽호 황학수黃學秀[30], 철기 이범석이었으며, 또 한 사람은 함자가 잘 생각나지 않는다. 이분들께서 그 허름한 집에 오셔서 이박삼일 동안 계셨다. 이월 추위에 집에 아무것도 없는 데다 당숙모의 우환으로 쌀도 몽땅 없애 버려 난감했다.

---

28 이청천李靑天 : 1888~1957. 독립운동가. 호는 백산白山. 본명은 지대형池大亨, 해방후 지청천池靑天으로 개명. 제헌의원 무임소장관. 1962년 건국훈장 국민장 추서. 출전 : 『독립유공자공훈록』(국가보훈처)
29 신숙申肅 : 1885~1967. 독립운동가. 가평 출생. 호는 강재剛齋 초명은 태련泰鍊. 1963년 건국훈장 국민장 서훈. 출전 : 『독립유공자공훈록』(국가보훈처)
30 황학수黃學秀 : 1879~1953. 독립운동가. 제천 출생. 호는 몽호夢乎 이명 이국헌李國軒. 1962년 건국훈장 국민장 추서. 출전 : 『독립유공자공훈록』(국가보훈처)

이웃에 사는 중국 사람은 우리의 지주이고 집주인이었다. 석주 어른께서 그 중국 사람에게 가서 돈을 빌려 오셨다. 쌀과 돼지고기를 사서 사흘 동안 손님들을 대접했다. 이분들이 유숙하시는 동안 지은 글이 『개벽』이란 잡지에 실렸는데 그분들이 가시고 얼마 후에 우편으로 도착하였다.

책을 통해서 다시 한 번 뵙는 것 같아 감개무량했다. 그리고 한국 우체통신이 빠르다는 걸 그때 알게 되었다. 반면에 만주는 통신원이 직접 우편물을 가지고 그 넓은 천지를 걸어 다녔다.

이범석 씨는 키는 작으나 인물이 잘생겼다. 우리 둘째 손위 시누이와 혼인 말이 나왔으나 눈이 근시라고 어른께서 마다 하셨다고 한다. 비록 근시였지만 나중에 보니 일본군 토벌에 공도 크고, 해방 후에는 국무총리 자리에도 오르던데…….

황학수 씨는 이후에도 우리 도중이 다섯 살 때(1929년)에 한 번 더 오셔서 한 달간 머물다 가셨다. 반석현 하마허자에 살면서 여름 장마에 시달리고 있을 때였다. 음식 대접이 변변치 않았는데 아무 말 없이 잘 잡수셨다. 그분은 워낙 점잖았다. 지붕이 허술해 비가 오면 방 안에서도 우산을 받쳐 들고 지내야 했는데, 그 양반이 석주 어른께 우산을 내내 받쳐 드렸다.

박용만朴容萬[31] 씨는 주로 상해에서 활동했는데 나 있을 때는 한 번 다녀갔다. 이분 따님은 우리 애들 아버지와 혼인 말까지 있었으나, 연주창이란 병이 있어 그만두었다고 한다.

---

31 박용만朴容萬 : 1881~1928. 독립운동가. 철원 출생. 임시정부 외무총장. 1995년 건국훈장 대통령장 추서. 출전 : 『독립유공자공훈록』(국가보훈처)

그리고 한 달 있다가 멀지 않은 이웃으로 또 이사했다. 그 당시는 내복이 따로 없어 솜을 두툼하게 넣은 옷을 여러 겹 입어야 했는데, 삼월이라 매우 쌀쌀하고 매웠다. 나는 또 농사를 좀 해 볼까 하고 일꾼 넷을 구해 땅을 일구고 준비를 다 했다. 그런데 가물어서 접종도 못하자 일꾼들은 가족을 데리고 생계를 찾아 떠나 버렸다. 논갈이 하느라 고생만 하고 접종도 못했으니 중국인에게 빚만 지게 되었다.

그 이듬해에는 농사가 잘되어 주객이 모두 기분이 괜찮았다. 지주에게 돌아갈 몫과 빚을 다 갚고도 이문이 있었다. 지주와 소작인의 비율대로 나눠도 말[斗]이 좋아서 우리에게 돌아온 것이 삼백 두는 족히 되었다. 내 마음속으로 올해는 좀 안정이 되겠구나 싶었다.

애기 낳고 한 달쯤 후에 얼핏 한 번 보고는 소식도 없던 애 아버지가 왕청현에 나타났다는 소문이 들렸다. 육 년 만이었다. 정월이었는데 나는 믿지 않았다. 하도 오랫동안 소식이 끊겨서 그렇기도 했지만, 늘 위험한 일만 하고 다니니 왜병에게 잡혀가 죽었거니 생각하고 살았기 때문이다.

삼월 그믐, 날짜도 안 잊혀진다. 소문은 정월에 나고도 집에 오는 데 석 달이 걸렸다. 집에 도착한 걸 보고서야 '아아, 진짜 이 사람인가 보다' 싶었다. 남만공산청년동맹으로 일했다고만 말하고 사나흘 묵은 뒤에 또 훌쩍 가버렸다. 나에겐 훌쩍이지만 그쪽은 바쁜 몸이라 어쩔 수 없다 했다.

그후 군정서 회의하던 해 밤중에 한 번 왔었다. 그날은 사랑에서 밤늦도록 달그락거리는 소리가 났다. 큼지막한 궤짝 몇 개를 사랑방 안쪽 어디에 감추는 것도 봤다. 다음 날 목총을 보여 주며 그것을 소제하느라 잠을 안 잤다고 했다. 그 궤짝 속에는 총을 넣어 둔 것 같았다.

남편은 또 금방 가 버렸다. 이렇게 집에 들르더라도 열흘도 머물지 않고 떠나 버리곤 했다.
　기사년, 반석현 하마허자에 살 때다. 철로 옆에 있던 그 집은 여름에 비가 얼마나 샜던지……. 이리저리 새는 곳을 피해도 결국은 다 젖고 말았다. 초봄에는 나락에 피가 많아 굵은 얼기미(어레미)로 쳐서 아랫목에서 말려야 했다. 그것을 말린다고 펴 널어놨는데, 빗물이 떨어져 거기에 파란 촉이 났다.
　방안이 풀밭처럼 되어 버렸으니 사람인들 사람꼴이었겠는가? 석주 어른 편히 주무시라고 부자가 마주 앉아 우산을 들고 지샌다. 서로가 다 난처했다. 비가 그치기를 기다릴 뿐이었다. 이때 황학수 씨가 와 있을 때인데 그분도 어른을 위해 우산을 받쳐드렸다. 어른을 위하는 정성이 놀라웠다. 비가 새지 않는 집을 찾아 근처 이 집 저 집으로 옮겨 다녔다. 구월이 되어서야 장마가 그쳤다. 비 새는 걱정 안 하니 비로소 살 것 같았다. 그래도 다행히 농사는 잘되었다. 품삯으로 쌀을 주기로 하고 중국인에게 추수일을 시켰다.
　그 사람들은 새벽 첫닭이 울면 마차를 가지고 와서 신새벽부터 마당에다 나락단을 부려 놓았다. 새벽 서리는 살얼음처럼 얼었는데 나는 쌓아 무지는 법(차곡차곡 쌓는 법)을 몰라 애를 먹었다. 내 키보다 높으니 안 무질 수도 없고. 장갑도 없이 새벽부터 종일토록 일을 했다. 온종일 서서 일하다 보면 손이 터져 피가 나도 아픈 줄 모른다. 중국 일꾼들은 쌀밥을 무척 좋아했다. 그러니 삼시 세끼 밥도 빠뜨릴 수가 없었다.
　어른들은 농사일을 모르고 남편은 반석현 모범학교에 교원으로 가고 없으니 어떻게든 혼자 노력을 하는 수밖에 없었다. 남편은 있어도 일할 줄 모르니 차라리 없는 쪽이 마음 편했다. 그러니 내 꼴은 말이 사람이지 사람 꼴이 아니었다. 동네에서도 사람 안 두고 혼자서 농사한 것이 삼사백 두나 된다니 놀랬다.

식량이 좀 넉넉하면 용처도 따라서 늘어나게 마련이다. 그곳은 소금이 귀한 곳이라 아주 비쌌다. 쌀 서 말 갖고 가면 소금 한 말 바꾸어 주었다. 그것도 무거운 것을 이고 아주 멀리까지 가야 했다. 나 말고는 갈 사람이 없었지만 나는 무겁기도 하려니와 여가도 없어서 못 갔다.

하는 수 없이 앉은자리에서 샀다. 겨울이면 목화솜도 많이 사야 하는데 비쌌다. 또 나무를 못 사면 방 넷에 불을 땔 수가 없으니 그것도 사야 했다. 짚을 때게 되면 종일 때야 하고, 그 재를 쳐내는 것도 큰일이었다.

식수는 깊은 우물에서 큰 두레박으로 퍼 올리는데, 힘이 부족하면 끌려 들어가기 쉽다. 날씨는 독하게 춥다. 어떤 날은 온 세상에 모래를 퍼다 붓듯이 눈이 쏟아지기도 했다. 그런 날은 군불을 계속 때야 한다. 문제는 장작이다. 돈 주고 사야 했다.

오늘이 가고 내일이 오는 것도 모르고, 좋고 나쁜 것도 모르고 지냈다. 그런데다가 어느 날은 고향에서 친지 다섯 분이 망명을 왔는데 겨우 차비만 해 가지고 왔다. 먼저 온 유지의 의무로 한 달을 같이 밥해 먹으며 지냈다. 다섯 세대에 딸린 식솔들 몇십 명을 다 해 먹이자니 그 일도 수월찮았다.

정해붕의 밀고

석주 어른께서는 모든 일이 여의치 않아서 퇴임하셨다. 그리고 나서 새로운 일을 계획하시는지 길림성 서란현에 다시 사람을 보냈다. 여시당 선생님과 몇 분은 오상현으로 가셨다.

　서란현 소성자는 개척지가 많고 조그만 시장도 있었지만 동족이 수십 호밖에 없어 윤오월에 서란현으로 또 이사했다. 비가 새서 못 살고, 흙벽이 헐어서 못 살고, 농사 때문에 멀리도 못 가고, 중국 사람들 집이라 마음대로 고치지도 못 하니, 옮기고 또 옮겼다. 그 당시 이사 다녔던 것을 생각하니 진저리가 쳐진다.

　이웃에 정해붕이라는 사람이 살았는데, 우리보다 2년 먼저 와 자리 잡고 있었다. 그는 예천 사람인데 우리에게 아주 친절했으며, 아들 삼 형제를 두었다. 그가 앞장서서 토지도 구해 주고 방도 얻어 주고 해서 우리와 친하게 지냈다. 그리고 동네 유지로서 활동도 많이 하는 사람 같았다. 그래서 그의 인도에 따라 소성자역 앞으로 이사를 갔다. 그이가 여러 가지 편의를 봐주었다. 그런데 나중에 알고 보니 친일파였다. 관공서에 한인들을 밀고해 많이 다치게 했다. 해방 후 우리 자치단체에 붙들려 가서 사형당했다는 소식을 들었다.

　일 년을 지내고 또 거기서 칠십 리 떨어진 소과전자로 이사했다. 마침 누가 내놓은 좋은 토지가 있다고 해서 아버님 내외분만 가셨다. 나는 할아버님 내외분 모시고 소성자에 그대로 살았다. 일꾼 구해서 농사하면서 각기 한번 살아보기로 했다.

　농사는 그냥저냥 되었으나, 초봄에 아버님께서 병환이 나셔서 소성자로 다시 돌아오셨다. 그전 해 구월에 반석현 노동당 집행위원장 일을 맡아서 하시면서 병환이 들었던 것 같다. 병명은 신경쇠약 비슷한 것이었다. 나가서 활동하던 일들이 뜻대로 쉽게 이루어지지 않으니 근심 걱정들로 꽤 부담스러웠던 모양이다.

소성자는 넓은 들판에 갈대가 울창하였다. 불을 지르면 십 리, 이십 리 끝없이 타 나가다 저절로 꺼지는데, 탄 자리를 일구어 논으로 만들었다. 땅 얻을 때는 비교적 일이 쉬운 곳을 골라 얻어서 힘닿는 데까지만 했다. 소성자엔 아직 이주해 온 인구가 그리 많지 않은 데다 땅이 엄청나게 넓으니 그게 가능했다. 그리고 나도 개간하는 데에 좀 이력이 났고…….

여기서도 차츰 장래가 좋아질 것으로 보고 친척들을 많이 청해 들였는데 일이 년 사이에 봄가을로 한국에서 수백 호씩 이주해 왔다. 중국인 지주들은 황야를 개간하여 좋은 쌀을 거둬들이자 대단히 좋아했다. 해가 갈수록 지주의 이익도 많아지고 서로 조금씩 말도 통하니 서로 친절을 베풀기도 했다. 토지를 임대해 줄 때 집과 채전 갈아 먹을 밭도 끼워 주는 것이 상례였다. 어떤 이들은 중국인과 의논하여 집도 지었다. 처음 오는 사람들은 황무지를 개간할 농기구가 없어서 고생도 하였으나, 개간만 하면 가을에는 수백 두씩 쌓아 놓을 수 있으니 농민들은 차차 안착이 되었다.[32]

자수自手 노력을 못한 사람들은 땔감 만드는 일을 했다. 겨울이 되면

---

32 우리 민족이 초기에는 서간도에서 유리하면서 누구나 소규모로 산전을 일구어 호구糊口하는 어려운 생활이었다. 석주는 이것을 지양하여 남북만주 넓은 황야 어느 곳에서나 새 개척의 길을 터 놓았다. 그는 처음 대사탄大沙灘이란 곳에 광업사廣業社를 설치하여 중국인에게 쓸모없는 황량한 저습지를 조차하여 한족韓族들로 하여금 울로초烏口側草 등을 베내고 그곳에 수전水田을 만들어 벼농사를 짓도록 교도하였다. 처음에는 실패도 하였으나 1914년부터는 크게 성공하여 산전취식山田取食의 한인이 모두 하산하여 도처에서 평지를 개간하니 수전농업이 만주땅에 안착하게 되었다. 그 결과 1920년대 말까지 남북만주의 농업 중 수전농이 중요한 위치를 차지하게 되었다. 한 통계에 의하면 한인이 개척한 전 농토가 102만구田句이고 그중 90만구가 수전이며 벼생산량이 연 1천300만 석에 달하게 되었다. 이로 보아도 민족수난기에 북서간도의 개척이 우리 민족에게 얼마나 큰 도움을 주었던가를 알 수 있으며, 또한 그 연원이 석주의 광복운동에서 비롯되었으므로 그의 공훈을 헤아릴 수 있는 것이다. (사단법인 석주 이상룡 선생 기념사업회 발간 『석주 이상룡』에서)

집집마다 중국인에게서 땔감용 통나무를 사서 차로 각 집 마당에 쏟아 놓는다. 그러면 품팔이 일꾼들이 끝가지는 손으로 분질러 쌓아 놓고, 중간 가지는 칼로 자르고, 더 큰 것은 그냥 패도록 쌓아 준다.

그 당시 잊을 수 없는 사건이 일어났다. 음력 이월 그믐, 남편이 집에 와 있을 때다. 서란현에 아침 일찍 아버님 약을 지으러 간 양반이, 오후면 약이 올 것이라고 약 달일 준비를 다하고 기다려도 소식이 없었다. 밤 열두 시가 다 되어도 오지 않아 기다리다 지쳐 있는데 온 동네 개들이 요란하게 짖기 시작하였다. 그러더니 서란현 경찰들이 들이닥쳤다. 가택수색하러 왔다면서 온 집 안을 다 뒤졌다. 그리고는 집에 있던 중요한 서류들을 압수해 갔다. 망명 떠나올 때부터 소중히 간직해 온, '임청각'이라 새긴 흑옥 도장도 가져갔다. 백일 되는 아기 주먹만 한 것으로 문중의 가보였는데, 그걸 빼앗긴 것이 지금도 못내 아깝다.

그때 그들은 남편을 이미 경찰서에 잡아 가둔 상태에서 가택수색을 나온 것이었다. 윗마을에 사는 일자무식인 이 아무개라는 사람과 김동삼이란 농민도 데려갔다. 당시 상해임시정부에서 활약하고 있던 김동삼 씨인 줄 알고 동명이인을 잘못 잡아간 것이다. 잡혀간 김동삼 씨 집에서는 농사일 계약했던 일꾼들이 주인 없다고 일을 안 하겠다고 했다. 그러니 토지는 십여 쌍지(한국 토지로 치면 백 두락은 됨)나 얻어 놓았는데 기가 막히지 않을 수 없었다. 우리 집안 어른들이 나서서 '아무쪼록 농토가 동네에서는 제일 좋으니, 피차 손해는 안 볼 것'이라고 사정사정해서 있기로 결정을 보아 주었다.

우리 집도 남편이 붙들려 가고 나니 말이 아니었다. 아버님은 우환중이고 연로한 노인은 세 분이나 더 계시니, 어린아이 둘 데리고 기막히는 심정을 어찌 말로 다 하겠는가.

석주 어른은 낚싯대 들고 나가시면 종일 들어오시지 않으셨다. 점심은 도시락, 말이 도시락이지 식기에 밥만 담아 가지고 일곱 살 난 증손(도증이)에게 들려 보냈다. 나는 할머니와 아버님 모자분이 잡수실 미음과 약을 화로에 단속해 놓고, 밥상은 윗목에 차려 놓고서 어머님과 함께 일꾼들 밥해 가지고 들판에 갖다 주러 가곤 하였다.

일꾼들 밥 먹도록 해 놓고도 우리는 쉴 수가 없었다. 지대가 높아 논농사가 안되는 곳엔 옥수수와 콩, 팥, 고추를 심어 놓았다. 밭 옆에 조그마한 초옥이 있어서 아기는 거기에 눕혀 놓고 밭일을 했다. 하다 보면 어느새 저녁때가 된다. 집으로 돌아갈 때는 해가 좀 있어야 재게 가서 집안일도 할 수 있고, 또 덜 무섭다. 그러나 일하다 보면 그렇지 못할 때가 많았다. 어둑어둑해져 오는 황량한 들길을 서둘러 와야 했다. 하늘 아래 사람 그림자 하나도 없는데 땅끝만 바라보며 고부가 나란히 걸었다. 갈 길이 바빠 서로 말도 잊은 채로.

할머니께서는 매일 심야에 정화수 떠 놓고 잡혀간 손자를 위해 축원을 올리셨다. 그 일도 고부가 조역을 해야 하니, 낮에 종일 일에 시달렸는데 밤에도 잠 한번 편히 잘 수 없었다. 그러면서도 심야에 기도하는 할머님의 그 지성에 감복하곤 했다. 어떤 때는 일이 죽나 내가 죽나 둘 중에 하나라 생각으로 날을 보내기도 하였다.

아버님의 병환은 워낙 여러 가지로 엉켜 있어서 별 차도가 없었다. 하얼빈에서 종조부님께서 오셔서 당장 서란현 경찰서에 진정서를 올렸다. 중국과 동지의 입장에서 일본에 대항해 싸우는 사람임을 특히 강조하셨다. 진정을 해 놓고 조마조마하게 석방될 날 만을 기다리며 지내고 있었다. 농사철도 다 지나가고 달을 세 번이나 넘겼다. 농사는 그런대로 잘되어 그나마 다행이었다. 드디어 6월 10일에 농민 둘과 남편이 무죄 방면되어 나왔다. 꼭 백일 만이었다. 매일 밤마다 아들이 무사히 석방되기만을 기도하셨던 시어머니의 지극정성 덕분인 줄로 생각되었다.

그곳 감방에서는 중죄인은 발목에 나무고랑을 채워 둔다고 했다. 몇 달이건 채워 놨다가 석방되어 나올 때 톱으로 잘라 준단다. 외부와 차단된 방에 갇혀 수면이며 조석 끼니를 제대로 할 수 없는 것만 해도 고통이 극심할 텐데 무거운 나무고랑까지 찼으니 그 부자유스런 고통은 어떠했겠는가? 우리는 그렇다 치더라도 일자무식인 농사꾼 두 사람을 잡아다 등급도 없이 중죄인 처벌을 하였으니 억울하고 분한 마음 금할 수가 없었다.

나중에 안 사실이지만 정해붕이 밀고해서 그렇게 되었다고 한다. 우리에게 과잉 친절했던 이유가 다름 아니라 밀정이었기 때문이다. 친일파로서 같은 민족에게 못할 짓을 너무나 많이 했단다. 그이 때문에 죽은 사람도 숱하다고 들었다. 그 사실도 해방 후 한국에 나와서 김재동이라는 사람에게 들었다.

김재동 씨는 밀양 사람인데 정해붕과 만주에서 한집에 살아서 잘 안다고 했다. 우리를 소성자역 근처에 와서 살도록 주선해 주고 친절하게 대해 준 이유도 결국 염탐해서 고해바치려고 그랬던 것이다. 만주 땅 안에서도 조선인들끼리 단합하지 못하고 나뉘어져 친일파 밀정으로 활동하는 사람들도 많이 생겼다고 듣기는 했어도 우리가 그렇게 당할 줄은 몰랐다.

해방 후 정해붕은 만주 서란현에서 주민들이 인민재판을 해서 사형시켰다. 우리 주민들이 들고 일어나면 그 힘이 아주 거세니까 중국 정부에서도 그것을 묵인했던 모양이다. 해방 후 우리가 마포 도화동에 살 때 한집에서 가게 하던 이가 김재동 씨 질녀였다. 그 집안 혼인이 있어서 갔다가 그런 얘기를 들었다. 김재동 씨는 형제가 함께 만주 나와서 신미년에 소성자에서 살았는데, 그때 우리와 이웃이었다. 두 분 다 점잖아서 동네 유지로 존경받았었다.

정해붕의 아들 삼형제 중에 맏이는 이름이 공달이었던 것으로 기억된다. 당시 열서너 살쯤 되었는데, 해방 후 서울에 들어와 산다고 들었다. 지금쯤 자기네 아버지도 만주에서 독립운동을 했다고 오히려 큰소리치며 살고 있지나 않을는지……. 늘 떠돌이 생활에 고생은 심했지만 간도 땅에서는 우리 민족끼리 뭉쳐 살아서, 밀고당하는 일만 없으면 일본 경찰에 쫓겨 이사 다닐 일은 없었는데…….

상해임시정부 국무령에 선임

을축년(1925년) 여름 칠월 석주 어른께 상해임시정부 초대 국무령으로 부임해 달라는 연락이 왔다.[33] 내각책임제의 국무령이면 지금의 대통령에 해당한다. 취임식이 구월 며칠인지는 몰라도 상해로 떠나시기는 구월 구일에 떠나셨다.

군정서 회의 후에도 여러 차례 연락이 오가더니 임정에 참여하기로

---

33 이상룡 씨가 임시정부 국무령이 되야 일전에 상해에 도착하였다 함은 이미 보도한바 이씨는 지난달 24일 밤에 삼일당三壹堂에서 취임식이 있었다는데 최의장의 사회로써 우렁찬 노래와 식사가 있었다 하며 방침은 대동단결을 이루어서 민주적으로 조직을 일구고 기초를 공고히 함에 있다고 선언하였다는 바 그 뒤에 만세를 삼창한 후 폐식하였다는데 참관하는 동포도 많이 있어서 근래에 처음 있는 상황이었다더라 (『동아일보』 1925년 10월 2일자). 『석주유고』 상권 371쪽 임시대통령이던 백암 박은식에 답하는 편지 내용에서 백암이 후임으로 석주를 국무령에 천거하였다는 내용을 확인할 수 있다

석주 선생의 임정 국무령 취임을 대서특필한 『독립신문』 1925년 10월 21일자 기사

결심하신 것 같았다. 상해에서도 만주권 독립인사를 영입해야 한다는 여론이 있었다는 것이다. 사실 활동은 북간도와 서간도를 망라한 만주 일대에서 먼저 시작되었고, 그 쌓아 놓은 기반도 무시할 수 없었다.

국무령이면 내각의 총책임자라 정부의 최고 높은 자리라고들 했으나, 내게는 항상 시할아버지였을 뿐이다. 다만 나가나 들어오나 그 어른 앞에선 저절로 고개가 숙

임시정부 국무령에 취임한 석주 선생

여졌는데, 그렇게 하지 않으면 안될 것 같은 엄숙한 그 무언가가 느껴졌다. 지금 생각하면 집안에서 손부孫婦 역할조차도 제대로 하지 못한 것 같아 송구스럽기 짝이 없다. 내가 보기에 그 어른은 누구와 만나도 항상 어른이셨고, 어느 자리에서든지 큰 지도자 그릇으로 보였다. 언제나 기품이 어려 있고 당당하시던 그 모습, 그토록 큰 인물을 한 집안에서 모실 수 있었던 것만으로도 내 삶은 보람되고 행복하지 않았나 싶다.

그런데 석주 어른은 그 이듬해 음력 삼월에 국무령을 사임하고 나오셨다. 만주권 인사들과 다른 계파 사이의 의견 충돌 때문이었던 것 같다. 주도권 싸움이었겠지만 그 당시 임정은 여러 파로 갈라져서 세 다툼이 심했다. 국내와 중국·만주·노령·미주 등지에서 각각 활동하던 투사들이 합치기로 하고 모였기 때문에 처음부터 내부 사정이 복잡했다. 내분을 보다 못한 어른은 임정이 실패라 판단하시고 스스로 사임하신 듯했다.

김구 선생의 『백범일지』에는 석주 어른과 그 자손들에 관해서 별로 좋지 않게 써 있는 걸 내가 읽었다. 해방 후 그 내용을 가지고 남편이 당시 부통령이던 이시영 씨를 찾아가서 송사하겠다고 했더니, "자네 조부와 부친을 누구보다 내가 제일 잘 안다. 사실이 왜곡되었다. 그러나 이제 대한민국 정부가 겨우 수립되었는데, 새 나라 건설의 복잡한 이 시기에 그런 일로 김구를 걸어 재판을 하면 온 나라가 또 시끄러워지고 혼란스러워진다. 증인인 내가 이렇게 눈이 등잔같이 살아 있으니 아무 염려하지 말라."고 하셨다. 남편과 그 어른은 매우 가까운 처지이고 또 그 어른을 워낙 존경하는지라 그대로 돌아와 버렸다. 세월이 흘러 증언해 줄 이시영 씨도 돌아가셨으니 어디 가서 호소할 것인가.

남편이 이시영 씨를 존경하고 따르기로 말할 것 같으면 부친을 대하는 것과 다를 바 없었다. 신흥무관학교 다니다 독립운동하러 집 나가 몇 년씩 떠돌 때 당신 아버지께는 무서워서 편지도 못 올리더니 이시영 씨에게는 '당숙 전상서'라고 하며 서신을 보냈었다. 옛날에는 어른들끼리 친분이 돈독하면 '큰아버지, 작은아버지'라 칭하곤 했다.

몇 년 후에야 집에 나타난 남편을 보고 이시영 씨께서 "이놈, 어른한테 초서로 써 보내는 법이 어디 있느냐?"라고 꾸중하셨다. 초서로 흘리면 건방지다는 거지만, 어린 나이에 그만큼 초서를 쓸 수 있음을 대견스럽게 생각한다는 뜻이기도 하였다. 평소 어른들께 몇 자 올릴 때는 반드시 정자로 또박또박 쓰는 것을 보았는데 어쩌다 한 번 그랬던 것 같다. 그때 편지 내용이 김산 씨와 함께 남만공산당 청년총동맹에서 활동하고 있다는 것이었다.

『백범일지』에 우리 남편이 '살부회殺父會'를 조직하여, 직접 자기 손으로 자기 아비를 죽일 수 없으니 서로 상대 아버지를 죽이기로 했다고 되어 있었다. 세상에 듣도 보도 못한 그런 일이 어떻게 그렇게 기록이 되었는지 도저히 이해할 수가 없다. 남편은 생전에 사회활동을 하느라 집을 나가 있는 경우는 있어도 부조父祖에 대한 효성심만은 세상의 누구 못지않음을 내가 가장 잘 알고 있다. 누가 나보다 그 양반을 더 잘 알길래 그렇게 표현할 수 있단 말인가?

　전통 유가의 종손이라 그분 머릿속에 불충不忠이나 불효不孝는 있을 수가 없다. 나가 있을 때는 몰라도, 봉제사奉祭祀 소홀히 여기지 않고 부모님 상중에도 그렇게 섭게 울며 탄식하던 모습이 선한데, 살부회라니……. 조직이 있었다면 그 증거가 있을 것이고, 남의 아버지를 죽였다면 죽임을 당한 가족이 지금까지 우리를 가만두었겠는가? 생각할수록 끔찍하고 모욕당한 기분이 든다.

　　이로부터서 민족운동자와 공산주의자가 딴 조직을 가지게 되었다. 이렇게 민족주의자가 단결하게 되매 공산주의자들은 상해에서 할 일을 잃고 남북만주로 달아났다. 거기는 아직 동포들의 민족주의적 단결이 분산, 박약하고 또 공산주의의 정체에 대한 인식이 없었으므로 그들은 상해에서보다 더 맹렬하게 날뛸 수가 있었다.
　　예하면, 이상룡의 자손은 공산주의에 충실한 나머지 살부회(아비 죽이는 회)까지 조직하였다. 그러나 제 아비를 제 손으로는 죽이지 않고 회원끼리 서로 아비를 바꾸어 죽이는 것이라 하니 아직도 사람의 마음이 조금 남은 것이었다.
　　　　　　　　　　　　―『백범일지』(교문사, 1979) pp. 226~227.

우리 애들도『백범일지』의 왜곡된 이 부분을 바르게 밝혀 보려고 백방으로 알아보았다. 그러나 백범 본인이 돌아가신 후라 누구에게 말할 곳이 없다고 했다. 그리고 『백범일지』는 워낙 여러 판본이 있어서 내용이 각기 다르다고 했다. 어느 것이 진본인지조차 알 수가 없으니 과연 백범이 그렇게 썼다는 근거가 없다고 했다.

독립운동사를 연구하는 학자들의 학술강연회에서도 석주 어른에 관한 기술이 잘못된 것이 사실이라고 했다. 다른 학자들도 백범이 그렇게 기록했을 리 없고 이념이 서로 다른 누군가가 모함하려고 그런 말을 끼워 넣었을 것이라고들 했다. 그렇다면 남만공청총(남만공산당 청년총동맹)에서 일한 것 때문에 다른 파들이 그런 모양인데, 공산주의 비판하려면 공산주의를 비판해야지 왜 엉뚱한 개인을 모함하는가 말이다. 공산당을 욕할 때는 흔히 부모 자식도 모르는 놈들이라거나 못된 불한당이라고들 한다. 그러나 어찌 되었든 그런 모임을 만들어 활동한 것이 기정사실인 것처럼 기록한 것은 생각할수록 억울하다.

우리 애들은 역사 기록은 가끔 그렇게 잘못 기록되는 수도 있다면서 세월이 지나면 많은 학자들이 연구하고 찾아내고 하여 언젠가는 밝혀질 것이라고 나를 위로한다. 그러나 내 속에 맺힌 한은 그렇게 쉽게 풀릴 것 같지가 않다.

1931년 일제가 일으킨 만주사변과 그 이듬해 일어난 상해사변으로 말미암아 우리 독립군이 뿔뿔이 흩어져 암흑기를 맞이했다는 것은 맞는 말이다. 연통제라는 것은 세포조직 간에 서로 연락하고 자금을 모아 비밀리에 전달하는 조직이었다. 이게 발각되었으니 연락망이 와해되고 국내 애국성금도 안 들어오게 된 것이었다. 이런 때에 이동녕 씨가 극구 권해서 국무원 주석에 김구 선생을 앉혔다. 그리하여 꺼져 가는 임시정부의 존재를 알리고 독립운동의 정신을 다시 소생시킨 분은 이동녕 씨와 김구 선생이다. 그러니 석주 어른을 그렇게 가까이 모시고 같이 활동한 이동녕 씨가 있는데 김구 선생이 석주 어른에 대해 잘못 알고 있었을 리도 없고, 서로 노선이 달랐어도 그렇게까지 상대방을 폄훼하지는 않았을 것이다. 아마도 나중 사람들이 가필했다고 보는 게 옳을 것 같다고 우리 애들도 결론을 내렸다.

임정은 3·1운동 직후 상해에서 이동녕 씨, 이회영 씨, 이시영 씨, 여운형 씨 등이 세웠다. 이분들은 앞에서도 얘기했듯이 모두 만주에서 석주 어른과 함께 이미 군정부를 세우고 독립군대를 양성하고 있던 분들이다. 임정이 수립되기 전 그 모태는 서간도에서 이루어졌고, 나중에 각 지역 대표들과 합치면서 상해로 옮겨 간 것으로 알고 있다. 김구 선생은 석주 어른 등과 활동무대가 달랐고 활동시기도 김구 선생이 나중이라 서로 잘 모르는 점이 있기는 있었을 것이다. 서간도에서의 독립활동에 관해서는 지금까지 별로 자세히 알려진 것이 없다. 그런 의미에서라도 『석주유고』가 한글로 번역되어 세상에 나와야 만주 독립운동사가 제대로 밝혀질 것으로 생각된다.

3월에 국무령을 사임하고 상해에서 서간도로 나오실 때 일경들이 석주 어른을 뒤쫓고 있다는 신문보도를 천진에서 보았다. 그때 당숙(이광민)이 함께 수행했는데, 신문을 본 당숙은 속으로 '저 칠순 노인이 만약에 잡히는 날이면 큰일이다. 일본 놈 손아귀에 걸리면 영영 끝이다'라는 생각이 들었다고 한다. 한시도 마음을 놓을 수 없었다.

천진부두에 도착하니 웬 사람들이 와서 사진을 찍어 갔다. 신문기자인지 중국 경찰인지 모른다고 했다. 당시 어른께서는 하이칼라 머리에 수염을 길게 늘어뜨리고 중국옷을 입고 있었다. 그래야 중국 사람처럼 보여 감시를 쉽게 따돌릴 수 있었기 때문이다. 사진 찍어간 것이 마음에 걸려서 배에서 내리자마자 이발관에 가서 머리와 수염을 빡빡 깎아드렸다. 연락선 시간은 이튿날 아침이었다. 그날 밤은 여관에서 자야 했다.

어느 중국 여관에 들어갔다. 방안에 들어가자 당숙은, 석주 어른이 이불을 머리끝까지 쓰고 누워 계시게 하고는 "이분은 치통이 심하니 말을 건네지 말라"고 일러 놓았다.

당숙은 그래 놓고도 불길한 예감이 들어서 이층 난간에 나가 망을 보고 있었다. 아니나 다를까 일본 형사들이 들어서는 것이 보였다. 일본 형사들이 당숙에게 오더니 "고을리 여기 안 왔냐?"고 하였다. (그때는 우리 한국 사람을 고려인이라고 했는데 중국 발음으로 '고을리'였다.) 안 왔다고 중국말로 대답하니 여기저기 살펴보고는 가 버렸다. 당숙은 원래 중국 관청에 다니는 관리라 중국말을 너무 잘하니까 중국 사람으로 착각하고 의심 없이 돌아간 것이다.

그날 밤은 어른께서도 한잠 못 주무시더라고 했다. 당숙 생각에, 혼자 같으면 이렇게 걱정스럽지 않을 것 같은데 연만하신 백부님을 모시고 어떻게 이곳을 탈출할까 고민이 여간 되지 않았다고 했다. 평소에 누가 문복(問卜)한다는 말을 들으면 쓸데없는 짓한다고 크게 야단했는데 하도 답답해서 문밖에 나가 단수를 뽑아 보았단다. 무사하다 하기는 하나 그래도 안심이 안 되어 밝는 날 아침에 또 두 군데나 더 가서 물어보았단다.

시간이 되어 배를 타고 떠나기는 했으나 봉천 도착하기까지 조이는 마음 무어라 형언할 수 없었다. 봉천에 내려 조그마한 술집으로 들어가서 석주 어른을 모셔 놓고 당숙 혼자 유림(柳林)(석주의 삼종 고모부) 씨 댁에 갔다. 거기서 남을 시켜서 차표를 준비해 가지고 길림행 기차를 탔다. 오직 길림만 가면 안심이라는 생각을 하면서. 당시는 일본의 힘이 길림성 바깥으로는 크게 미치지 못했다. 또 길림에는 동지들이 많고 조직도 잘 되어 있었기 때문에 움직이기 쉬웠다. 길림에 도착하자 동지들이 준비해 놓은 마차를 타고 무사히 집에 당도할 수 있었다.

날씨도 제법 포근해진 데다 해도 좀 길어진 듯한 삼월의 어느 저녁나절이었다. 밥을 짓고 있는데 집에서 기르는 개가 막 큰 소리로 짖으며 팔짝팔짝 뛰었다. 어른께서 오신다는 전갈을 받은 터라 이미 손님들이 많이 와 기다리고 있었다. 저녁상을 차리는데 마차가 마당 저 끝에 도착하는 것이 보였다. 개가 먼저 알아보고 뛰어가 마차를 훌쩍훌쩍 타 넘고 꼬리를 치며 반가워했다. 어른께서 차에서 나오시어 개를 쓰다듬으시며 "집에서 키우는 개는 당초 잡지 말아야겠다"고 하셨다.[34]

만리선행萬里跣行에 무사왕환無事往還하심을 일가친척들이 다 기뻐하였고, 수백여 리 먼 곳에서도 다들 뵈오려고 다녀가시니, 친족들의 돈목지심敦睦之心이 특별하고 감사했다. 그러나 생계가 쪼들리기는 매한가지라 그때도 먹을거리가 변변찮아 송구스러웠다.

석주 어른의 운명

서란현은 신개척지였다. 서란현 소과전자에 살고 있을 때였다. 따로

---

34 산으로 돌아온 뒤에 짓다(還山後作)
   가을 달이 사람 청해 쉽게 집 나서게 하더니   秋月要人輕出戶
   봄바람 동반하여 집으로 무사히 돌아왔네   春風作伴好環家
   산이 성내고 물이 노하여 심히 시기많은 시국에   山嗔水怒多猜局
   웃는 얼굴로 맞이하는 건 오직 꽃뿐이구나   笑面相迎獨爾花
   - 임정 국무령을 사임하고 집에 돌아와 지은 시(『국역 석주유고(상)』 247쪽)

농사를 지어 보신다고 소성자에 가 계시던 부모님과 합치고 나니 비록 아버님께서 병환은 나셨지만 마음이 양쪽으로 안 갈리어 안심은 되었다. 농사도 많이 지었는데 잘되었다. 일꾼들 치송하고, 피차에 손해 없이 되어 일 년 동안이나마 식량 걱정 안 하고 지낼 수 있으려니 여겨졌다.

서란현은 교통도 편리했고, 삼십 리만 나가면 집 앞에 상점도 있어 여러 면에서 편리했다. 우편통신도 편해서 어디서든지 편지가 오면 우체국에 가서 찾아올 수 있었다. 이웃사람 누구나 현에 가면 동네 편지 다 찾아 가지고 와서 전해 주곤 하였다. 그러나 땅이 너른 탓으로 집단부락이 못 되어 일가친척집은 시오 리 더 가야 했다. 특히 가까운 친척들은 하얼빈으로 다 가고 우리만 서란현으로 온 것이었기에 더 적적했다.

이때는 석주 어른께서는 임시정부와 관계된 일은 하지 않으시고 사뭇 화가 나셔서 늘 도랑가에 가서 밤낮 낚시만 하셨다.

그러다가 만주사변이 터졌다. 신미년 칠월이었다. 지나사변이라고도 하는데, 중국이 일본에 쫓기면서 퇴병들의 작폐가 심했다. 봉천성, 길림성을 일본이 함락하자 그들은 더욱 기승을 부리며 들끓었다.

어느 날 우리 집에도 한 떼가 몰려와 나에게 총을 들이대며 돈 내놓으라고 했다. 그때 '은다양'이라는 돈 이십 원이면 큰돈이다. 나는 그걸 헝겊에 싸서 꿰매 가지고 늘 치마허리에 감추고 있었다.

또 그때 통용되던 화폐로 길림 관표라는 것이 있었다. 상점마다 찍어 냈기 때문에 그것은 돈 가치가 없었다. 가령 쌀 한 말을 팔면 돈의 액수가 팔만 조나 된다. 일조, 이조부터 해서 천조까지 찍어 내니 부피가 너무 커서 여간한 돈은 간수하기가 어려웠다. 모양도 한국 창호지에 크레용 칠해 놓은 것같이 생겨서 돈 같지도 않아 보였다. 그에 비해 봉천은다양은 돈 가치도 있고, 부피도 작아 간수하기 편리했다.

나락 팔아서 모은 관표는 양철통 반만 했는데, 그것을 당나귀 똥 쳐낸 옆에다 동이를 묻고 감춰 놓았었다.

군인들이 내 목에다 오연발 총을 들이대고 돈 내놓으라고 위협했다. 아버님께서 나를 끌어안고 "죽어도 같이 죽어야지, 너만 죽일 수 없다"고 하시는 순간, 둘 다 정말 위험하겠다는 생각이 들었다. 할 수 없이 허리춤에 감춰 놓았던 은다양을 다 내놓았다. 사경은 면했다. 그놈들이 다음에는 아버님께로 가 몽둥이로 '탁' 하고 쳤다. 때리는데 돈 안 내놓고 배길 수 있었겠는가? 당장 목숨이 경각에 달렸는데. '사람 있고 돈 있지' 하는 생각으로 두 말 없이 내가 가서 말똥 동이 파고 길림 관표 묻어 놨던 것도 다 갖다 주었다. 집에 있던 돈을 모조리 다 갈취했다 싶었던지 그제서야 돌아갔다.

칠팔월이 되면 그곳은 가을이라 벌써 춥다. 흙 위에 토담집을 지었기 때문에 안팎으로 흙을 한 번 더 발라야 외풍이 없다. 그날은 모자분이 흙 바르는 일을 하고 있었다. 사다리를 놓고 높은 데는 흙을 떠 가지고 두 번씩 올라가야 했다. 어머니가 흙 개 놓은 것을 떠서 아들에게 주면, 아들은 받아 바르는 작업이었다. 나는 햅쌀을 좀 장만하느라고 나락을 두들겨 훑고 있었다. 추석 명절도 다가오니 이웃 중국인에게 쌀 한 말 정도씩 선물을 하려고 준비하는 것이다. 중국인은 쌀을 받으면 그렇게 좋아했다. 그들도 추석 선물로 중추월병이라는 과자와 고기 등을 상당히 많이 가져오곤 하였다.

나는 당나귀를 끌고 중국인 집으로 방아를 찧으러 갔다. 가는 도중에 중국 여자가 손짓을 하며 되돌아가라는 시늉을 했다. 그래서 되돌아 집으로 오는데, 큰길에 난데없이 무장한 군인들 수백 명이 들이닥치고 있었다. 사람들 말이 한 삼백 명은 될 거라 했다. 그들은 집집마다 들어가 그나마 조금 남은 쌀마저 다 뺏고, 옆집에도 못 가게 하고 꼼짝 못하게 했다.

우리집에 와서는 사다리 위에서 흙을 바르던 남편을 끌어내려서 목을 천장 대들보에다 매달았다. 그리고는 "너희가 왜 일본을 끌어들여 우리나라를 뺏기게 하느냐?"고 하더니, "우리도 너희들을 죽이겠다"고 했다.

대들보에 목이 매달린 남편은 숨이 끊어지기 일보 직전이었다. 절명할지도 모르는 아찔한 순간이었다. 처자로서 차마 그 순간을 어찌 견딜 수 있었겠는가? 그리고 위로 어른 네 분에게 혈육으론 오로지 하나밖에 없는 손자요 아들인데 그분들 심정이 오죽했겠는가?

그때 마침 당숙하고 길림에 있는 중국학교 동창생인 군인 한 사람이 한동네에 살고 있었다. 그러한 찰나에 그이가 뛰어와 "이 집은 하지 말라"고 하며 그치게 했다. 금테안경 두른 이였다. 그래도 그들은 그이 말을 안 듣고 "한국 사람들이 와 가지고 일본 놈 끌어들여 우리나라 뺏기게 됐으니 다 죽여야 한다"고 을러댔다.

변명할 도리도 없고, 말할 틈도 주지 않아 꼼짝 못하고 있을 때였다. 뒤에서 다른 금테 두른 이가 또 쫓아왔다. "이 집은 그러지 말라. 조선 독립운동하는 집이니 우리가 해칠 수 없다"고 했다. 그렇게 해서 겨우 위기를 모면하고 생명을 건졌다. 그이가 급수가 좀더 높았던 모양이고, 그들도 성분 파악은 하고 있었던 것 같다.

그리고 며칠 후인지 오상현에서 시당 여준 선생과 백우이신 이장녕 씨가 군벌한테 총살을 당했다는 소식을 듣게 되었다. (여시당 선생은 오상현에서 이장녕 씨와 이웃에 살면서 자주 오가고 행동을 거의 같이 했던 모양이다.) 그 소식을 듣고 우리 어른들께서 상심하시던 것은 이루 말할 수 없었다. 결국 그 소식이 석주 어른의 운명을 재촉하게 된 셈이었다.

나중에 알고 보니 여시당 선생은 총살당한 게 아니었다. 그 어른에게 남편과 동갑인 독자가 있었다. 이 아들을 군벌들이 와서 잡아갔단다. "저거 하나밖에 없는 것 죽이면 나도 죽는다"라고 하면서 아들 붙잡혀 가고 난 집에다 불을 질러 놓고 안팎 노인이 거기서 불타 죽었단다.

여준 씨는 장가간 첫날밤에 처음 본 색시가 영 바보같이 느껴지더란다. 그만 돌아서 나오려다 그래도 아주 버려 버리면 안될 것 같아 하룻밤 잤는데 그만 아들을 낳았단다. 이름을 여운달이라 했다. 모친을 닮았던지 귀도 약간 먹고 좀 어정쩡했다. 돌아도 안 보고 살았는데, 세월이 얼마쯤 지나다 보니 그리웠던지 그 부인과 아들을 불러들였다. 그래도 혈육의 정은 무시할 수 없었던 모양이다. 그리고 좀 부족하다 싶으니 더욱 팔이 안으로 굽는 것이 아닌가 싶었다. 그 아들 잡혀가 죽었다고 당신도 불 지르고 같이 죽는 걸 보면. 그분 성격이 원래 독하고 모진 데가 있어서 신흥무관학교 영어 선생 할 때도 유명했다고 한다. 아무리 추위도 모자를 쓰지 않고 "아, 오늘 날씨 쌀쌀하다!"라고만 말씀하시곤 했다고 친정 오빠가 늘 그랬다.

이장녕 씨도 오상현에서 돌아가신 건 확실해도 소문처럼 군벌에게 끌려가 총살당한 건 아닌 것 같았다. 환국한 뒤에도 그 가족들한테서 그런 얘기는 못 들었으니까. 또 어떤 사람 말로는 일본군 사주를 받은 마적떼에게 끌려가 피살되었다고도 했다.

어쨌건 여준 씨와 이장녕 씨가 군벌들에게 총살당했다는 소식을 접한 어른께서는 상심하셔서 절곡絶穀을 하시고 냉수만 드셨다. 미음을 한 공기 끓여 가지고 가서 아무리 권해 드려도 기어이 안 드셨다. 가뜩이나 병중인데 식음을 전폐하시니 기가 찰 노릇이었다. 재하지도在下之道 단독수하單獨手下이신 부모님의 초조난상焦燥難相은 이루 형언할 수 없었다.

일꾼들은 들판에 있는 조그만 농막에 피신해 버렸기 때문에 밤으로만 틈틈이 추수를 하여 겨우 탈곡은 하였다. 중국 군인들로부터 간신히 목숨을 건진 대신 그렇게 힘들게 추수한 쌀을 거의 다 현에 바쳐야 했다. 닷새 동안 동네마다 수십 가마니씩 내라고 배당이 나왔다. 치안 유지에 쓴다고 중국 정부에서 그렇게 배당을 하였다. 닷새 만에 쌀을 갖다 줘야 하는데 정미기계가 없으니 연자방아를 찧어야 했다. 연자방아도 집집마다 있는 것이 아니었다.

한국인 집에는 말이 없었기 때문에 연자방아 찧으려면 당나귀 한 마리로 며칠씩 쉬지 않고 해야 했다. 계속 무리하게 시키니 당나귀도 힘이 들어 잘 먹지 않고 땀만 뻘뻘 흘렸다. 그럴 때는 사람이나 짐승이나 생명은 매한가지라 쳐다보기조차 안쓰러웠다.

닷새 기한이 지나도 쌀을 내놓지 못하면 군인들이 나와 또 작폐가 심했다. 동네를 보호한다고 민병을 만든 것이 그놈이 그놈이었다. 밤이면 돈과 쌀을 달라고 몽둥이와 새총을 가지고 칠팔 명씩 몰려와 노인들에게 행패를 부리니 안 주고 배길 수 없었다.

그해 음력 삼월 초사흗날이었다. 십리지허에 있는 일가에서 한 달 전에 아들을 열여덟 동갑내기 신부에게 장가를 들였다. 그 아들이 혼인 후 처음으로 처가에 부인을 데려다 주고 집에 왔는데 막 퇴병들이 들이닥쳤다. "우리들은 봉천육군이다" 하면서······.

동네 사람들은 삼월이라 들일 바빠지기 전에 일 년 동안 땔 나무를 하러 산에들 가 있었다. 나무하고 있던 사람들이 한 칠십 명은 되었는데 이들을 다 불러들여 다섯 칸짜리 어느 집에다 한데 모아 놓고 분탕질해서 모조리 죽였다. 한 달 전에 장가간 우리 그 일가붙이도 죽었다. 그 참화 속에서 오직 한 명만 살아 나왔다고 한다. 그 처참한 광경을 온 동네에서 혼자 살아 나온 그이가 전해 주었다.

우리는 겁이 나서 도저히 그 동네에 더 있을 수가 없었다. 그 참혹한 소식이 사방에 알려지니 교통이 두절되고 함부로 나다닐 수도 없었다. 부득이한 경우 한 사람씩은 못 다니고 이웃끼리 두셋씩 짝을 지어 밤으로만 다녔다.

"한국이 일본을 끌어들여서 전쟁이 났다. 나라 빼앗긴 우리들은 무기를 가졌으니 산적이나 되자!" 하며 촌가에 와 닥치는 대로 노략질을 했다. 한국인에게는 유독 더하고, 탐나는 물건 앞에서는 자기네 동족끼리도 인정사정 없었다. 같은 중국인 집에도 들어가 여자들 화장품이며 장롱들도 다 뒤져 쓸 만한 건 다 가져가고, 돈도 있는 대로 약탈해 갔다.

사변 나기 전에도 중국 군인들은 촌가에 오면 돼지를 닥치는 대로 노략질하곤 했는데, 이제는 최후의 발악인지 작폐가 더 극심했다. 우리들은 군인을 어디에서 몇십 명 봤다는 소리만 들어도 벌벌 떨며 물건을 감추기에 바빴다. 촌가에 백마를 기르는 집이 있으면 무조건 빼앗아 갔다. 그런데 그 일은 좀 납득이 되지 않았다. 백마를 왜 그리 탐냈을까? 무장한 군인들이라 흰 말이 필요해서 그랬는지도 모르겠다.

중국은 군인을 충원하는 것도 호적에는 관계없이 여름에 들판에서 일하는 농군들을 붙잡아다 썼다. 죄수같이 새끼로 한 줄에 십여 명씩 엮어서 데려갔는데, 나이 많은 사람은 가끔 돌려보내기도 하나 대개는

다 징집되었다. 그래서 군인들이 왔단 소리만 들으면 들의 일꾼과 흰 말을 숲 속으로 피난시키기에 바빴다.

 중국인들은 한 집에 말을 평균 예닐곱 마리씩 키우지만 한인은 농사에 쓸 소 한 마리 키우기도 어려웠다. 보통 가정에서는 연자방아를 찧기 위해 겨우 당나귀 한 마리씩 키울 따름이었다. 말이 없으니 아무리 바쁜 일이 있어도 걸어 다녔다. 급한 편지 하나 부치는 것도 걸어서 해결했다.

 한국 독립단체에서는 통신원을 두었는데 그들은 한 보따리씩 짊어지고 밤낮으로 걸어 다녔다. 그래도 직접 갖고 다니는 것이 빠르고 안전했다. 그들은 여름과 가을에는 도중에서 배가 고플 경우 중국인이 경작한 옥수수나 감자를 캐서 길에서 구워 먹고 가기도 했다. 먹고 가는 것은 실컷 먹어도 중국인 임자가 아무 말 하지 않았다. 지금 생각하니 고마운 일이었다.

 시국이 날로 분주해지자 중국 사람들도 말을 끌고 산골로 피난했다. 그걸 보면서 한인들도 서로 의논하여 산골로 피해 들어갔다.

 석주 어른께서는 구미가 전혀 없으셨다. 곡기를 스스로 끊으려 하시는 듯했으나 억지로라도 권해야 했다. 그렇지만 쌀이 없었다. 난리판이 아닐 때도 별로 신미新米가 없는 곳이라 약시중이 큰 걱정이었다. 근력은 점점 쇠약해지시는데 우리가 있는 곳은 안전지대가 아니니 한시도 마음을 놓을 수가 없었다.

 동네에 중국인 유지 한 분이 있었다. 이름은 '장유청'이라 하는데, 돈도 많은 부자였다. 아버님과 교분이 있는 관계로 그에게 어디 피신할 방이 있거든 하나 달라고 하였다. 할아버님 병환은 날로 깊어지는데 중국 군인들의 작폐는 더욱 심해지니, 어디로든지 피해 가야겠다고 했다. 이틀 후에 오더니 저기 산속에 숯 굽는 집이 있다고 했다. 세상이 분주하니까 숯 굽던 사람들도 가족들을 찾아 다 가버리고 없으니, 가 보고 맘에 있거든 쓰라고 하였다.

한 십 리 들어가야 하는 산속인데, 방도 크고 우물도 있고 해서 피해 살 만했다. 일단 식구들을 옮기기로 했다. 할머님은 발에 습종이 나서 한 달 이상 거동을 못하시는 중이었다. 남편이 할머니를 업어다 옮겼다. 석주 어른은 거기 가서도 논 옆에 있는 못에 낚싯대를 가지고 나가셔서 종일 있다 어두워져서야 들어오셨다. 다른 식구들은 산에서 내려가 동정을 살핀 후 식량과 약탕관을 포함한 가재도구를 조금씩 날라왔다. 식량을 가져와도 낮에는 밥을 못하고 밤에만 불을 때야 했다. 밥도 늘 캄캄한 밤에 먹었다. 도대체 어느 곳에 마음과 손이 닿아야 할지 갈피를 잡을 수 없었다.

개를 두 마리 길렀는데, 큰 것은 얼마나 영리한지 사람이 피난을 가게 되면 이놈이 먼저 가 자리를 잡고서 앉아 있곤 했다. 그리고 검정 옷 입은 중국인만 보면 사람 키를 넘을 듯이 날뛰며 짖고 야단이었다. 사람이 다칠까 염려되어 칠팔 근 되는 몽둥이를 철사에 함께 묶어 가둬 놓았더니, 남편이 "무고한 이 백성, 나무고랑 신세가 웬 말인가?" 하며 풀어 주었다. 남편은 자신이 무고하게 고랑에 묶여서 백 일 동안 살고 왔던 일이 떠올랐을 것이다.

나는 나락을 찧어 쌀이라도 장만하러 전에 살던 곳으로 내려갔다. 나락을 찧으려면 연자방아를 써야 하는데 말이 있어야 했다. 우리 당나귀가 한 마리 있긴 했지만 먹일 일손이 없어 매일 굶겨 두기가 일쑤였는지라, 일을 부려 먹을 상태가 아니었다. 그래서 중국인 집에 방아를 찧으러 갔다. 중국 사람들은 큰 개를 대여섯 마리씩 길렀는데, 이 개들이 사납기가 말도 못할 정도였다. 주인이 지키고 있으면 안 짖으나, 비키고 나면 여러 마리가 한꺼번에 달려들었다. 다행히 그날 갔던 집은 중국 할머니가 지켜 주어서 쌀 두어 말 만들 수 있었다.

쌀 한 말은 중국 집에 맡겨 두고 한 말은 이고 오는데 그것도 무거웠다. 사월 볕이 그렇게 뜨겁더니 집 앞에 다 와서 소나기가 내리 퍼부었다. 애기는 등에 업고 쌀 한 말을 이고 산길을 가는 게 쉬운 일이 아니었다. 평소 듣기로는, 소나기 올 때 큰 나무 아래나 큰 바위 아래로 피하면 벼락 때문에 위험하다는 말을 들었다. 그러나 쌀자루만이라도 안 젖게 하려고 바위 아래로 피해 보았으나 워낙 세찬 비라 다 맞을 수밖에 없었다. 장대 같은 비를 다 맞고 들어가니, 어머니 아버지께서 나를 기다리느라 문밖에 나와 서 계셨다. 비를 온통 맞으신 채로.

나를 내보내 놓고도 어른들께서는 줄창 밖에서 서성이시곤 하셨다. 아들 내보내고도 그러셨다. 혹시 중국 군인들이라도 만났을까봐 그러셨던 듯하다.

그 안타깝고 애처로운 심정을 말도 다 못한다. 어머님은 당신도 허약체질이라 늘 편찮으셨건만 어른 병환이 위중하니 미음을 쑬 쌀이라도 구해서 안전하게 돌아오나 싶어 길에 나와 기다리시는 것이었으리라. 아버님도 병마에서 벗어난 지 얼마 안 되는 몸을 이끌고 문밖에서 며느리를 기다려 주셨다.

한 달이 지나도 석주 어른 병환은 차도가 없었다. 오히려 점점 심해져 영영 일어나시지 못할지도 모른다는 생각이 들었다. 만약 거기서 일 당하면 첩첩 산중이고 몰래 피해 온 터라 우리가 있는 데를 아는 사람이 없어 아무도 찾아올 수가 없을 것 같았다. 할 수 없이 마차를 구해 아래로 모시고 내려왔다. 본래 마차는 덜컹거리기 한정 없는데 산

길이라 더했다.

마을에 와 보니 이웃들도 밤으로만 만나 보게 되었다. 낮에는 다 산속으로 도망가고 없었기 때문이다. 키우던 돼지 두 마리는 사람이 없으니 함부로 뛰쳐나와 다니다가 옥수수 창고에 들어가 이 가마니 저 가마니 다 헤쳐서 먹고 있었다. 한 마리 있는 당나귀는 산천이 다 울리도록 소리만 지르며 굶고 있었다. 동네 사람들이 오며 가며 짚 한 단씩 던져 준 것으론 성에 안 찼을 것이고 목도 말랐을 것이다. 그야말로 거의 발광 지경이었다.

산에서 집으로 내려온 닷새 후에 석주 어른께서 운명하셨다. 조부님 삼형제분 중에서 둘째 분(李相東)[35]이 예수교회 장로였다. 안동에 기독교가 들어오자마자 댓바람에 믿기 시작했다. 그분 둘째 아들(李運衡)[36]

이상동(이상룡의 첫째동생)   이형국(이상동의 장남)   이운형(이상동의 차남)

---

35 이상동李相東 : 1865~1951. 독립운동가. 안동 출생. 호는 만진晩眞. 이명 이용희李龍羲. 1990년 건국훈장 애족장 추서. 출전 : 『독립유공자공훈록』(국가보훈처)
36 이운형李運衡 : 1892~1972. 독립운동가. 안동 출생. 이상동의 차남. 목사牧師. 1990년 건국훈장 애족장 추서. 출전 : 『독립유공자공훈록』(국가보훈처)

은 목사가 되어 미국에서 목회자로 생을 마쳤다. 그 당시 문중은 모두가 유림이어서 반대가 극심했다. 도저히 있을 수 없는 일대 변혁이라고 여겨 쉽사리 포용하지 못하는 듯했다. 그 일은 초기 기독교와 전통 유교와의 갈등을 대표하는 큰 사건이기도 해서 『개벽』잡지에 실렸다. 서간도 땅에 앉아서 나도 그 책을 읽었다.

　석주 어른께서는 망명 떠나 올 때 종손 대행을, 예수 믿는 동생에게 시킬 수가 없었다. 그래서 동생의 장자, 즉 장조카 이형국李衡國[37]에게 종손을 대행하게 했다. 그 양반은 그 책임 때문에 가족들은 다 교회에 다니는데도 자기는 철저한 유교인으로 한평생 살았다. 그리고 신간회의 간부일도 하면서 고향에서 독립운동을 진두지휘하였다. 그의 아들도 예수교회 장로였는데 그 자신은 가문을 지키는 일에 최선의 노력을 다했다.

　석주 어른께서 병을 얻어 일곱 달째 병환 중이란 소식을 듣고 장로님인 종조부께서 난국亂局임에도 불구하고 서간도로 나오셨다. 이분은 3·1운동 때 안동에서 최초로 만세시위를 일으킨 분이다. 문중에서 환국할 여비와 일행들 인솔 비용으로 삼백 원을 해 주어서 그것을 가지고 환국을 권하러 오신 것이었다.

　형제 숙질분 상면하자 집수통곡執手痛哭의 그 비감을 어찌 말로 다할 수 있었겠는가? 형님을 보자마자 손을 덥석 잡고, "형님, 이제 한국으로 들어가십시다. 이렇게 고생하실 줄 알았으면 왜 여기 나왔겠습니까?" 그랬더니, 잡은 손을 획 뿌리치면서 "나 죽기 전에는 여기를 못

---

37 이형국李衡國 : 1883~1931. 독립운동가. 안동 출생. 호는 창해滄海. 이상동의 장자. 1990년 건국훈장 애족장 추서. 출전 : 『독립유공자공훈록』(국가보훈처)

떠난다. 일을 이렇게 벌여 놓고 나만 들어갈 수 없다. 씨나 떨어뜨리게 나 죽고 나거든 남은 가족들은 들어가게 하겠다"고 하셨다.

서로 서신 연락이 되어서 하얼빈에 사는 셋째 할아버지도 때 맞춰 오셨다. 아우 되는 두 형제분이 간곡히 권했으나 종내 '안 간다'는 말씀만 하셨다. 나라는 아직 독립의 희망이 보이지 않는데 만주 전역을 누비며 함께 일해 왔던 동지들을 버려두고 혼자 고국 땅을 밟을 수 없다는 것이었다. 그 대신 당신이 이 땅에 왔다 간 흔적이라도 남기고 싶다는 말씀과, 나머지 가족들은 귀국해서 안정된 삶을 살게 되기를 바란다는 말씀을 남기셨다.

할 수 없이 둘째 할아버지는 혼자 한국으로 도로 들어가셨다. 법흥동 토지 일부를 팔아서 준비해 온 돈을 ― 가지고 들어오면 중국인에게 다 뺏기니까 ― 서란현에 들어오기 전에 길림에 맡겨 두었었는데 그 돈은 그대로 거기 두고 가셨다.

모든 집안일을 내 손으로만 하다 보니 몸살이 났는지 사흘 동안 눈도 못 뜬 채로 일어나지도 못했다. 온 집안이 어수선하였다. 입에 미음을 떠 넣고 정신을 수습하여 나흘 만에야 겨우 눈을 떴다. 일어나 앉으니 어른들이 "이제 죽지는 않겠구나"라고 하시며 안도하셨다. "무엇으로 기운을 두와야 할 텐데……"라시며 걱정들 하셨지만, 다니기만 하면 일이 한두 가지가 아닌지라 음식은 제쳐 두고라도 누워 쉴 시간조차 없었다.

석주 어른께서는 환후가 시시각각 나빠지시는데도 미음도 못 가져오게 하셨다. 며칠을 냉수만 떠 넣어 드렸는데 "물이 천하 제일이라" 하셨다. 동생과 단독수하單獨手下 부자분 앞에서 임종에 임박하여, 밥물을 아주 묽게 한 것에 설탕을 타서 넣으라고 해서 두 번을 떠 넣어 드렸다. 손을 저으며 못하게 하시더니 이윽고 어음語音이 흐려졌다.

1932년 오월 열이튿날이었다. 그 전해 가을, 추석 지난 얼마 후 여시당과 이장녕 씨께서 총살당했다는 잘못된 소문을 듣고는 상심 끝에 발병하시어 칠팔 개월을 끌다가 결국 낙명落命하신 것이다.

"국토를 회복하기 전에는 내 해골을 고국에 싣고 들어가서는 안 되니, 이곳에 묻어 두고 기다리도록 하라"고 하셨다. 58년 만에 유골은 정부(국가보훈처)의 노력으로 환국했으나, 아직도 국적은 회복되지 못했다.[38]

고택제향古宅祭香에 호화반석豪華磐石 같으신 처지시건마는 이역풍진에 갖은 고초 다 겪으시고 광복 성공의 기약 없이 영원히 가셨다. 할머님과 부모님의 망극한 애통은 끊일 줄 몰랐다. 하얼빈에서 오신 종조부께서 여러 가지 위로의 말씀을 하시면서 산 사람은 살아서 유지를 받들어야 한다고 강조하셨다.

우선 동네 사람을 시켜 널을 짜고 칠을 했다. 유해를 관에 모시고 환국하여 안동에서 장사를 지낼 작정이었다. 우선 입관해서 산에 갖다 놓고 집 근처 조그만 산봉우리에다 가매장을 했다. 손자, 그러니까 남

---

38 하얼빈 취원창에 묻혀 있던 석주 이상룡 선생의 유해는 1990년 9월 13일 비행기편으로 김포공항에 도착하여 동작동 국립묘지, 안동 임청각을 거쳐 10월 11일 대전 현충원에 안장되었다. 이후 1996년 5월 21일 국립서울현충원 임정묘역으로 천장遷葬했다. 하지만 석주 선생을 비롯한 독립운동가들은 일제의 호적을 거부했기 때문에 이제껏 무국적자로 남아 있었다. 2009년 2월 독립운동가 호적 없이 사망한 경우에도 가족관계등록부를 창설할 수 있도록 하는 '독립유공자예우에 관한 법률'이 시행됨에 따라 3월 18일 이상룡, 신채호 등 독립운동가 62명의 가족관계등록부 창설 신청이 받아들여져 한국 국적을 회복하였다. 석주 선생은 1858년 임청각에서 태어나 1932년 중국 길림성에서 서거한 후 77년 만에 임청각을 호적지로 삼을 수 있게 되었다. 또한 석주 선생과 함께 1911년 서간도 유하현으로 망명하여 독립운동기지 건설에 힘썼던 동생 이봉희李鳳羲 선생과 매부妹夫 김대락金大洛 선생도 한국 국적을 회복하였다. 4월 13일 임시정부수립 90주년 기념식장에서 무호적독립운동가 후손들에게 가족관계등록부가 전달되었다

소과전자촌의 석주 선생이 마시던 우물터를 찾은 증손 이항증 ⓒ 박도

서란현의 소과전자촌소학교 ⓒ 박도

편이 가묘를 지키고 앉아 울며 날을 보냈다. 초종을 치르자니 수십 년 생활고에 수의 준비도 못한 상태였다. 앞집 가게에서 외상으로 포목을 가져다 수의를 했다. 시국이 하수상하니 이웃도 낮에는 오지 못하고 밤에만 문상을 왔다.

그로부터 사흘 후에 우리는 환국을 서둘렀다. 시신과 함께 시조모님, 시부모님, 남편, 아들 형제, 모두 일곱 식구였다. 그동안 한가족처럼 지내 온 이진산 씨네 가족도 함께 떠났다. 이진산 씨는 함경도 사람인데, 상해임시정부 국민대표로서 인품이 훌륭하고 석주 어른을 무척 존경하며 따랐다. 만주사변 초기부터 네 식구가 와서 석 달 동안 우리와 함께 지냈다. 여러 가지 일을 그분과 상의할 수 있어서 얼마나 든든하고 다행스러운지 몰랐다. 석주 어른 임종하실 때에 "선생님, 선생님! 광복사업은 누구에게 맡기고 가십니까? 통화현, 회인현, 영춘원 양쪽 칠십 리 높은 재를 넘으실 때 기력이 좋으시어 독립사업 꼭 성공하리라 믿었습니다" 하며 대성통곡을 하였다.

친족 못지않게 애통해하시며 어찌나 섧게 울던지 주위 사람들의 애간장이 다 찢기는 것 같았다. 이역만리 나와 겪은 고생도 고생이려니와 독립활동의 중추를 잃은 조국 운명에 대한 염려 때문이었을 것이다. 적수공권赤手空拳 애국심 하나만 가지고 망명의 길로 나섰다가 뜻을 이루지 못하고 돌아가신 어른의 한을 대신 울어 드렸는지도 모른다. 환국에 관한 모든 일을 종조부님과 일중(이진산의 호) 선생의 주선으로 했다.

제3장
환국과 해방 그리고…

환국

　귀국길에도 일본 경찰의 감시는 이십여 년 전에 조국을 등지고 야반도주해 나올 때나 다름없었다. 거기다 지나사변은 점점 복잡한 상황으로 돌아가니 쫓기는 중국 퇴병들의 행패 또한 대단했다. 양쪽의 눈을 피해 가며 우선 기차를 타기 위해 새벽 캄캄할 때 길림을 향해 출발했다.
　5월 18일, 칠십여 명이 떠났다.
　마차를 얻어 시신을 모신 관을 싣고 하루해가 저물도록 내내 걸었다. 그래 봐야 삼십 리밖에 못 간다. 우리를 따라서 귀국을 서두른 동네 사람들과 합치니 일행이 한 칠십 명 되었다. 그렇게 떠나는 긴 행렬은 남의 눈에 띄기 십상이었다. 마차 소리 때문에 들킬까봐 먼저 동정을 살피도록 했다. 사람을 두 명씩 배치하여 오 리, 십 리 전방에 가서 망을 보게 했다. 그들이 돌아와서 가라고 신호해 주어야 가곤 했다.
　'깡요'라는 장터를 지나 울루께를 거쳐 삼십 리쯤 가다 중국 군인들을 집단으로 만났다. 한 오백 명은 될 거라고 했다.
　만주사변 때라 일본 군대에 쫓기는 길림 퇴병들이었다. 쫓기는 입장이라 그들의 행패도 봉천육군 못지않게 심했다. "쌀 내놔라, 살림 내놔라, 돈 내놔라"하며 우리를 더 이상 못 가게 막았다.
　오월인데도 낮에는 불같이 뜨거웠다. 조그만 장터인데 우리 마차 둘을 한쪽에 세우게 하고, 어느 여관집에다 사람들을 다 몰아넣었다. 칠십 명이 다 들어가서 구석구석에 자리 잡았다.
　마당 한가운데 돌을 쌓아 놓고 거기에다 장작불을 때고 있었다. 한쪽 옆에서는 화덕에 벌건 숯불을 큰 삽으로 자꾸 갖다 부으며 쇠붙이가 있는 것은 괭이, 삽 할 것 없이 모조리 벌겋게 달구고 있었다. 바른

말 안 하면 죽인다고 했다. 우리는 영문도 모른 채 속절없이 '죽었구나' 했다. 그런데 소리소리 지르며 여기서도 "일본인을 왜 끌어들였느냐?"고 했다.

그제야 아버님이 유창한 중국말로, 한국 독립을 위해서 이러이러한 일을 하다가 돌아가신 분이니, 관만은 손대지 말아 달라고 사정했다. 우리도 일본과는 원수지간이라는 것도 설명했다. 중국 퇴병들의 횡포도 결국 그 원인은 일본에게 있었다. 전 아시아를 다 잡아먹으려는 일본의 야심이 화근이었던 것이다.

그때 금테 두른 이가 불쑥 들어오면서 연설조로 말했다. "세상만사 다 금전 농간이라" 그 소리만 들어도 좀 살 것 같았다. 돈만 주면 된다는 뜻이니까. 나도 그때는 중국말을 다 알아듣고 말도 좀 했으나 이제는 다 잊어버렸다.

재빠른 사람들은 백일 된 아기 기저귀 속에 돈을 감추기도 했다. 우리는 이미 집에서 돈뭉치 다 뺏기고 한 푼도 없었다. 가다가 먹을 쌀만 조금 가져 나왔다. 뒤져도 돈이 안 나오니까 그들은 관을 뜯으려 했다. 죽은 시체도 거짓말이고 관 속에 돈이 들어 있다는 것이었다.

돈 될 것을 있는 대로 찾아내어 사정사정했다. 사실 돈 될 것도 없었다. 살림살이라곤 헌 버들고리짝 같은 초라한 것뿐이었다. 그 속에 시집올 때 해 온 빨간 저고리와 남치마가 있었다. 내가 아끼는 것이었다. 그놈들은 그걸 마구 꺼내서는 갈갈이 찢어 장총 끝에 매달아 흔들며 길길이 날뛰었다. 붉은 것은 다 쪽쪽 찢어 총 끝에 달고 시가지를 벌떼같이 누볐다.

참으로 진퇴양난의 길이었다. 그 시대는 어두운 시대라 증명 같은 것도 없었다. 칠십 명 식구가 모두 종일 굶었다. 있는 돈을 사방 다 털고는 애 어른 없이 가라고 보내 주었다. 그래서 길림으로 계속 가려고 했는데, 더 이상 앞으로 나가지 말고 있던 집으로 돌아가라고 했다. 소과전자로 되돌아서야 했다. 길림까지만 가면 아는 사람들이 많으니까 거기서 좀 며칠 안정해서 한국으로 계속 향할 생각이었는데…….

갔던 길 되짚어 집에 당도하니 캄캄한 밤이 되었다. 살던 집 비워 놨다가 다시 들어가려니까 어찌 그리 싫던지, 머리끝이 쭈뼛쭈뼛해졌다. 특히 할아버지 돌아가신 집이라 더 그랬던 것 같다.

날이 새도록 기다리며 캄캄한 마당에서 음식을 만들어 종일 굶은 허기를 면했다. 그리고 나서 여럿이 대책을 의논하였다. 같이 떠났던 사람들 중 집이 가까운 이들은 자기 집으로 가고, 먼 데 사람은 근처에 빈 집이 많으니까 거기 있기로 했다.

중요한 서류를 묶은 상자 두 개를 우선 선반에 올려놓고 짐을 풀었다. 그런데 다시 나올 때 그만 그 상자들을 안 가지고 나왔다. 그것이 있었으면 요새 아주 귀중한 자료가 되었을 텐데…….

다행히 책 두 권은 가지고 왔다. 그 책은 아버님께서 그 삼복 더위에도 항상 가슴에 품고 계셨으니까 가져올 수 있었다. 석주 어른께서 지으신 글을 모아 놓은 원고였다. 나중(1973년)에 고려대학교에서 『석주유고』라 하여 영인본으로 출간해 주었다. 어른께서 상해, 북경에서 활동하셨던 일을 기록하신 일기와 글이었다. 언젠가 번역하여 출판되면 서간도 독립운동사에 좋은 자료가 될 것이다. 우선 고대에 보관을 맡겼으니 미덥기는 하나 하루 빨리 번역이 되었으면 싶다.[39]

---

39 『석주유고(石洲遺稿)』는 석주 이상룡 선생이 작고하기 전까지 틈틈이 집필한 시문을 아들 이준형이 정리, 필사한 문집이다. 1973년 고려대학교에서 영인본 『석주유고』가 간행되었으나 한문이어서 역

우리 나온 후에도 장유청이라는 중국 사람과는 계속 서신왕래가 있었는데, 그 편지도 있었으면 좋으련만 6·25 겪고 피난 다니면서 다 어떻게 되었는지 모르겠다.

2008년 8월 출간된 『국역 석주유고』 상·하권

고국을 등지는 것도 어려웠지만 환국하는 길도 초장부터 수월하지 않았다. 시신은 먼저 가매장했던 곳으로 모셔다 할 수 없이 장례를 치렀다. 당신의 소원이 조국 선영 먼발치에라도 눕는 것이었지만, 그날이 언제가 될는지 당시로선 분명하지 않았으니 별 도리가 없었다.

부고는 개인으로 못하고 『동아일보』에 냈다.[40] 하얼빈에서 오신 셋째

사학계나 일반인이 접하기 어려웠다. 2008년 8월 안동독립운동기념관에서 『석주유고』(1973, 영인본)와 『석주유고 후집』(1996)을 번역하여 『국역 석주유고』(상,하)를 출간했다. 석주 선생이 서거하신 지 76년 만에 이룩된 큰 사업이며 국역본 출간을 애타게 염원한 손부(孫婦)인 허은 여사의 소망이 늦게나마 이루어진 것이다. 총 6권으로 구성된 『석주유고』의 내용을 보면 권1·2에 시 413수, 사(辭) 1편, 소(疏) 1편, 서(書) 40편, 권3~5에 서(書) 155편, 정문(呈文) 4편, 고문(告文) 1편, 서(序) 4편, 기(記) 3편, 집설(輯說) 3편, 취지문 4편, 변(辨) 1편, 죽사 1편, 설(說) 11편, 고유문 1편, 제문 5편, 묘길명 1편, 행장 4편, 전(傳) 1편, 잡저 2편, 권6에 잡저 4편, 부록으로 행장 1편, 읍혈록(泣血錄) 상에 만사 78수, 제문 34편, 읍혈록 하에 제문 58편 등이고, 『석주유고 후집』에는 시(時), 서(書), 제문(祭文), 잡록(雜錄), 만록(饅錄), 기의(記疑), 유사(遺事) 등이 실려 있다. 『국역 석주유고』 해제에서 석주 선생의 사상과 『석주유고』의 의의를 다음과 같이 평가하고 있다. "유학자로서의 이상룡의 사고와 행동은 가족과 향당이나 왕조에 머물지 않고, 시대와 민족 문제 나아가 근대 국가와 미래의 인류사회에까지 미치는 것이었다. 이상룡은 전통적 유학자에서 근대적 지식인으로 변모하는 과도기의 민족적 지성인이었다. 따라서 그의 글들을 모아 엮은 『석주유고』는 근대 민족지성의 독립운동사에 대한 생생한 증언이며, 지성사 전개의 주요한 부분을 차지하고 있는 역사적 자산이다."

40 『동아일보』 1932년 6월 26일자 부고 내용.
"석주 이성룡 씨(이상룡의 오기-인용자) 길림 서란현에서 장서(長逝)
오랫동안 남북 만주와 상해 등지로 돌아다니며 조선독립운동을 하던 석주 이성룡 씨는 지난 15일 길림성 서란현 우거에서 숙환으로 세상을 떠났는데 향년은 67세(74세의 오기 - 인용자). 그는 경상

석주 선생 부고
(『동아일보』 1932.6.26)

할아버지는 초상 장사까지 다 보고 우리가 다시 떠날 때 같이 떠나 장춘까지 동행했다. 장춘에서 그분은 하얼빈으로 가시고, 우리는 봉천, 신의주로 해서 서울로 향했다.

어른 마지막 가시는 길은 더없이 초라했다. 망명길에 오를 땐 조국의 광복에 대한 포부가 가슴 가득했으나, 이제 영영 돌아오지 못할 길로 들어섰으니…….

시운을 잘못 만난 탓으로 돌리고, 광복된 조국 땅에 훗날 옮겨 모실 수 있게 되기만을 마음으로 빌었다.

북도 안동군 출생으로 유명한 유학자이든바 (정미)칠조약 이후 만주로 건너가 여러 가지 운동을 하다가 군정서 총장을 지낸 일이 있고 상해가정부(상해임시정부-인용자)에 한때는 수령으로 지낸 일도 있었다 한다. 가족은 현재 만주에 있는데 그의 조카 이광국은 목하 신의주형무소에 있다 한다."

남은 가족끼리 정성을 다하여 초상을 치렀다. 놋그릇, 쟁반, 접시 등 생활용품 14점도 산소 앞에 묻어 드렸다. 중국 사람들은 저 세상에서도 살아야 한다며 생활 용구와 용품을 같이 묻어 주는 풍습이 있었다. 남편이 보름간 묘를 지키며 시묘살이를 했다.

서울 현충원에 있는 석주 이상룡의 묘

그렇게 독립 전에는 한국에 결코 안 들어가겠다는 분을 관에다 모시고 나갔다가 도로 쫓겨 그곳 땅에 묻히는 걸 보면서, 속으로 '이 어른 무슨 영靈이 있

건국공로훈장증(1962년)

기는 있는 모양이다'라고 생각했다.

다시 환국의 기회를 노리며 그 준비에 바빴다.

후일에 시종숙 이광민, 이광국과 청도 사람 이오선 씨가 무신년(1938년)에 하얼빈 취원창에 있으면서 3무畝의 토지를 사서 이장했다는 연락을 받았다. '섬마루 할배'라 불린 이오선 씨는 일가 되는 분인데 마음씨도 착했고, 우리 집안일을 맡아 총괄하는 집사였다. 내 기억으로는 우리 귀국한 지 약 육칠 년 후였던 것 같다. 당시 당숙이 취원창에 땅 1묘(3畝, 30평 크기의 넓이)를 구입하여 가족 묘역을 조성해

이광국(이봉희의 차남), 이경화(이광국의 조카딸) 1948년

놓았다고 했다. 당숙은 돌아가신 어른의 조카이면서 늘 어른을 옆에서 모시고 모든 일의 연락책을 맡아 비서처럼 일하신 분이다. 끝까지 어른을 위하는 마음이 고마웠다.

이오선 씨도 끝까지 어른을 위해 도리를 다한 것이다. 소과전자에서 취원창까지 가깝지 않은 거리인데 이 두 분이 큰 역사를 이룬 셈이다. 당숙은 나중에 석주 어른의 둘째 동생이자 당신의 부친이신 이봉희 씨가 돌아가시자 여기로 모셨고, 이승화 씨(석주 어른의 당숙)도 여기 모셨다. 자화(子華 : 이광민) 당신도 거기에 묻히셨다. 그분이 그렇게 해 놓았기에 1990년, 정부의 배려로 대전 국립묘지로 네 분의 유해봉환이 가능했던 것이다. 지금 생각하면 얼마나 다행스럽고 고마운 일인지 모른다.

또 다행으로 생각하는 것은, 지난번에(1990년) 상해임시정부 수립일인 4월 13일을 정부기념일로 정하고 세종문화회관에서 임시정부 수립 71주년 기념행사를 가지면서 독립유공자 18명을 포상하였는데 이 어른과 남편도 포함된 것이다. 당숙 이광민은 정의부, 신민부, 참의부 통합대표 자격으로, 남편은 한민족 노동당 집행위원 자격으로 국민장을 받았다.

1990년 4월 12일자 『중앙일보』에 "올해에는 특별히 공산주의 독립운동가들이 공식으로 인정돼 포상을 받는다"고 했다. 『한국일보』는 이광민은 "군정 3대표 3부 통합대표 자격"이고, 이병화는 "국내 일본경찰서 습격"이라고 실었다. 종숙질이 나란히 과거 행적을 인정받는 세상이 온 것만 해도 여간 다행이 아니었다. 이런 날을 위해 눈에 불을 켜고 삭막한 만주 땅을 휩쓸고 다니며, 왜경의 총칼을 피해 두만강, 압록강을 오르내리지 않았겠는가. 애국심과 자기희생의 당연한 결과라고 본다.

한국으로 떠날 기회를 노리다가 되돌아온 지 보름 후인 그달 그믐께, 어둠을 틈타 머나먼 행진을 또 시작했다.

이번에는 관이 없으니 마차를 구하지 않았다. 구할 돈도 없었다. 어쨌든 길림까지 가야 목숨을 건진다고 했다. 두 돌이 안 된 둘째 세증이는 업고, 손에는 짐을 들고, 여덟 살짜리 도증이는 걸리고, 할머니는 남편이 업고 출발했다. 할머니는 한 달 전 산에 있는 숯 굽는 집으로 피난 갈 때도 그랬듯이 석 달째 수족에 습종이 나서 걸음을 조금도 못 옮기셨다. 당나귀 한 마리 있던 것은 먼저 갈 때는 버리고 갔으나 이번에는 이용하기로 했다. 또 한 마리를 구해서 교마처럼 만들어 할머니도 타시게 하고, 대여섯 살 된 아이들도 한 명씩 번갈아 태웠다. 우리 큰아이는 여덟 살이라 종일 걸었다. 다리가 아프다고 쉬어 가자고 하면 누가 조금 안아 주곤 했다. 앞뒤에 무슨 위험이 닥칠지도 모르고 중국 패잔병들을 만나게 될시도 몰라 낮에는 풀숲에 숨죽이고 있다가 밤에만 걸었다. 먼젓번처럼 되쫓겨가는 일이 또 생기면 큰일이니까.

그믐이라 쉽게 들킬 염려는 없었지만 밤길 걷기가 무척이나 힘들었다. 들킬 염려 없는 것은 그만큼 앞이 안 보인다는 것이다. 먼저 떠날 때와 마찬가지로 일행 수는 칠십 명 정도였다.

정탐군이 먼저 얼마쯤 앞서가서 망을 보고 확인한 후 되돌아와 됐다고 하면 앞으로 조금씩 나가곤 하면서 밤새도록 걸었다. 가면서 무슨 신호가 있으면 남자들은 숲속에 흩어져 숨었다. 노약자들도 십여 명은 한 곳에 몰려 있다가, 세 패로 나눠 망보러 갔던 사람들이 와서 괜찮다고 하면 또 갔다. 어두운 숲 속인 데다 길은 나 있지 않아 숲을 헤쳐 나뭇가지들을 잘라 가며 앞으로 조금씩 나아갔다. 휘어졌던 나뭇가지가 얼굴이며 온몸을 때렸다. 그렇게 맞으며 오솔길을 더듬더듬 계속 걸었다.

마차로 가면 깡요에서 울루께까지 이백 리가 넘는다. 소로로 질러가면 백팔십 리다. 수목이 울밀해 길을 분간하기도 어려웠다. 울로덩이가 둥근 상같이 크고 무섭게 엉켜 있었는데 거기 걸려 넘어지는 일도 잦았다. 또 철분이 많아 벌건 흙탕물이 무릎 앞까지 적실 때도 있었다. 길이 안 보이니 어디가 어딘지도 모르고 걷기만 했다.

나는 종일 어린 것을 업고 걷는데 신발에 모래가 들어가 걷기가 힘들었으나 앞사람을 놓치지 않기 위해 그 모래를 빼지도 못하고 걸었다. 나중에 가다가 보니 당나귀는 따로 걸리고, 할머님은 손자에게 업혀 가고 있었다. 들판 하나를 야심토록 지나서야 어느 부락에 들어섰다.

여관이 있을 리 없었다. 아무 데서나 밥을 해야 했다. 남자들이 물을 길어 와서 밤중에 밥을 해서 먹었다. 밥해 먹고 누우니 도저히 일어날 수 있을 것 같지가 않았다. 잠시 눈을 붙이자 일행들이 아침밥 짓느라 수선대는 소리에 억지로 일어나 또 밥을 했다. 넉넉히 지어 식사 마치고 남은 것은 중간에 어린아이들 요기하도록 싸 두었다. 종일 무사하게 가면 요기로 할 것이고 분주하면 버릴 생각이었다.

사흘 동안 죽기 살기로 목표해 가는 곳은 길림 삼가자인데, 하루만 더 가면 될 것 같았다. 이제는 쌀도 얼마 남지 않아 아무쪼록 하루만 견딜 수 있기를 바라며 서로가 말없이 눈치만 보아 가며 걸었다.

겨우겨우 우리는 일중 이진산 댁과 함께 삼가자로 왔다. 다른 일행은 길림성으로 들어갔다. 석주 어른 삼종숙 되시는 분(호는 곡산, 큰댁 종손과 망명길에 올랐던 분임) 집에 들어가니 그동안 피차 통신이 두절되어 소식을 모르다가 "어쩐 일이냐?"며 놀랐다. 석주 어른 돌아가셨음을 그제야 알고 비통함을 금치 못하셨다.

그분은 환국하지 않고 그곳에 남아 있다가 중국 공산정권이 들어선 후에 예순의 노구로 사형을 당했단 말을 나중에야 들었다. 그때 우리와 같이 돌아왔으면 좋았으련만……. 중국에 호적까지 등록하였으니 안전할 줄 알았었다.

피곤에 지친 우리 일행은 거기 와서는 정신없이 너댓새 동안을 누워서 지냈다. 발바닥이 부르트고 터지고 해서 며칠간 일어나질 못했다. 겨우 걸을 만해서야 다시 출발했다.

중국 땅을 마지막으로 밟는 순간이 거의 임박해 오고 있었다. 팔십 연세의 할머님에게는 전에 없던 일이라, 금의환향은 못할지언정 옛날의 법으로 무면도강無面渡江의 이 길을 어찌 가겠는가 하시며 비통해하셨다. 전에 고향을 등지고 강을 건너 갈 때도 면목 없더니, 광복 성공 못하고 돌아가신 유해도 못 모시고 다시 강을 건너게 되니 체면이 말이 아니었다.

남편이 정해붕의 밀고로 서란현경찰서에 갇혀 있을 때 종조부(李鳳羲)께서 "종손이 수감되었다"고 하시며 경찰서에 진정서를 올리는 등 백방으로 노력하여 해결해 주시더니, 이번에는 환보還報를 들고 오셔서 온갖 파란波瀾을 같이 겪으시고, 임종臨終 시탕侍湯에 초종初終까지 보아주시고, 삼가자까지 함께 오셔서 삼종숙을 만난 것이다. 반가운 마음은 잠시요, 이번이 끝이 될지도 모른다고 서로 안타까워하다 신경역까지 와서 헤어졌다. 떨어지지 않는 걸음으로 다시 하얼빈으로 가셨다. "이 세상에서 살아서는 다시 만날 것 같지 않다" 하시며 자꾸만 뒤를 돌아보셨는데 정말로 그리 되어 버렸다.

신경역(현재의 장춘역)에서 봉천행을 타고 나면 중국 땅은 마지막이다. 우리는 신경, 봉천을 뒤로 하고 신의주를 거쳐 서울로 향하는 행보를 계속했다. 길림에서 장춘, 봉천까지 계속 기차여행이었다. 압록강 철교만 건너면 국경을 넘는 것이다. 신의주에 와서 우리 기차로 바꿔 탔다. 서울에 도착하기까지 얼마나 가슴 졸였던가는 말로 다 할 수 없다. 당시 일본경찰에는 '에끼도메'라고 하는 수배제도가 있었다. 만주로 오가는 독립운동가들을 체포하기 위해 수시로 열차를 수색하여 각 역에서 사람을 잡아 서울로 압송해 갔다.

몇십 년 만에 귀환하는 우리들은 고향땅 밟아 보기도 전에 철창 신세부터 지게 될까 조마조마했다. 차내에서 일본 경찰이 나타나면 가슴이 콩콩 뛰었다. 호구지책으로 이민 갔다가 실패하고 돌아오는 평범한 식구들로 보이려고 태연을 가장했다.

중국, 한국 두 나라가 다 일본국에 속해 있던 때라 만주철도가 우리나라에까지 연결되어 있었다. 지금 남한, 북한이 갈려서 철도가 끊긴 것을 생각하면 가슴이 답답하다. 나라 찾으려고 그렇게도 고생을 했는데 나라를 두 동강으로 턱 쪼개 놓고 지금까지 오십 년이 넘도록 철도가 끊긴 채로 있다니.

드디어 서울에 도착하였다. 출발해서 도착까지 무려 석 달이 걸렸다. 떠날 때 입었던 옷 그대로였으니 거지꼴이 오히려 낫다고나 할까?

아홉 살 철없던 나이에 남부여대男負女戴하고 풍찬노숙風餐露宿하며 허씨 일문으로 떠났다가 파란만장한 세월을 다 겪고 스물여섯의 아낙,

고성 이씨 종부가 되어 고향에 돌아왔다. 이루 말할 수 없는 통한이 뼈에 사무쳤다.

　나라의 운명은 조금도 더 나아진 것이 없는 듯했다. 친정이나 시가나 양쪽 집안은 거의 몰락하다시피 되어 있었다. 양가 모두 일찍 가솔을 이끌고 만주 벌판에서 오로지 항일투쟁에만 매달렸으니 그럴 수밖에 없었다. 요즈음 신문 읽어 보면 그때 친일한 사람의 후손들은 호의호식하며 좋은 학교에서 최신식 공부도 많이 한 모양이었다. 그들은 일본, 미국 등지에서 외국 유학도 하는 등 특권을 많이 누렸으니 성공할 수밖에.

　그러나 우리처럼 쫓겨 다니며 겨우 입에 풀칠이나 하고 가까스로 위기를 넘긴 사람들은 자손들의 교육 같은 것 생각지도 못했다. 오로지 어른들의 독립투쟁, 그것만이 직접 보고 배우는 산 교육이었다. 목숨은 항상 내놓고 다녔으니 살아 있는 것만 해도 기적에 가깝다. 애 어른 없이 그 허허벌판 거친 황야에 묻힌 사람은 또 얼마나 많았던가. 불모지에 자라는 잡초처럼 살아온 세월이었다.

　독립투사들 가운데는 대 이을 후손마저 없는 집안도 많다. 내 외사촌 중에 우리 시댁 집안으로 시집온 이가 있는데 이름은 기억이 안 난다. 그 아들이 가을에 고향 간다고 한국 들어갔는데 고향에는 오지 않았단다. 그후로 영영 행방이 묘연해졌다. 모두들 가는 도중에 일본 놈한테 잡혀 죽었을 거라고들 했다. 그런 식으로 오고 가는 길에 일경들에게 체포되어 기차 타고 오다가 철교에서 창밖으로 몸을 날려 자살한 애국지사가 있다는 말도 들었다.

　나만 해도 이역풍상異域風霜에 호번浩繁한 가정이라 학교도 못 가고 고추 꼭지나 따고 파 다듬는 일이나 돕다가 어린 나이에 시집이란 걸 갔다. 그러니 제대로 교육받지 못한 한이 구십 평생 가슴에 못이 되어 있는 것이다. 지난 세월 한마디로 폐일언하면 못 먹고 못 살았던 이야기뿐이라 부끄럽기만 하다. 바깥 어른들 나가서 활동하시는 동안 내가 한 일은 오로지 호구지책에만 매달려 고생한 일뿐이니, 어디 가서 교육을 받으며 어떻게 개명하였겠는가. 그러니 다들 고국에 돌아와도 자리 잡고 정착하기가 힘들었다. 마땅한 일거리가 없었다. 토지라도 있는 경우에는 그나마 농사라도 지을 수 있으니 다행이라고 해야 할까.

서울역에 도착했을 때 우리들의 행색은 말이 아니었다. 외모도 초라하기 그지없었지만 마음이 더 춥고 떨렸다. 그렇게 이역만리 남의 땅에서 고국을 위해 애쓰고 투신했건만 귀환동포를 따뜻하게 맞아 주는 손길은 없었다. 그리고 무엇보다 앞으로 살아갈 길이 막막했다. 무작정 고향집으로 향하는 수밖에 없었다.

그동안 같이 행동해 온 이진산 씨 가족들과 이별하는 일이 남아 있었다. 서울역에서 헤어지기로 했다. 자기네 고향인 함흥으로 간다고 했다. 이별의 감회가 어찌 없겠는가마는 긴 여로의 동반자로서, 또 항일운동의 동지로서의 인연을 아쉬워하며 훗날을 기약했다.

우리는 서대문 신문로에서 병원을 경영하던 종고모 댁에서 사흘 동안 머물렀다. 그 병원 이름이 동서의원인데 원장 권용준 씨는 석주 어른 동생인 이상동의 사위다. 그 집에서는 갑자기 들이닥친 우리들 때문에 손님 치르느라 혼이 났을 것이다.

우리가 만주에서 떠나올 때는 늦겨울이었는데 남녀 없이 늘 입던 검정 중국옷을 입고 있었다. 그 옷 그대로 입고 지내는 사이 여름이 다 가오니, 낡고 더러워진 입성을 바꾸는 것이 우선 급했다. 여비 중에서 백오십 원 남은 것으로 옥양목 한 필과 광목 한 통, 또 오배자 등을 샀으나 만들어 입을 시간 여유가 없었다. 만들어 놓은 옷을 사러 장에 가 보았다.

당시 우리나라 사람들 사는 형편이 얼마나 어려웠던지 서울에도 새 옷 파는 곳은 한 군데도 없었다. 동정에 때가 꼬질꼬질한 헌옷들만 쌓아 놓고 팔고 있었는데 도저히 그 옷을 사 입을 수가 없었다. 할 수 없이 떠날 때의 그 남루한 차림 그대로 본가가 있는 안동으로 향했다. 본가에 도착해서도 사 두었던 옷감으로 옷을 해 입을 겨를은 없었다. 대소가 집안사람들이 인사차 찾아왔기 때문에 분주하였다.

6월 16일 삼복염천三伏炎天에 서울 온 지 사흘 만에 다시 고향으로 향하니, 원근 가족들이 농번기에도 불구하고 환영을 나왔다. 특히 종중의 문장門長께서 대전까지 마중 나오셨다. 중측분들은 김천까지 오시고, 청년들은 예천까지 마중 나왔다. 그때는 중앙선이 예천에서 안동이 끝이더니, 대동아전쟁(태평양전쟁) 때 청량리까지 이어졌다.

오후 몇 시쯤이었던지 모르겠으나, 안동역에 도착하니 족친 백여 명이 모여서 기다리고 있었다. 집까지 도착하니 본가에서도 친척들이 다 모여서 예의 절차에 따라 제구를 제상에 배설하고 상복까지 갖추어 반혼返魂제사 준비에 여념이 없었다.

고대광실에 식주 어른의 허위虛位를 모셔 놓고 피차에 깊은 원한이 천지에 찰 듯 통곡하였다. 이역풍진 남의 땅에 허무하게 모셔 놓고 돌아왔으니 유명幽冥 중에 아실지 더욱 통곡을 금할 수 없었던 일을 생각하면 지금도 눈물이 앞을 가린다. 이 세상에서 살 날이 많이 남아 있지 않은 나도 지난날을 생각하면 더욱 감회가 뼈저린다.

우리가 환국하기 위해 만주에서 서울에 도착했다는 소식을 일본 경찰이 미리 알려 주어 문중에서 서울역, 안동역으로 마중 나왔단다. 그 소리 들으니 또 한 번 소름이 끼쳤다. 우리는 일경 눈 피하느라 온갖 노력을 다 하면서 왔는데, 손오공 손바닥 안에서 놀았던 것이다.

임청각 집을, 우리 오면 살게끔 비우게 하고 청소도 깨끗이 해 두었었다.

임청각 종부

종택宗宅인 임청각臨淸閣은 고택향원古宅香園이었다. 하늘 끝을 향한 용마루가 가문의 위엄을 말해 주는 듯했다. 정확히는 잘 모르나 팔구십 칸은 족히 되는 큰 기와집으로, 조선시대의 전형적인 건축물이다.

알려진 바로는 중종 14년(1519년)에 형조좌랑을 지낸 선조, 명이란 함자를 쓰시는 분이 은퇴 후 낙향하여 안동에다 지었다 한다. 우리나라에 지금까지 남아 있는 가장 오래된 가옥으로 보물 제182호로 지정된 집이다.

가옥구조도 특이해서 평면식이 아니라 3층 계단식이고, 정원의 전체 형태는 日과 月을 합친 쓸 용用 자 모양이다. 석주 어른께서도 이

임청각 전경

집에서 출생하셨다. 임진왜란 때는 명나라 군사들이 상당 기간 이 집에서 주둔하였다.

조상 대대로 물려 내려온 이 집에 종부宗婦로서 처음 들어서자 만감萬感이 교차했다. 말로는 어떻게 표현하기 어려운 감회가 몰려왔다. 객지에서 땟거리 걱정만 하고 어른들 탕약 시중이나 들던 내가 이제부터는 이 가문의 종부 노릇을 잘 해낼지 걱정이 앞섰다.

나는 어린 시절 이역만리 떨어져 거친 세파 속에 자란지라 지고의 예의범절과 견문이 부족할 수밖에 없었다. 그저 가솔들 굶기지 않으려고 호미 잡고 풀 뽑는 것밖에 아는 것이 없었고, 어른들 시탕과 약시중밖에 할 줄 몰랐다.

조상님의 높으신 혜택으로 풍진을 소각해 가며 지내오다 위토位土와 임야까지 팔아 없애고 힘없이 돌아왔는데, 종중의 후의로 내년 새 곡식 추수 때까지 식량이 넉넉히 마련되었다.

그 당시는 비료도 없던 때라 종자 한 말 뿌려 봉두 한 말 먹는다고 하던 시절이었다. 그만큼 수고에 비해 수확이 적어 농사하는 이들은 늘 식량이 모자라 고생하는데도 우리는 걱정 안 하고 먹을 수 있도록 해 주시니, 얼마나 미안하고 또 황송하던지……. 환국할 때도 일가권속一家眷屬의 여비외 기타 모든 비용을 종중에서 작은 할아버지 편에 보내 주어서, 그것도 죄송스럽고 고맙기 짝이 없었다. 그런데도 살아갈수록 일전 한 푼 벌지는 못하고 용도는 많아져 차츰 생계가 곤란해져 갔다.

지난 세월 하 기막힌 사연이라 기록으로 남겨야 한다고 자식들이 권해서 이렇게 이야기를 꺼내다 보면 주로 못 먹고 고생한 이야기뿐인 것 같아 부끄럽기만 하다. 이런 이야기를 문중 재산까지 팔아서 뒤 도

와준 종중에서 들으면 뭐라 할까 크게 염려되기도 한다. 어쨌든 나 개인의 영달을 위함이 아니라 구국의 큰일을 하다 그렇게 되었으니 모두 큰 도량으로 이해해 주었으면 하는 마음만 간절하다.

귀국 후 석주 어른 삼년상을 치르기 위해 비록 허위지만 상청을 차려 놓고 조석으로 상식上食 올리고 곡하기를 삼 년 동안 계속했다. 그 삼 년 내내 일본 형사들이 와서 계속 상주하며 감시했다. 집 근처를 항시 배회하며 감시하니, 자유로이 출입도 못하고 드나드는 사람도 검문하니 가까운 친척도 찾아다니지 못했다.

일본 형사들이 집안 대소사에 사사건건 간섭하고 훼방 놓았다. 조상 산소의 비문(陶谷에 있는 석주 선생의 15대조 후릉참봉)에 단기檀紀로 연호를 적어 놓았다고 그 비석을 없애라고 성화를 부렸다. 할 수 없이 아버님께서 어느 날 사람을 시켜 그 비석의 단군기원 연월일 글자들을 쪼아 없앴는데 그 흔적은 아직도 남아 있다.

원망하는 이들도 있었으나 당시 위협적인 분위기에서는 도저히 어쩔 수 없었다. 심지어는 석주 어른 삼년상에 제문祭文까지 검열하여 자기네 마음대로 지우기도 했다. 그때 그런 짓을 했던 일본놈 앞잡이 형사가 나중에 참의원 선거에 후보로 나왔다. 참 한심한 일이 아닐 수 없다.

농사도 제대로 안된 데다가 일본 놈들이 어찌나 따라다니는지 귀찮아서 삼년상 마치자 산골로 한 삼십 리 더 들어가는 안동군 월곡면 도곡동으로 이사하기로 했다.

도곡으로 이사하던 해는 모심기 전에 심하게 가물었다. 임청각 바로 앞이 낙동강이고, 강 건너 둑 밑에 논 두 마지기, 그 위에 또 세 마지기 있었는데 물이 없어서 모를 못 심었다. 논이 바짝 말라 있어서 호미로 땅을 캐서 구멍을 뚫어 억지로 심었다. 그렇게 겨우 다 심고 나니 그 다음 날부터 열하루 동안 계속 비가 왔다. 장대 같은 비가 그치지도 않고 계속 오니 그 힘들게 심은 모도 다 떠내려가고 논 위에 배가 떠다녔다. 이것이 그 유명한 1934년 갑술년의 큰 수해이다.

안동읍 사람들이 전부 피신해서 높은 데로 찾아온 곳이 우리 임청각이다. 둑 위에 있으니 떠내려갈 염려는 없었으니까. 그리고 방이 수십 칸이나 되니 많은 사람들이 와도 괜찮았다. 한 달 동안 수재민이 임청각 안마루며 대청마루까지 다 차지하고 살았다. 물에 젖은 가재도구들도 끌어오고, 비료 부대와 쌀가마니들도 가져 올라왔으나 다 못 쓰게 되었다. 특히 흙탕물에 젖은 쌀은 며칠씩 우려내고 밥을 지었으나 풀어져서 먹을 수가 없었다. 중국 비단 상회 사람은 온 대청마루에 철사 줄을 쳐놓고 비단을 필째로 말렸다. 너도나도 수재민인지라 서로 도우며 한 달을 그렇게 북새통 속에서 지냈다.

시외종 동서가 우리 살림을 맡아 도와주었는데, 젖은 솜옷들은 모두 뜯어서 강에 나가 빨아 말리고 다시 바느질하느라 고생이 많았다.

언제 어디를 가나 먹는 일이 제일 큰 걱정이었다. 비는 계속 오지, 문상 손님들은 끊이지 않지, 만주에서 하던 일의 재탕이었다. 석주 어른 돌아가시고 한 달 미만에 나왔으니, 전국에서 문상 오는 손님들이 삼 년 동안 끊이지 않았다.

특히 소상, 대상, 제사 때는 손님 접대를 더 잘해야 했다. 기계국수를, 대구 가서 두 궤짝을 사오라 시켰다. 집에는 돈이 전혀 없으니, 제사 비용이고 손님 접대 비용이고 문중에서 대 주었다. 국수를 두 궤짝이나 사 와도 엄청 모자랐다. 사온 국수는 외부 손님 접대에 다 들어갔으므로 족친 손님은 밀가루에 콩가루 좀 넣어 가지고 손으로 반죽해서 칼국수를 해 드렸다.

입 구口 자로 된 뜰이 다섯이었는데 그때는 하동들, 노속들이 다섯 뜰에 꽉 들어차서 일을 했다. 큰일 치를 때는 동네 사람들도 다 와서 먹곤 하였다. 거지들도 몰려와 대청마당에 한 팔십 명 꽉 찼다. 점심이라 비빔밥을 가득 해서 돌리고 나면 적다고 더 내놓으라고 야단들이었다. 거지 단체에도 지도자급이 있어서 그 사람들에게 돈을 줘야 큰일 치르는 데 탈이 없었다.

이번에 이사 간 돗질이라고도 하는 월곡면 도곡동 마을은 산세도 좋고 농사도 잘되었다.(돗질 오기 직전에는 가뭄과 수해가 한꺼번에 닥쳐 농사를 실패했었다.) 이곳은 대대로 선영先塋과 재사齋舍가 있고, 정자며 누각도 있어서 석주 어른께서도 갑오 동학란 때 이리로 피난해 계셨다는 이야기를 들은 적이 있다. 우리가 임청각에서 사니까 임청각은 안동시내에 있어서 왜놈들이 하도 귀찮게 해서 그들을 피해서 깊은 골짜기로 간다고 돗질로 왔는데, 몇 해 안 있어 또 거기까지 찾아왔다.

8·15 해방이 되기까지 남편은 계속 상주 노릇을 해야 했다. 조부님, 조모님 돌아가시고 삼년상 중에 또 부친상, 모친상이 연이었으니 계속 상주였다. 상주인데도 십여 차례 끌려가 아무 근거 없이 서너 달씩, 어떤 때는 그보다 더 길게 갇혀 있었다.

당시 대구경찰서와 안동경찰서에는 '이대용(남편 이병화의 다른 이름)'의 방 한 칸이 따로 만들어져 있다고들 했다. 또 그때 소문으로는 이대용이 홍길동처럼 축지법을 쓴다고도 했다. 집에는 안 들어오고 온 천지를 다니니까 그런 소문이 난 모양이었다. 엊그제 서울서 봤다는 사람이 있는가 하면 바로 그날 경상도 상주 어디서 봤다는 사람도 있었다.

 돗질집 마당에는 정자가 하나 있었고, 작은집이 살던 가옥도 하나 있었다. 방 두 개에 부엌 하나인데 협소해서 우리가 가서 안채를 지었다. 종가라 손님은 계속 끊이지 않았고, 아침 저녁 상차림도 만만치 않았다. 방에 상 놓을 자리가 없으니 넓힐 수밖에 없었다.

 우리 산에서 나무를 베어다 지었다. 이백 원만 있으면 기와를 얹겠는데 그 돈이 없어서 초가집을 지었다. 당시 문중에서 이백 원을 주기는 했다. 그러나 그 돈은 토공과 목공들 공임을 주고 나니 없었다.

 종중에서 준 논 스물여덟 마지기를 작인들에게 맡겨 놓고 식량은 거기서 조달하였다. 넉넉하진 않으나 비교적 안정되어 다섯째 항증이와 여섯째 고명딸 혜정이도 낳고, 일곱째 범증이도 거기서 낳았다. 그러나 여전히 궁핍했고 어른 세 분은 노약하셔서 늘 편찮으셨다. 특히 어머님은 중풍에 걸려서 기동도 못하시고 누워서 앓는 소리가 끊이지 않았다. 그래서 보신하기 위해 늘 개고기를 잡수셨다. 한 달에 세 마리 이상 고아 잡수셨다. 쌀을 큰되로 한 말 반을 주면 개 한 마리와 바꿀 수 있었던 걸로 기억된다.

 늘 탕약 달이는 일과 개고기 고는 일에 매달려 있던 나는 내 아이들을 돌볼 겨를이 없었다. 장작불 때서 밥 짓고 반찬하고, 그 타다 남은 숯불을 화로에 옮겨 부채질해 가며 약을 달이고 개고기를 고았다. 그 때(1939년) 다섯째 아들 항증이를 낳은 지 한 달 조금 지났으나 어린 것 한 번 돌아볼 여유가 없었다. 마루 끝에 잠시 여유롭게 앉아 안아 볼 틈도 없었다. 어린것은 늘 애보는 애 등에 업혀서 에미 얼굴도 잘 모르는 채로 자랐다.

 아버님은 석주 어른께서 써 놓으신 글을 정리하는 작업에 몰두하셨

『소파유고(小坡遺稿)』 표지와 소파 연보. 1996년 석주이상룡기념사업회가 소파 이병화의 유고를 모아 펴낸 유고집. 이 유고집에는 글의 성격에 따라 시, 시조, 서(書), 잡저(雜著), 제문(祭文), 만사(輓詞) 등으로 나누어 일부 번역문과 함께 원문 그대로 실었다. 아울러 소파의 가계도와 김충섭의 서문, 소파 연보가 첨부되어있다.

다. 분실하지 않으려고 만주에서 귀국할 때도 가슴에 그것을 꼭 품고 오셨다. 여름 복중에 책을 품었으니 얼마나 고역이었겠는가. 귀국 즉시 그 일에 전념하셨다. 하중환 씨, 송기식 씨 등이 자주 찾아오셨다.

송기식 씨(호는 海窓)는 옛날 집에 와서 늘 글을 배우던 석주 어른의 제자다. 3·1운동 때는 안동유림 중에서 제일 먼저 만세를 불렀다. 또 조석구 씨도 자주 왕래하셨다. 이분들이 오시면 시회詩會를 열어 그동안 쌓인 회포와 울분을 시로 토해 내셨다. 돌아가신 어른의 글을 다시 읽으며 감회에 젖기도 했다. 여러 문인들과 자주 접촉하면서 시회를 연 것도 일본 경찰의 눈을 속이기 위해서였다. 고향에 와서도 늘 동지들과 연락하곤 했으니까.

허은 여사의 남편
소파 이병화(이상룡의 손자)

앞에서도 언급했지만 아버님께서 불철주야 애쓰신 덕분에 『석주유고』가 1973년에 빛을 보게 되었다. 한 장본藏本 여섯 권으로 고려대학교에서 축소 영인하여 발행하였다. 이제 한문본으로 된 이 책을 번역 출간하는 일만이 당면과제로 남아 있다. 그리고 아버님이 필사하신 그 원고도 고려대학교에 보관토록 하고 나니 영구히 미덥다. 사가에서 혹시 분실되거나 훼손되면 어쩌나 늘 걱정이었는데.

그후 남편은 온다 간다 말없이 어디론가 또 가 버렸다. 석 달이 되도록 소식이 없었다. 집안 친척들 간에는 또 만주로 갔다고 소문이 돌았다. 힐머님이 임종 직전에 애타게 손자의 이름을 부르며 기다리셨는데…….

결국 할머님 임종을 못하고 말았다. 어머님은 할머니가 하나밖에 없는 손자를 애타게 보고 싶어 하는 마음을 아는지라 귀에다 대고 "어맴요, 어떻든지 병화 오도록 기다리시소, 예? 기다리시이소" 하셨다. 그러나 그 손자를 못 보고 돌아가셨다. 임신년에 환국해서 계유년(1933년) 사월 열나흗날에 돌아가셨다. 아버님은 당신 부친 삼년상을 마치기도 전에 또 모친상을 당했으니 계속해서 베옷 입고 두건 쓰고 상주 노릇을 해야 했다. 모르는 사람이 혹 아버님 함자를 대며 "어느 분이시냐?"고 물으면 '늘 머리에 두건 쓰고 베옷 걸친 양반'이라고 가르쳐 주면 될 정도였다.

갑술년(1934년) 삼월이 되어서야 남편이 안동형무소에 있다는 소식을 들었다. 대구 간다고 나간 양반이 석 달이 지나도록 소식이 없으니, 문중에서는 또 만주 가서 늘 하던 그 일을 계속할 거라고들 했다. 나는 돈도 없이 나갔으니 만주에는 안 갔을 걸로 생각하였다. 그러면서 또 어디에 갇혀 있으니까 소식이 없는 것이라고 짐작하고 있었다.

그 당시에 낯선 사람들이 망태기 메고 낫 들고 꼴 뜯으러 근처에 자주 나타나곤 했다. 그들은 모두 일본 형사 아니면 형사 끄나풀이었다. 그런데 삼월 그믐께에 웬 낯선 사람이 꼴 뜯으러 집 앞까지 왔다. 일본 놈 앞잡이인 줄 알고 피했더니 가까이 와서 "안동형무소에 댁의 남편과 같이 있다가 나왔다"고 했다.

안동읍에서 농사짓는 사람인데 무고하게 끌려가 감옥 살았단다. 우리 집에 연락 좀 꼭 해 달라 해서 낫 들고 토끼풀 뜯으러 오는 것처럼 위장해 왔다고 했다.

그 소식 들고 나서도 두 달을 더 있다 오월에 남편이 출감했다. 집에 들어서는 양을 보니 혼자서는 바로 서 있지를 못했다. 좁은 감방 안에서 오랫동안 다리를 펴지도 못하고 쪼그리고 앉아 있어서 그렇게 된 것이었다. 물론 고문도 심하게 당했다고 하였다.

남편은 안동읍에서 십 리쯤 떨어진 일직이라는 데서 자동차 타고 가다 차 안에서 붙잡혔다고 했다. 차에 앉았는데 일본 순경이 와서 무조건 하이칼라 머리를 한 움큼 홱 낚아채니, 머리카락이 뭉텅이째로 뽑

히더란다.

출감 후에 보니 뽑힌 그 자리에 뱁새같이 허연 머리가 새로 나오고 있었다. 그러고도 2년 뒤 1935년에 또 어디에선지 이름은 잊었으나 옥살이를 했고, 1942년에는 황해도 겸이포형무소에서 징역살이를 했다.

1945년 음력 칠월 열이튿날, 해방되기 열흘 전인데 보리공출 때다. 남편이 동네 일가 이십여 호의 보리를 모아 강가에서 배에 실어 안동군에 바치려고 가다가 순경한테 붙잡혔다. 그리고는 해방 다음 날 풀려 나왔다. 해방이 되니 자연히 출감되었지, 뭐 딴 죄를 지었는가?

해방이 되니 너무 좋아서 남편이 일본인 경찰서장을 불러다 만세삼창을 시켰단다. 삼십육 년 동안 맺힌 한이 왜놈에게 '대한민국 만세' 한 번 억지로 부르게 한다고 풀릴 리 있겠는가마는, 그래도 해방된 게 너무 좋아 그렇게라도 하니 분하고 원통했던 심정이 반쯤은 풀린 것 같더라고 했다.

독립운동하러 다니고 감옥 들락거리느라 생계는 걱정조차 해 본 적이 없다. 윗대 어른들은 만주에서 활약하셨기에 옥살이는 안 하셨다. 그러나 남편은 귀국 후에도 감옥을 밥 먹듯이 드나들었다. 다 지난 일이라 이렇게 쉽게 얘기할 수 있지만, 그때는 어른들 모시고 수발드느라 내색도 못하였다. 걱정스럽고 안타깝기가 이루 말할 수 없으면서도 그저 이 세상에 없는 사람이거니 생각하며 살았다.

누가 묻길래, "오히려 요사이는 돈 잘 벌어 보태 준다"고 했다. 국가에서 독립유공자 연금이 나오니까 하는 소리다. 그 돈 모아 만주에서 어른들 유해 봉환하는 데도 좀 보태 썼다.

만주 망명 후 어찌된 셈인지 우리 가족 모두 호적이 말소되어 있었다. 다시 취적을 하는 데도 쉽지 않았다. 서울로 대구로 몇 번씩 봉투가 왔다 갔다 하더니 나중에 재판을 통해서 하기는 했다. 나이가 더러 차이가 나기도 했으나 그대로 끝내 버렸다.

해방 후의 만주 소식

만주에 갈 때 십여 호 친족이 같이 갔다가 난리 중에 소식도 못 듣고 왔는데, 오랜 시일이 지나서야 친정 사람들 소식도 혹 오가는 편에 들을 수 있었다.

시인 이육사가 북경에서 총살당했다는 소문은 한심통박하였다. 아직 젊은 나이에, 또 그렇게 꿈꾸고 바라던 조국 광복도 보지 못한 채……. 그러나 조국 광복의 간절한 소망을 시로 남겼으니 그나마 다행이다. 내 손녀가 읽어 준 육사의 시에는 그가 바라는 손님은 청포를 입고 찾아올 것이라고 하얀 모시수건을 은쟁반에 준비하라고 했다. 조국 광복을 얼마나 간절하고 애틋한 마음으로 기다렸을지를 나는 안다.

해방 이듬해 시월에 이육사의 동생들인 원일, 원조, 원창 삼형제가 내가 살고 있는 돗질에 들렀다. 묘사墓祀를 지내러 안동에 오는 길에 외사촌 누나인 날 보러 왔던 것이다.

"우리는 국수 좋아하는데 국수 좀 해 주시려는가?" 그들 중 누가 그랬다.

"국수 좋아하면 더 좋지. 반찬 따로 안 해도 되고."

대답해 놓고 밀가루 반죽해서 손으로 썰어 얼른 칼국수를 해 주었다. 한 그릇씩 먹고 더 먹는 걸 보고 어찌나 흐뭇했던지 모른다. 집 앞에 있는 정자에서 자고 아침에 일어나더니 벽계碧溪 소리 좋다고 찬사가 대단했다.

"원일이 너 거기서 시 하나 지어라" 했더니, 그렇잖아도 쓰려던 중이라 했다. 바위틈으로 졸졸 흐르는 도랑물이 큰 바위 석곽에 일단 고였다가 다시 떨어지는 그 석천石泉의 운치가 보통사람에게도 예사롭진 않았다.

육사 형제는 모두 여섯이다. 원기, 원삼, 원일, 원조, 원창, 원홍이다. 원삼이가 곧 육사인데, 아명은 원록이라고도 했다. 육사는 해방되기 얼마 전에 만주에서 돌아와 서울 들렀다 북경 갔다고 했다. 그 길로 붙잡혀 그 이듬해 사형당했다. 그가 바라던 청포 입은 손님도 맞이하지 못하고 마흔 살 나이에 아깝게 갔다.

원일이하고 남편하고는 동갑이라 집에 오면 늘 항렬 따지고 생일 따지며 서로 자기가 어른이라고 우기기도 했다. 고모(육사 어머니)가 안동으로 시집와 시어머니의 친정 질부가 된 때문에 양쪽으로 친척이라 항렬 따지기가 좀 복잡했다.

육사를 제외하고 다른 형제들 유해는 모두 자기 어머니, 즉 우리 고모님과 함께 미아리 공동묘지에 모셔졌다. 훗날 원기의 아들인 부산대학교 이동녕 교수가 고향인 원촌으로 다 이장했다. 육사의 유해만 북경에 홀로 남아 있는 셈이다.

또 큰집 식구들(왕산댁 직계 후손들)이 만주에 남아 있다가 적대국이 되는 바람에 목숨까지 잃었다니 그 원통한 마음 어찌 다 말할까? 그때는 누구네 집 할 것 없이 생활이 곤란했는데 큰집은 유독 절화지경絕火之境이 될 때가 많았다. 땟거리 없으니 부엌에 불기가 있을 리가 없었다. 친척 간에 먼 데는 돈으로, 가까운 데는 쌀로 성심껏 도와 돈독하고 화목한 정이 각별하였다.

　우리도 한 동네에 거주할 때는 농사에 협력하며 서로 도왔다. 그러다 오상현으로, 흑룡강 취원창으로, 산하둔으로 각각 흩어져 살게 된 후로는 서신만 왕래하다가 몇 차례 난리를 겪고 나서 소식이 끊어졌던 것이다.

　동삼성東三省이 일본에 함락되고 석주 어른도 돌아가시는 바람에 우리는 환국을 서둘렀었다. 십여 년 경과한 뒤에 중국에서 당숙의 서신을 받았다. 석주 어른 산소를 서란현 소과전자에서 하얼빈 취원창에다 산을 사서 이장을 한다고 했다. 하나, 자유 없는 공산권 세상이라 아무도 가지 못하고 표석만 해 놓았다는 것을 서신상으로 알고 있을 뿐이었다.

　그로부터 또 수년이 지나고 종조께서도 별세하셔서 형제분을 나란히 당숙(이광민)이 모셨다는 연락도 받았다. 당숙께서 마흔 전에 상배喪配하시고, 후취를 들이셨다 또 상처하시어 그곳에다 모시니 가족묘가 되었단다.

　3년 전 정부에서 거기 묻힌 분들 유해를 봉환해다가 대전 국립묘지에 잘 모셔 주었다. 불원간 영원히 가는 날만 기다리는 몸이지만, 유해나마 조국 품에 안겨 드리지 않으면 구천에서도 영령들을 못 볼 것 같았는데, 얼마나 다행한 일인지……. 1988년 올림픽 치르던 해에 일송(一松 김동삼)의 손자인 김중생 씨가 일시 귀국했을 때 석주 어른께서 취원창에 있다는 소식을 직접 듣고는 곧바로 보훈청에 연락하여 그렇게 일이 잘된 것이다.

　석주 어른 오촌 되시는 이승화, 이승희 형제분은 중공이 들어온 후 옥고를 치르다 돌아가셨다는 비보를 들었다. 사십여 년 파란을 겪으시다가 이 좋은 광복을 못 보시고 원통히 돌아가신 일 또한 통박痛迫하다.

자화 당숙도 취원창에서 해방을 맞이하고는 환국을 서둘렀는데 떠나오기 며칠 전에 갑자기 토혈을 하시고 돌아가셨단다. 석주 어른 살아 계실 때도 그림자처럼 모시면서 중요한 역할을 다 하시더니 사후에까지도 묘지이장 다 해 놓고 당신은 혼자 쓸쓸히 돌아가신 것이다.

그분께서는 1남 3녀를 두셨는데, 딸들은 중국에서 출가시켰다. 그 딸 중 한 분이 1989년에 내몽고에서 일시 귀국하기도 하였다. 독자인 석화는 결혼한 지 오륙 년 만에 첫 애를 낳았으나 실패를 하였다. 그후 그들은 조상님들과 부모님은 이역만리에 모셔 둔 채 광복된 그날에 환국하여 우리와 만났다. 산 사람은 반가이 만났으나 조상님께 대한 여한은 이루 다 말할 수 없었다. 그들은 난중亂中에 오다가 여비가 없어서 옷가지 팔아 압록강을 건넜다고 했다. 그래도 다행으로 그 아이 외택이 서울에 있어서 많은 혜택을 보면서 예닐곱 달 후에는 귀한 아들을 낳았다고 안동으로 기별을 보내 왔었다.

나는 그 소식을 듣고 그래도 아직 왕운旺運이 있다 싶어서 반가웠다. 또 그 외할머니께서 시골에서 농사지은 것을 가지각색 보내 주셨다 하니 그 고마운 마음 이루 다 말할 수 없었는데 큰애 네 살쯤 해서 또 아들을 낳았다 하니 얼마나 기쁘고 즐겁던지……. 생활난으로 애 아버지가 하얼빈공업대학을 나와 용산철도국 기술자로 일했는데 어느 날 흔적도 없이 사라졌다. 아무도 어디 갔는지 모르고, 지금까지도 소식이 없다. 소문만 무성했다. 큰애는 제 아버지와 손잡고 놀아보기도 했지만 작은애는 제 아버지와 안면도 없다. 작은애만 보면 그래서 더욱 안쓰럽고 또 대견하다.

이 작은애가 장성하여 항증이와 함께 3년 전 국가의 도움으로 하얼빈 취원창에 모신 증조할아버지와 자기 친할아버지 내외분과 대소가의 여러 어른들을 국립묘지로 옮기느라 애썼다. 그것을 보며 이 일이 천운天運의 순환인가 생각되었다. 그러나 그 아이 어머니 혼자서 고생하며 자식 교육시킨 일을 생각하면 항상 미안하고 고마운 말 필설로 다 못한다.

그 애들 아버지 석화가 환국할 그 당시 한국은 비록 통일은 이룩되지 않았으나 모든 사업이 제대로 되어 가 안정의 서광이 비치는 듯할 때였다. 그러나 취원창은 중공이 주둔하여 한국 사람은 한 명도 없다고 했다. 세월은 자꾸 흘러가는데 이역에서 유해도 못 모시고 어떡하나 하는 생각에 어찌나 안타까웠는지 모른다. 요새처럼 이렇게 좋은 세상이 올 줄 누가 알았는가? 지하에 계신 어른들도 만족스럽게 여기고 계시지 않을까 싶다.

오상현에서는 곡산(석주 어른의 사종숙)께서 사형을 당했다 한다. 곡산께서는 애국심이 너무 강직하시더니 결국 생명도 재산도 다 잃으셨다. 그 내외분은 중국에 입적하여 중화민국 국민이라는 증명이 되기 때문에 안전할 줄 알았는데 그렇게 되고 말았다. 우리가 환국길에 그 집에 들러 사흘 동안 쉬다 오던 그때, 억지로라도 같이 나왔으면 좋았을 것을 하는 때늦은 후회가 막심하다.

손중산孫中山 혁명(1911년에 일어난 중국 신해혁명) 후에는 얼마 동안 세상이 평온하더니 봉천성 장작림張作霖이 세상을 떠난 후엔 일본이 도리어 동삼성을 넘보게 되었다.

이것도 한국의 독립을 해치려는 간계로, 애국동포를 살해하거나 투옥하여 많은 사람이 희생되었다 한다. 할머님 백남(친정 오빠)이신 백하_{白下} 김대락_{金大洛}⁴¹ 선생님은 독립운동에 많은 노력을 기울이시다가 연만하셔서 유하현 삼원포에서 별세하셨다. 그 자제 월송_{月松} 김형식_{金衡植}께서는 상해 국민대표로 갔다 돌아오신 후 길림성 강밀봉에서도 많은 활약을 하셨는데, 광복 후에는 평양까지 오셨다는 말만 듣고 그후로는 소식을 모른다. 아마도 평양에 들어갔으면 북한 공산 치하에서 고생만 하다 원통히 돌아가셨을 것이다.

석오 이동녕 씨는 1940년 3월에 병사하셨다고 했다. 만주와 중국에서 독립운동의 중추적 역할을 담당하셨으며, 김구 선생과 함께 임시정부를 위해 활약이 대단했었는데, 그런 분이 별세하셨다니 큰 손실이 아닐 수 없었다. 오상현에서는 두 집, 곡산과 당숙이 참변을 당한 것이다. 산 사람은 환국하여 이제 겨우 안정이 되었고, 윗대 어른들 몇 분은 국가의 배려로 국립묘지에 안장되었다. 그러나 아직도 오지 못한 이역의 원통한 영령들이 평화통일이 되어 모두 돌아오실 수 있기를 간절히 바랄 뿐이다.

시아버님의 자결

1942년 9월 초이틀날, 존구_{尊舅} 이준형_{李濬衡}⁴²께서는 예순일곱을 일기

---

41 김대락(金大洛 ; 1845-1914) 독립운동가. 안동 출생. 호는 백하(白下). 1990년 건국훈장 애족장 추서. 출전 : 『독립유공자공훈록』(국가보훈처)
42 이준형(李濬衡 ; 1875-1942) 독립운동가. 안동 출생. 석주 이상룡의 아들. 자는 문극(文極) 호는 동구(東邱). 1942년 일제의 탄압에 항거 "일제하에 하루를 더 사는 것은 하루의 수치만 늘어난다"고 유서를 쓰고 자결함. 1990년 건국훈장 애국장 추서. 출전 : 『독립유공자공훈록』(국가보훈처)
다음 페이지의 이준형 사진은 실제 사진이 아니라 컴퓨터 합성사진이다. 동구 선생 생전에 초상화나

이준형(이상룡의 장남)

동구 이준형의 피 묻은 유서. 지금은 한국학 중앙연구원에 기탁되어 있다.

로 스스로 생을 마감하셨다. 남편은 만주에 가고 없을 때였다. 아들을 만주에 보내 놓고는 하나밖에 없는 자식 감옥 가는 꼴 또 보게 되었다면서 매일 밤을 주무시지도 않고 들락날락하셨다.

시국은 당신 뜻대로 되지 않고 오히려 일본은 점점 득세하여 동남아를 자꾸 점령해 가니, 독립의 희망은 희박해졌다고 판단하셨던 것 같다. 싱가포르, 말레이시아, 버마(미얀마)에 있는 영국 세력을 일본이 몰아냈다는 소식을 듣고는 절망이라고 생각하신 것이다.

아들 보내고 보름 만에 그랬다. 석주 어른의 유고 정리를 마무리해 놓

사진을 전혀 남기지 않았다.

대전 현충원에 있는 동구 이준형의 묘   1990년 애국장 추서

고 목의 동맥을 자르고 유명을 달리하는 길을 택하셨다. 참 비장한 내용의 유서를 남기셨다. 그 피 묻은 유서가 얼마 전까지도 집에 있었다.

임절운臨絶運

솔잎을 썰어 먹고 곡식을 먹지 않으려 하는데	切含松葉欲休糧
내 평생 회고하니 감개가 무량하다	拊念生平憾慨長
부족한 자질로 큰 은혜 저버린 것 한탄하고	悔恨踈材違大庇
몸이 병드니 깊이 숨는 것 배우네	慢將病軀學深藏
하늘은 근역에 봄 돌아오게 하려는 마음 멀었고	天心尙遠春回槿
시세는 상전벽해 변하는 운수 마침내 보겠네	時運終看海變桑
귀머거리 벙어리로 구차하게 사는 것 도리어 가소롭구나	聾啞苟存還可笑
내 아버님 모시러 하늘나라에 가련다.	願隨吾父侍雲間

권오봉權五鳳은 만사輓詞에서 다음과 같이 읊었다.

머리 위에 하늘 있어 군부가 계시는데	頭上有天君父在
인간 세상 이 땅에는 이름 묻을 곳도 없구나	人間無地姓名藏
갑자기 하루저녁에 누구를 위해 떠났던가	悠然一夕爲誰去
만고토록 해와 별처럼 온누리 밝혀주리	萬古日星明闊

권오봉의 만사 등 일백여 편의 만제문輓祭文이 하나같이 동구東邱 부자의 충효를 찬양하는 것이었다.

이 유고시와 함께 "아이가 오거든, 나는 아무에게도 원망 없고 감정 없으니 누구도 원망 말라고 하라"는 것과, "원컨대 아버지를 뒤쫓아 가서 하늘나라에서 모시고 나라를 지키겠다. 그리고 오래 끌지 말고 빨리 날을 받아 장사 지내라"고 적혀 있었다.

그래서 오일장을 하기로 했다. 원래 우리 문중 풍습은 종손의 경우 아무리 급해도 구일장은 지내므로 종중에서는 양반 가문에서 그럴 수 없다고 원망하였지만, 당신이 원하신 대로 해 드렸다. 당신께서 아무도 원망 않겠다고 하셨으니까…….

나는 그날 너무나 혼미하여 갑자기 목이 꽉 잠겨서 말소리가 전혀 안 나왔다. 모인 사람들이 계란에 식초를 타서 목에 떠 넣어 주기도 했으나 말이 나오지를 않았다.

얼마나 놀라고 당황했던지 지금도 그 생각만 하면 벌벌 떨리고 말이 잘 안 나온다. 장사를 치러야 하는데 그렇게 되었으니 참 답답할 노릇이었다.

시아버님이 돌아가시던 날, 그날은 내가 뒷산에 널어놓았던 깨를 털고 있었는데 '학'이라는 소 먹이는 아이가 뛰어와 얼른 내려와 보라고 화급히 굴었다.

 아침 일찍부터 보리방아 찧어 놓고 아버님께서 잘 잡수시는 반찬도 만들어 드렸다. 옆집에서 무를 몇 개 주기에 그걸 간장에 멸치 넣고 푸욱 쪄서 무찜을 해 놓고는 비오기 전에 깨 터느라 홑이불 펴 놓고 혼자서 종종거렸다. 맏며느리도 한집에 살 때였다.

 도중이 열일곱 살 났을 때 장가 안 가려는 것을 억지로 장가 들였는데, 그 큰아기는 편안하고 여유 있는 가정에서 자라서 일은 통 할 줄 몰랐다. 조석 때가 되어도 밥할 생각을 못했다. 디딜방아에 보리를 넣고 물을 줘 가며 쓸어 넣고 찧어서 푹 삶아 밥을 짓는, 그런 일을 못했다. 방에 앉아서 바느질을 하라면 그건 잘했다. 그해는 날이 가물어서 나물이 귀했다. 짬짬이 나물도 뜯어 말려야 하는데 그 일도 내 차지였다.

 학이가 다급히 부르는 소리를 듣고 내려가 보니 어머니가 마루 끝에 앉아서 "정자에 좀 가 봐라. 한번 들어가더니 소식이 없다"고 하셨다. 몇 해째 중풍으로 몸을 못 가누시는 어머니가 애가 타게 말씀하셨다. 이웃에 사는 먼 일가 어른이 와서 동무해 드리곤 했는데, 그날도 그 어른이 와서 문을 열려는데 안 열린다고 해서 어머님이 그렇게 걱정하고 계셨다.

 뛰어가 보니 문을 안으로 꼭 걸어 잠궈 놓은 채 기척이 없었다. 아무리 해도 안 열렸다. 건너 사는 친척을 오시라 해서 장도리, 칼 등으로 억지로 뜯고 들어갔다. 피가 세수대야로 퍼다 부은 것같이 방으로 하나 가득했고, 유서가 옆에 펼쳐져 있었다. 목에서 피가 흥건히 흘러나오고 있었는데 유서가 피에 벌겋게 젖어 있었다. 소식을 듣고 동네 일가가 다 놀라서 달려왔다. 여럿이 달려들어 홑이불로 쌌다. 조심스럽게 둘러메고 안사랑으로 모셔다 눕혔다.

그토록 소원하시던 조국의 독립도 못 보신 채, 외아들의 행방도 모르신 채 절망과 좌절에서 헤어나지 못하시고 스스로 한 많은 삶을 끝내신 것이다.

안동으로 전보 치고 만주 하얼빈으로, 오상현으로 전보를 쳤다. 부친의 죽음도 모르고 있을 남편한테 알리는 일이 우선 급했다. 어디 있는지를 모르니까 사방 여기저기 전보만 쳐댄 것이다.

어디서 받아 보았는지 안동에 도착했다는 소식이 왔다. 차에서 내리는데도 전보가 연방 자기 손에 들어오더란다. 옥살이할 때의 고문 때문에 걸음을 잘 못 걸으니 미리 가마를 준비하고 교군 들려서 안동역에 내보냈다.

돌아가신 지 나흘이나 지나고서야 도착했다. 유언에 빨리 장사 지내라 해서 오일 만에 막 장례 지내려는 참이었다. 자칫했으면 집상執喪도 못할 뻔했다.

아버님은 혜정이 낳았을 때 무척 좋아하셨다. 매일 그 애를 안고 "남들 모두 딸이라 하지만, 나는 '요년' 소리가 안 나오고 '요놈' 소리만 나온다"고 귀여워하시던 모습이 지금도 눈에 선하다. 평소에 "아들 일곱 채우고 딸 낳아야지" 하시면 일가들이 "어른, 욕심도 많으시다"고 하곤 했다. 그런데 그 말씀대로 거의 되었다.

석주 어른 당신께서도 객지에 떠돌다 대가 끊어질까봐 염려하셨고, 당대에도 외아들만 보았으니 자식 해갈은 하셨다. 일곱째 범증이 태어난 것을 못 보신 것이 섭섭할 뿐이다.

그때 큰아들 도증이는 열일곱 살에 억지로 장가를 갔으나 할 일이 없었다. 학교 가기 위해 중학교에 원서를 넣어도 합격을 안 시켜 주는 모양이었다. 안동에서도 안 되고 서울에서도 안 되었다. 항일분자라고 아예 입학을 안 시켜 주었다. 하도 안타까워 만주에 계신 당숙(이광민)께 편지로 이 문제를 의논했더니, 그리로 보내라는 답이 왔다.

그래서 자기댁은 친정으로 보내고 혼자서 다시 만주로 들어가 하얼빈 제3중학교 다녀서 졸업했다. 학교 졸업하고는 '합작사'라는, 뭐 배급 주는 회사라던가 하는 데에 취직해서 좀 있었다.

해방되었단 소식 듣고 그해 팔월 추석에 압록강 철교를 건너 한국에 들어왔다. 너무나 기뻐서 압록강 물 바라보며 시도 지어 왔다고 했다. 해방이 되고 도증이가 귀국길에 압록강 철교를 건널 때가 추석날 저녁이었다고 한다. 당나라 시인 송지문宋之問의 시를 생각하고 "다리 위에서 추석을 만났는데, 개 보름달 쳐다보는 것 같다"고 지었다고 한다. 경상도 안동 지역에는 얼마 전까지 정월 보름달에 개를 굶기는 전통이 있었다. 주리면서 건너오니 그런 생각이 났나 보다고 일행 중 김대황金大晃, 김시항金時恒 씨가 증언해 주었는데, 한 구절만 희미하게 기억나고 다음 구절은 잊었다고 한다.

"교상봉추석橋上逢秋夕하니 여관견망월如觀犬望月이라."

그동안 몸이 많이 허약해졌는지 귀국해서는 별 활동도 못하고 시름시름 앓았다. 그러다가 4년 후에 세상을 떴다.

시어머님의 운명과 해방의 감격

다섯째 항증이를 동짓달 보름에 낳았는데, 그 이듬해 정월 열하룻날이었다. 어머니께서는 빨래해 놓은 것 한 광주리를 앞에 놓고 물 뿜으면서 개고 계셨다. 그러다 갑자기 손이 뻣뻣하다고 하시더니 그 길로 마비가 왔다. 결국 시어머니는 중풍으로 오 년 육 개월 동안 고생하시다 돌아가셨다. 1944년 5월이었다. 걷지도 못하시고 매일 마루 끝에 앉아 지내셨었다. 시부모님 내외는 동갑인데 시아버님 돌아가셨을 때 "이 병신 남겨 두고 먼저 갔다"고, "그럴 줄 몰랐다"고 통곡하시더니 2년 후에 뒤따라가신 것이다.

앞에서도 잠시 얘기했듯이 나는 의사 모셔와야지, 개 잡아 고아야지, 조석 수발해 드려야지, 잠시도 앉아 볼 여가가 없었다. 태어난 지 두 달도 안 된 아기를 제대로 쳐다 볼 새도 없이 동동거렸다. 애 보는 아이 하나 구해서 업혀 놓고는 그만이었다. 내 아이는 밥을 먹는지 바람을 맞는지 뒷전이었다. 그래도 그애가 보채지 않고 순하더니 지금은 오십 대 중반을 넘긴 중년이 되어 있다. 지금도 말수가 아주 적고 무난한 성격이다. 재작년에 만주에 가서 할아버지들 유해를 직접 봉송해 왔다. 다들 살아 계셨으면 얼마나 기특해하실지 모를 일이다.

원래 어머님은 만주 있을 때부터 병치레가 잦았다. 처음 시집오니까 할머님께서 당신 자부 병치레에 혼이 나셨던지 나에게, "아가, 나이 어려 아무것도 할 줄 몰라도 '아프다' 소리 안 하면 내 뺨을 쳐도 암 말도 안 하마" 하셨었다.

할머님은 아프다는 말씀이 별로 없으셨다. 어릴 때 장질부사(장티푸스)에서 살아났기 때문에 한평생 병이 없다고 하셨다. "절대 나 때문에 새 불 일으켜 죽 쑤지 마라"고 늘 말씀하셨다. 그러고 보면 나도 어릴 때 만주에 가자마자 열병을 죽도록 앓았기 때문에 큰 질병 없이 그 험한 고생을 견뎌냈는지 모른다.

어머님 임종은 다행히 아들이 지켜봤다. 늘 집을 나가 있기 일쑤였고 소식은 막연했었는데, 그때는 집에 있어서 참 다행이었다. 바람 타고 들려오는 소식이라고는 맨 '신의주에서 붙들려 갔다'거나 '집으로 오다가 붙잡혀 어디 감옥에 있다'는 소식뿐이었다. 몇 번을 감옥에 들어갔다 나왔다 했는지 정확히 알 수도 없다. 해방 무렵에는 잠깐 얼굴 보이곤 또 나갔다. 서울로 갔을 거라고들 했다. 해방이 되어도 그 나름대로 서울에서 할 일이 있겠지 생각했다.

해방되던 날 저녁 무렵, 월곡면 박순경이 나타났다. 월곡면에는 박순경하고 예순경하고 둘이 있었다. 보통 때 같으면 얼굴이 울그락불그락 험상궂은 꼴로 나타나는데, 그날은 나한테 얌전히 다가와서는 "해방이 되었습니다"라고 말했다. 이 짧은 말 한마디가 하도 뜻밖이라 "엇?" 하고 한참을 생각하다가 알아챘다. 범증이를 들쳐 업었다. 애를 업고 한달음에 일가친척 중 제일 어른한테로 달려갔다. "해방됐다아? 해방이……"라고 중얼거리면서 정신없이 쫓아갔다.

"할아뱀요, 독립됐답니더. 독립요!"

"어른들 다 구천에 계시니, 이 소식을 어데다 전해야 할까요?"

이 말만 겨우 하고는 눈물이 막 쏟아졌다. 한참을 울었다. 온 동네에 소식이 순식간에 퍼지자 동장을 비롯한 마을 사람들이 길로 다 나왔다. 실같이 좁은 길인데 밤새도록 길거리에 웅성대는 소리가 끊이지 않았다. 모두들 그렇게 좋아할 수가 없었다. 아마 집에 앉아 있는 사람은 아무도 없었을 것이다.

돌아가신 어른들이 해방의 이 기쁜 소식을 못 듣는 것이 못내 안타까웠다. 오로지 이날을 위해 온 일가가 고군분투하며 살아왔는데……. 특히 해방될 가능성이 영영 없어 보인다고 비관하여 스스로 목숨을 끊으신 아버님 생각에 목이 메었다. 한 삼 년만 더 참으셨더라면 이렇게 한스럽지는 않을 텐데…….

병술년(1946년) 칠월에는 웬 여자가 여섯 살쯤 된 계집아이를 하나 데리고 만삭이 된 배를 안고 왔다. 남편을 찾는 거였다. 기가 찼다. 나도 소식 모른 지 오래니, 이녁이 어디든지 가서 찾거든 같이 살라고 했다. 말은 그리 해 놓고 얼른 집으로 끌어들였다.

서울로 안동으로 친척들 집에 기별을 했더니 안동읍으로 보내라는 연락이 왔다. 우리 집에 나락 찧어서 갖다 주곤 하는 안동 창숙이네로 보냈다. 만삭인 몸으로 그 삼십 리 밤길을 어떻게 갔는지, 거기서 다음 날 딸아이 낳았다. 남편은 안동에 와서 해산하는 것만 보고 또 어디론가 가 버렸단다.

애기 낳은 지 며칠 뒤에 다시 우리 사는 도곡동으로 모녀가 왔다. 어떻게 해 주긴 해야겠는데 돈이 없으니 막연할 수밖에 없었다. 마침 정축년 절사節祀 지낸 후 남았던 잔대盞臺 둘하고 밭떼기 일부를 팔아서 천오백 원을 만들었다.

삼 대 이상 그 윗대 안 지내도 될 제사들을 정리하여 마지막 절사를 지내고 보니 잔대가 둘 남고, 그에 따른 위토도 좀 남게 된 거였다. 그것 판 돈으로 명주 한 필, 무명 한 필, 치마저고리 한 벌 바꿔주고 돈 좀 주어서 어디든지 갈 데 있으면 가라고 보냈다. 그녀는 애기 백일 무렵 떠났다. 애기가 눈에 밟혀 발길이 안 떨어졌을 텐데 어떻게 떠날 결심을 했을까?

두고 간 애기는, 설탕도 우유도 없던 시절이라 동네 애기 엄마들 밥해서 대접해 가며 동냥젖을 얻어 먹였다. 일곱 달이 되도록 잘 자랐는데 정월 열나흗날에 죽었다. 감기로 기침을 자꾸 하더니 점점 가망이 없어 보였다. 그래도 이씨 가문의 종가 손녀인데 소홀히 할 수 없다는 생각이 들었다. 사람 시켜 문중 사람들 다 모이게 했다. 촛불이 가물거리는 방 안에 가득 앉아 지켜보는 가운데 애기는 조용히 숨을 거두었다. 지금 살았으면 쉰 살이다. 설탕이나 우유라도 있었으면 살릴 수 있지 않았을까 하는 아까운 생각이 들 때가 가끔 있다.

남편은 한때 잠깐 안동에 있었다. 당시는 시절이 혼란할 때라 무정부 상태나 같았다. 안동 유지들이 질서를 잡기 위해 치안유지대를 조직하여 그 위원장에 추대했다. 그때는 우익, 좌익 단합하여 치안유지대를 만들었는데, 만주에서 항일운동하던 분이라고 좌우익 구애받지 않았던 것 같다. 얼마간 활동하니 거기서 우익 인사들이 자꾸 탈퇴해 나갔다. 그 단체는 점점 좌경화되어서 건국준비위원회 쪽으로 기울었다. 그러다 미군정이 수립되었다. 치안유지대가 필요 없게 되었다. 그렇게 되니까 혼자 서울로 가서 활동을 했다.

그런데 그 무렵에 친구분이, 아무도 없이 혼자 그렇게 살아서는 활동에도 지장이 있다면서 여자를 구해 준 것이었다. 여자가 비교적 순하고 괜찮았다. 배가 그렇게 불러 가지고도 내가 방아 찧으면 같이 거들고 마루 걸레질도 했다. 그후에도 안동에 몇 번 다니러 왔었다.

서울에 간 남편은 그 뒤로 종내 소식이 없었다. 다섯째 아들 항증이가 요새 와서 하는 말이, 아버지는 해방 후 안동에 돌아와 보니 자신이 유림의 종손으로 지내기가 적절치 않다는 걸 느끼고 고향을 떠나 서울에 가서 있었을 거라고 한다. 시대를 앞서간 개혁적 유림이라 옛날 양반처럼 고향이나 지키고 앉아 있을 수가 없었을 것이라고 한다.

해방 직후 좌우 노선이 혼란하던 때에 좌익으로 몰려 1946년에 봉화 청량산에 피해 있었던 적이 있다. 거기 우리 선대(석주 부친) 산소가 있는데 그 아랫마을에 살던 한유회라는 산지기네 집에서 며칠 자고 갔다고 한다.

당시에 지은 시를 보면 그런 것 같다. 이 시는 대구에서 한약방을 하던 족친 친구인 간산艮山 이수기李守基 옹이 적어 두었다가 이십오 년 만에 항증이에게 준 것이다.

등청량산登淸凉山

다시 청량산에 당도하니 구월 가을이로고	重到淸凉九月秋
강물 따라 골짜기 밖에서는 비상이 걸렸구나	水伴鍾聲谷外流
오산당에 오르니 당은 고요한데 책들만 쌓여 있고	登堂堂寂遺書滿
김생굴에 이르니 굴은 비었는데 낙엽만 시름겹네	臨窟窟虛落葉愁

시를 짓는 것은 많이 보았는데 남아 있는 것은 없다. 하도 소식이 없어 할 수 없이 대구로, 서울로 무작정 편지를 띄웠다. 어떻게 연락이 간 모양인지 서울로 모두 이사 오라는 연락이 왔다.

토지도 팔고 집도 팔고 해서 1947년에 완전히 서울로 이사를 했다. 덩치 큰 것들은 화물로 부치고, 옷가지와 이불 그리고 재봉틀을 챙겨서 열 식구가 안동에서 청량리행 기차를 탔다. 막내 범증이가 네 살이었는데 굴을 지날 때마다 하나 둘 셋…… 하고 세다가 마흔일곱…… 하고는 잠이 들었다. 잠든 어린것을 내려다보니 삼십 년 전 만주로 떠날 때의 내 모습을 보는 듯 했다.

서울에 떨어지자 우선 본정통(지금의 충무로)에 살고 있는 법이(친정 조카)네로 가서, 조석은 따로 해 먹으며 한 달 동안 얹혀 살았다. 그때 북창동에는 친정 부모님과 숙부네가 살고 계셨다.

이사 후 인사드리러 갔다. 이삿짐 내려놓을 때 재봉틀이 '빠작' 하고 부서지는 소리가 내 뼈 부서지는 것보다 더 아프더라고 했더니 숙부(허규)께서 "천하의 못난 것, 그 까짓 재봉틀이 뭔데 네 뼈 부러지는 거에 비교하냐?"고 나무라셨다. 그 어른 아니시면 누가 나를 그렇게 나무랄 수 있을까 생각하니 속으로 고마웠다.

그 어른은 가족들을 놔둔 채 혼자 만주에 가셔서 항일투쟁을 하시다 근 이십 년 가까이 옥살이를 하셨다. 해방되기 2년 전에야 홍천형무소에서 나오셨다. 독립운동의 중추 인물이셨고, 미군정 때는 입법위원에 추대되었다. 입법위원은 반은 관선이고 반은 민선인데, 숙부님은 관선이었다.

당시 그 어른은 "남북한 통일정부가 되어야 한다. 나는 그 어떤 자리도 원하지 않는다. 나 죽은 후에도 '시인 허아무개'라는 이름으로 남기를 원한다"고 하시던 말씀이 귀에 생생하다.

숙부는 서예를 좋아하고 시 짓기를 좋아해서 시회를 자주 가졌다. 삼사십 명 되는 사람들이 모여 시회를 열면 안사람들은 음식 준비하느라 사뭇 바쁘다. 시회 열리는 날은 잔칫집 같다. 넉넉하지 못해서 그렇지 어머니와 숙모님도 신이 나서 음식을 장만하셨던 것 같다. 시 짓기도 즐겼지만 시회는 지하활동을 위장하기 위한 모임이었다. 여운형 씨도 자주 참석하였는데, 한문학으로 도저히 숙부님을 못 따라가겠다고 하면서 숙부님을 존경한다고 했다.

숙부와 여운형 씨가 친하게 된 것은 옥살이할 때라고 들었다. 해방되기 얼마 전인데 만주에서 성산 어른(오태 할아버지)이 군자금 관계로 국내로 잠입해 온 적이 있었다. 숙부가 그 자금을 마련하기 위해 당시 '조고약'으로 환부 치료제를 만들어 돈을 많이 번 사람 집에 가서 독립자금을 요구했다. 그 집주인이 두말 않고 "훌륭한 일 하신다"면서 큰돈을 선뜻 내주었다. 그러나 운이 나빴는지 그만 가두에서 동대문경찰서 고등계 형사에게 붙들리고 말았다. 붙잡히고 나서 조고약 집에서 돈 주었단 말을 할 수 없으니, 당신이 복면강도를 했다고 거짓으로 자백했다. 그런데 이때 정 모라는 작자가 군수 자리를 탐내 밀고를 했기 때문이라는 것을 아는 사람들은 다 안다.

숙부는 경찰서 안에서도 "너희 일본 놈들 것 안 먹는다"고 일주일이나 절식을 했다. 감옥으로 옮겨 가서는 거꾸로 매달아 놓고 코에다 설렁탕 국물을 퍼부어 넣으니 실신할 수밖에. 그때 그 안에 먼저 잡혀와 있던 여운형 씨가 그 광경을 보고 감동받아 당신 식구들이 넣어 준 음식이며 인삼, 보약 등을 먹이고 구완해 주었다. 그리하여 두 분은 절친한 사이가 되고 동지가 되었다.

본정통 친정에서 한 달 살고는 장충단 어디에 있는 안동 사람 친지 댁으로 갔다. 거기서 한 달 지내다가 남영동에 집을 하나 샀다. 적산가옥인데 방도 크고 주변 환경도 괜찮았다. 나는 뭣을 좀더 챙겨올 게 있어서 안동에 다시 갔다 와 보니 주인인 우리가 입주도 하지 않은 집에 다른 사람이 살고 있었다. 큰 올케가 자기 친정 동생네를 이사시켜 놓았던 것이다. 온돌인 안방은 그쪽에서 차지하고, 아픈 우리 큰아들(도증)은 다다미방에 누워 있었다. 가스로 밥해 먹게 되어 있는 다리미같이 생긴 기구도 그쪽에서 사용하고 있었다.

이때는 도증이가 병이 깊어 운신도 못할 때였다. 남편은 또 어디서 붙잡혔는지 전주형무소에서 데려가란 소식이 왔다. 아픈 아들을 눕혀 놓은 채 전주에 가서 모시고 왔다. 그런데 남편이 오더니 "우리가 일본 놈이 살던 집을 사게 됐냐?"며 적산가옥을 샀다고 원망했다. 그 시절엔 일본 놈들 버리고 간 적산가옥을 국가에서 몰수해서 독립유공자들에게 분배해 주기도 했는데……. 적산가옥이라고 원망하는 소리도 들기 싫어 그 집을 팔아 버렸다.

 다시 공덕동에 있는 문화주택을 사십팔만 원 주고 하나 샀다. 마당도 넓고, 방문에 달린 유리도 근사한 방이 네 개나 되는 집이었다. 모처럼 내 집에서 안정되게 살았다.

 그러나 그것도 잠깐이었다. 그 이듬해 4월에 웬 사람이 집 임자라면서 집 보러 왔다고 나타났다. 자기가 이번에 새로 샀단다. 어찌된 영문인지 모르는 우리는 기가 찼다. 집 사는 심부름을 해 준 생질이 집문서를 가지고 오는 도중에 볼 일이 있어서 어디에 맡겨 놓았는데 그 집에서 그것을 가지고 또 팔아 버린 것이다. 집은 문서가 말하지 건물이 말하는 것이 아니라는 것을 그제서야 깨달았다. 허망했지만 조카가 한 실수라 어쩔 수 없이 집을 비워 주었다. 거기서 큰아들이 세상을 떴기 때문에 더 살고 싶은 마음도 없었다.

 살림살이며 가재도구는 북창동 친정에 잠시 맡겨 놓기로 했다. 일창약국 3층에다 혼자서 그걸 다 옮기느라 고생했다. 머리에 한 가지씩 이고 몇 번에 걸쳐 다 날랐다. 그래 놓고 또 안동에 가서 나머지 토지 팔아서 한 이십만 원 만들어 청파동 뒤의 적산가옥에 세를 얻었다.

 그때는 안동에서 농사지은 것이 있어서 쌀도 열댓 가마 갖다 놓고 먹었다. 옛말에 행실 나쁜 사람보고 "네 계집 자랑 말아라. 내 정지(부엌) 삼 년 밟아 갔다"고 한다는 말이 있다. 누가 그랬는지 쌀이 마구 축났다. 한집에 사는 사람도 그랬을 것이고, 드나드는 친척도 그랬을 것이나 말할 수는 없었다. 수월찮게 축났다. 그래도 양식 걱정 안 하는 것만 다행으로 여겼다.

 그 집은 비가 많이 오면 하수구가 역류해서 오물이 안방에까지 철철 넘어 들어왔다. 6·25 전의 서울은 도로, 하수구 사정이 형편없었다. 할 수 없이 전세 이십만 원을 빼서 도화동 산꼭대기에 집을 샀다. 지금 전도관 위쪽께인데, 앞으로 한강이 보이고 동쪽으로 용산이 환하게 내려다보이는 언덕에 위치했다. 높은 곳에 자리 잡은 덕에 6·25 때는 한강다리가 폭격 맞는 것도 안방에 앉아서 목격할 수 있었다.

그후 또 왕십리로 이사했다. 피난 행렬이 줄지어 떠나가는 것을 보면서도 시국이 어떻게 될지 몰라 그냥 집 안에서 꼼짝 않고 지냈다.

6·25가 나자 남편은 집안의 주손主孫이 고향을 지키지 않으면 안 된다고 둘째 세증이를 먼저 안동에 가 있으라고 지시하고 약간의 여비를 주었다. 그때 세증이가 스물한 살이었는데 그후로 소식이 없다. 그날 저녁 부자간에 오고간 이야기는 너무도 의미심장하여 말로 표현할 길이 없다.

지난날 신해년(1911년) 초, 만주 망명시에 석주 어른께서 임청각 종손 대행으로 조카(이형국)를 명하고 떠났던 일을 재현하는 것 같아 가슴이 저려왔다. 그 조카님은 종손의 도리를 다하기 위해 자기 부모형제가 다 기독교 교인이 됐는데도 자기는 예수 믿지 않고 유교 가문의 전통을 이어갔다.

세증이는 법흥에서 보통학교를 졸업하고 안동농림학교에 원서를 넣었으나 떨어졌다. 일본 순경네 아들한테 밀려서 그랬다는 소문이 돌았다. 모르긴 해도 아마 일부러 떨어뜨리는 거지 싶었다. 할 수 없이 서울 가서 남대문에서 영수학원 몇 년 다녀서 수료했다. 그리고는 직장 구하러 여기저기 다니다가 6·25가 터졌다.

맏이가 죽고 없으니 형 대신 주손 노릇하러 안동에 가라는 아버지의 지시를 받고 가다가 길에서 의용군에게 붙들렸다. 종로경찰서에서 훈련받고 있다고 면회 오라는 연락을 받았다. 면회하러 나섰으나 폭격이 너무 심해서 더 이상 갈 수가 없었다. 누군지도 모르는 사람이 웬 집으로 다 피신하라고 몰아넣었다. 여자들이 방에 이불 덮고 숨어 있으면서 들어오라 했다. 더울 땐데 어디서 났는지 이불속으로 바람이 들어오도록 선풍기를 틀어 놨다. 거기서 잠깐 피했다가 가니까 이미 면회시간이 지났다고 못 만나게 했다. 그후로 소식이 없다. 종가의 주손 자리를 지키라고 고향 안동으로 보낸 것이 그만 생이별의 길로 보낸 것이 되고 말았다. 남북 이산가족들 상봉하는 장면이 가끔 텔레비전에 나올 때면 나는 아예 눈을 감아 버린다.

그로부터 십 년쯤 뒤에 맏며느리가 친정인 봉화에 초상이 나서 갔다가 영주 안정에 사는 세증이 동창인 배씨를 만났다. 6·25전쟁이 한창일 때 세증이가 인민군 장교복 차림으로 안정 배씨 집에 들렀더란다. 부대가 그 앞을 지나가는 길이라 들렀는데 집에 안부나 좀 전해 달라고 부탁하더란다. 그런데 그 부대가 낙동강 전투에서 전멸했다고 한다. 나는 그래도 그 말을 믿지 않는다. 아직도 북녘 어디에선가 예순일곱의 중늙은이가 되어 에미 안부를 기다리고 있을 것만 같다.

그후 이른바 적 치하의 서울에서 우리는 석 달 동안 겨우 목숨만 부지하며 살았다. 남편은 매일 아침 일찍 나가서 밤늦게야 피곤에 지친 모습으로 돌아왔다. 무슨 일을 하는지는 몰라도 매일 밤 초췌한 모습으로 들어와 땅이 꺼져라 한숨만 쉬었다. 아마도 그 양반이 일생 동안 추구했던 사상과 이념이 현실에서는 너무나 다른 모습으로 전개되는 데 대한 실망 때문이 아니었나 싶다. 혼자 중얼중얼 "아무래도 이번에 내려온 사람들은 종류가 다른 사람들이야"하는 말로 미루어 짐작해도 그렇다.

한번은 하왕십리에 살 땐데 기찻길에서 전투가 벌어졌다. 인민군들이 쫓겨 가고 국방군들이 추격하는 장면이 벌어졌다. 우리 아이들은 무슨 큰 구경거리라도 되는 것처럼 방 안에서 고개만 내민 채 구경하느라 정신없었다. 콩 볶듯 하는 총소리를 들으며 왁자지껄 떠들어 댔다. 그런데 바로 그 순간 눈앞에서 그 집 안주인이 유탄에 맞아 쓰러져 죽었다. 얼마나 놀랐는지 모른다. 그때 전투가 바로 9·28 서울 탈환전이었다.

아산군 피난살이에서 남편 잃다

1950년 9월 28일 서울이 수복되고 나서야 우리는 뒤늦게 피난을 가기로 결정했다. 추석 지내고 얼마 뒤였다. 겨우 이불 한 보따리하고 양은솥, 수저 몇 개와 양재기, 놋그릇 몇 개 챙겨 가지고 피난길에 나섰다. 말 그대로 남부여대男負女戴하고 내 집을 뒤로 한 채 서울을 떠났다. 만주로 처음 이민 가던 때처럼 피난 가면서도 내내 이국땅 그 넓은 천지를 헤매며 이사 다니던 생각이 악몽처럼 떠올랐다. 어떤 해에는 한 해에 일곱 번 옮긴 적도 있었으니……

뚝섬 물을 배 타지 않고 걸어서 건넜다. 가물었던 모양이다. 조 이삭이 제법 맺혀 있었다. 경기도 광주를 지나 군포 어느 집에 도착해서 명주 한 필을 주고 쌀 두어 되를 샀다. 전시라 밤에는 불을 못 피우게 했다. 캄캄한 남의 부엌을 잠깐 빌려 불빛이 새 나가지 않게 천막 같은 걸로 가려 놓고 밥을 해서 먹었다. 중국 퇴병들에게 쫓겨 산에 숨어서 불빛 새 나가지 않게 해 놓고 밥해 먹던 때와 똑같았다. 일생에 이렇게 쫓겨 다니는 일을 몇 번씩이나 겪어야 하는가 생각하니 한심스러웠다.

자고 나니 누구네 아이가 산에 가서 몽당연필만 한 것을 주어서 두들기다 폭발하여 크게 다쳤다는 말을 주인집에서 해 주었다. 총알이었던 모양이다.

아침이 되자 다시 길을 떠났다. 가다가 날도 덥고 해서 그늘에 좀 쉬고 있으려니까, 나무 밑에 앉아 쉬고 있던 동네 노인들이 누굴 시켜서 감자를 캐 오게 했다. 그것을 한 소쿠리 얼른 쪄서 김치하고 먹으라고 갖다 주었다. 난리통인데 그런 후한 인심이 어디 있겠는가. 잊을 수가 없다. '고맙다'고 한번 찾아가서 인사드려야겠다고 다짐했으나 오늘날까지 못하고 있다. 원수 갚으러는 가도 은혜 갚으러는 못 간다는 말이 꼭 맞는 말이다.

낮에는 뜨거운 땡볕 아래 걷고 또 걷고, 밤에는 아무 데서나 노숙하며 안양도 지나고 평택도 지났다. 사흘 뒤에 아산군 초입에 거의 다 왔을 때 광찬나루라는 곳이 있었다. 그곳은 서해 바닷물이 조수하는 곳으로, 물이 빠지면 '나문쟁이'라는 빨간 풀이 보였다. 채송화처럼 생겼는데 삶아 먹으면 간간한 게 맛이 괜찮았다. 그걸 뜯어서 데쳐 밥도 없이 나물로 배를 채웠다.

도랑을 만나면 온 식구가 옷을 걷어붙이고 도랑을 건너기도 했다. 이백사십 리 길을 걷고 또 걸어서 엿새 만에 충남 아산군 선장면 죽사리에 도착했다.

아산군 선장면 죽산리로 가게 된 것은 이해영 씨 장조부丈祖父인 이고광 선생 가족이 먼저 귀국하여 거기 살고 있었기 때문이다. 그분도 석주 어른과 같이 북경에서 활약하던 애국지사였다. 이해영 씨는 남편 친구분이었다. 해영 씨가 거기 가면 집, 토지 다 있으니 임시로나마 함께 농사지으며 살자고 해서 그리로 가기로 마음먹었다. 남편은 우선 우리

더러 먼저 가 있으라 했다.

꼬박 엿새 동안을 걸어서 도착해 보니 해영 씨 처남인 봉환 씨와 그의 형인 인환 씨네가 먼저 와 농사짓고 있었다. 선수를 뺏긴 우리는 생계가 막연했다. 서간도에서는 아무 땅이고 자력으로 개간해서 농사지으면 먹을 수 있었는데, 그때가 오히려 낫다 싶기도 하였다. 세월이 원망스럽기 한이 없었다. 나라 잃었을 때는 그렇다 치더라도 해방된 나라에서 해방된 국민이 고향에도 못 가고 객지에서 방황해야 하다니…….

열일곱 살 된 석증이는 석유 초롱을 지고 농촌마을을 누비며 팔러 다녔다. 그 아래 철증이는 '샛별' 담배를 한 보루씩 사서 오일장 서는 데마다 찾아다니며 팔았다. 선장 궁밭(지금의 도고온천 동네)이나 예산, 합덕 등지까지 다니며 팔았다. 다섯째 항증이는 동네 이 집 저 집 농사일 도와주며 끼니를 때웠다.

그 힘든 피난길에도 버리지 않고 갖고 다니던 재봉틀을 할 수 없이 팔았다. 그 재봉틀을 얼마나 애지중지했으면 겉상자 '빠작' 하는 소리가 내 뼈 부숴지는 소리 같더라고 했다가 숙부님께 꾸중 들었겠는가.

그때 마침 해영 씨 모친이 돌아가셨다. 재봉틀을 오천 원 받고 팔았는데 그 돈 중에서 사천 원을 제사 지내도록 꾸어 달라고 해서 봉환 씨에게 꾸어 주었다. 그랬는데 그 돈을 못 받고 말았다.

봉환 씨 말이, 매부네 어머니 제사 지내는 데 썼으니 해영 씨에게 받으라고 했다. 빌려간 사람이 직접 돌려주지 않으니 여간 난감한 게 아니었다. 그렇다고 해영 씨에게는 우리가 신세를 지고 있는 터여서 받을 수가 없었다. 결국 재봉틀만 날리고 여전히 수중엔 돈 몇 푼 없었다.

농토가 없어서 농사도 못 짓고 어렵게 살았지만 동네 사람들은 인심이 좋고 점잖았다. 특히 이장 권태겸 씨 덕을 많이 봤다. 어떤 때는 애들 배고프겠다고 동치미를 한 양재기 가득 퍼다 주기도 하였다. '배고 플 테니 그거라도 먹으라고.' 얼마나 고맙게 잘 먹었는지 모른다. 그댁 자녀들과 우리 애들과도 각별히 잘 지냈다.

지난 여름방학 때에 막내 범증이가 그 동네를 찾아갔다. 자기 생애를 관통하는 피난살이의 역사를 확인하고 싶다고 하였다. 이장 권태겸 씨는 돌아가셨고 안 노인이 살아 계셔서 찾아뵙고 왔다고 했다. 그이네 아들들이 대부분 서울 등지로 흩어져 살고 있었는데 한 사람은 거기 남아서 과수원을 하고 있었다고 했다. 서울 있는 아들 수소문해서 한번 만나 술대접을 했단다.

동네 노인들을 찾아다니며 이춘원李春元 선생을 아는지 묻고 다녔다. 기억을 해내는 몇 분을 만난 모양이었다. 남편은 비밀활동을 하느라 함자를 여러 가지로 썼는데 아산에서는 이춘원이었다. 어느 때는 이대용이라는 이름도 썼는데 우리 아이들은 그 이름은 잘 몰랐다. 그 도장이 집 안에 굴러다니니까 이대용이 누구냐고 도리어 의아해했다. 가장 흔히 쓴 이름은 병화였다.

그 무렵 남편은 동회 사무실을 빌려 한쪽 옆에다 교실을 만들었다. 그때가 마흔일곱 살이었는데 나이에 걸맞지 않게 흰 수염을 길게 길러서 노인같이 하고 있었다. 그리곤 스무 살 전후의 청년들을 모아 놓고 한문을 가르쳤다. 막내도 피난 학교 안 다니고 아버지에게서 천자문을 배웠다.

먹을 것이 제대로 없어 애 어른 할 것 없이 늘 배가 고팠다. 글 많이 읽으면 배 안 고프다는 아버지 말을 참말로 곧이 듣고 막내는 매일 천자문을 소리 내어 읽었다. 배가 고프면 더 큰 소리로 천자문을 악쓰듯 읽어 대던 모습이 눈에 선하다. 지금 이춘원 씨를 기억하는 노인들은 아마 그때 남편에게서 글을 배웠던 청년들일 것이다.

남편은 대나무 낚시 하나 들고 이곳 저곳 저수지를 다녔다. 주로 마을 앞 저수지를 지나 십 리 정도 떨어진 감밭 저수지(지금은 도고저수지)에 자주 갔다. 윗대 어른들도 그랬던 것처럼 세태가 어떻게 돌아가는지 관망하면서 세월을 낚으러 다녔던 것일까?

최근에 소련에 사는 웅배(왕산의 3남인 허준의 장남)가 냉전이 끝난 덕분에 한국에 들어왔었다. 그때 남편에 대해 내가 전혀 몰랐던 이야기를 해 주었다. 웅배가 소련으로 망명하기 전 중국에 있을 때 우리 집 양반은 만주에서 만주 전역의 노동당 총서기였다고 한다. 웅배는 그 이야기를 소련의 카자흐스탄에서, 얼마 전까지 살아 있던 김기철 씨에게서 들었다고 했다.

김기철 씨는 자기가 남편 수하에서 남편을 지도자로 모시고 있었단다. 청년총동맹에서 남편이 총서기였고, 그 수하에 김기철 씨가 있었다. 그리고 김기철 씨 수하에서 김일성이 그 당시 육문중학의 학생으로 김기철의 지도를 받으며 학생운동을 했단다. 그때의 이름은 김일성이 아니고 김성주라고 했다.

그런 인연이 있어서 김기철은 석주 어른도 잘 알고 우리 시집에 자주 드나들면서 신세를 지곤 했다. 소련에 거주하면서 만주로 지하활동하러 갈 땐 으레 우리 집에 들러 석주 어른의 지시를 받고 떠났다. 기사년(1929년)이나 경오년(1930년) 무렵의 일이라 한다. 내 시집가 있을 때쯤인데, 나는 바깥일은 잘 모르는 게 많다. 그리고 하도 많은 사람이 들락거렸으니까.

한 사람의 무모한 판단 때문에 남북이 갈라지게 된 것도 다 나라의 운명이었는지도 모르겠다. 그때 김일성은 그리 대단한 위치에 있지 않앉다. 오히려 그의 지도자였던 김기철은 능력도 있고 또 독립을 위해 실제로 활약도 많이 했단다. 김일성은 아직 풋내기여서 항일투쟁에 가담하지도 못했단다. 좋은 지도자 밑에서 모범이 되는 길로 가지 않고 엉뚱한 짓을 하는 바람에 나라가 이렇게 두 동강이 난 것이 아닐까?

김기철 씨는 최근까지도 모스크바의 외국문 출판사에서 노문을 한국어로 번역하는 일에 열심이었고, 작가로서의 역량도 발휘하여 중편소설 몇 편과 희곡들을 발표했다. 또 러시아에서는 처음으로 춘향전을 무대에 올리기도 했다. 재작년에 카자흐스탄의 크질오르다에서 작고하기까지 웅배와 가끔 만났단다. 그때 만나서 이런 얘기 저런 얘기 하다가 남편에 관한 얘기가 나왔다고 한다. 다음 나올 때 그의 이야기를 녹음해다 준다고 하더니 그 사이 유명을 달리했단다. 남편 이름이 이병화, 이대용, 이탁李拓 등이라는 것도 김기철 씨가 알고 있더라 했다.

남만주청년총동맹 총서기를 했다는 것은, 이시영 선생께 '숙부님 전 상서'라고 편지를 보내던 당시 김산과 함께 그 일을 하고 있다고 해서 알고 있었다. 결코 만날 수 없을 줄 알았던 웅배 동생을 만남으로써 알게 된 이런 사실도 이제는 세월에 파묻혀 사라진 과거가 되었다. 만약 동서냉전이 사라지지 않았고, 그래서 웅배도 못 만났다면 그야말로 이런 일을 누가 나에게 알려 주겠는가?

해방 직후 서울에서 남로당 전당대회가 있었는데 참가자 명단에 경상북도 인민위원장으로 남편의 이름이 올려져 있었다. 열여덟 명을 인솔하여 참가했다는 기록을 역사학을 전공한 막내가 찾아냈다.

나는 그 당시 겨울이 오기 직전까지 늘 논둑에 쑥 뜯으러 다니는 것이 큰 일과였다. 열 살짜리 혜정이를 데리고 허구한 날 인근 야산에서 도고산까지 다녔다. 먹을 것이 없으니 쑥으로라도 끼니를 때워야 했다.

그릇도 없어서 앞치마에 수북이 냉이 캐고 쑥 뜯고 해서 꾹꾹 눌러 담았다. 냉이는 삶아 무쳐 먹고, 쑥은 솥에 꼭꼭 눌러가며 삶는다. 쌀 한 공기쯤 빻아 넣고 다시 같이 찧어서 수제비를 만들어, 소금 조금 넣고 물은 한솥 가득 붓고 끓여 먹는다. 다행히 쑥은 아무리 먹어도 탈이 나지 않았다. 몸에 이로운 음식이기 때문에 그럴 것이나, 그래도 매일 그것만 먹자니 그것도 고역이었다.

서울서 소학교 1학년 다니다 그만둔 막내는, 동네 친구들이 학교 가고 나면 심심해서 저수지 제방까지 왔다 갔다 하며 친구들이 하교하기만 기다리며 주린 배를 달래곤 했다. 우리 애들은 아무도 학교에 갈 처지가 못 되었다. 그렇게 피난살이하면서 설을 두 번 지냈다. 거의 삼 년 동안 거기서 고생한 것은 말로 다할 수 없다.

학령기 아이들을 한 명도 학교에 보내지 못한 데다 여러 가지가 뜻대로 되지 않아 울적하던 남편은 늘 속병을 앓았다. 속이 답답하고 거북하다면서 괴로워했다. 내가 검정 헝겊으로 주머니를 기워 가지고 소금을 볶아서 뜨겁게 해 주면, 그걸 늘 배에 안고 살았다. 어떤 때는 너무 뜨거워 가슴을 데어서 허물이 벗겨지기도 했다.

약 한 첩 써 보거나 치료 한번 받아 보지 못한 채 누워 지내는 날이 많아졌다. 하도 답답한 나머지 대구의 재종형李重華(당시 계성학교 한문 선생으로 한의사였다)에게 몰래 편지해『방약합편方藥合編』이라는 의서를 보내 달라고 하여 그 책의 화제和劑로 조약造藥하여 써 봤으나 아무 소용이 없었다.

아픈 중에 장로님인 종조부님(李相東)께서 돌아가셨는데, 종조모님께 위로의 서한을 올리면서 자기 아픈 것이 아마 폐렴 같다고 한 모양인지, 남편이 죽고 난 뒤에 폐병이라고 소문났었다. 종숙이 문상을 오

대전 현충원에 있는 소파 이병화의 묘. 허은 여사도 합장되어 있다.   1990년 독립장 추서

려 했었지만 그 부인이, 폐병으로 죽은 데라고 못 가게 말려서 결국 오지 않았다.

임진년(1952년) 음력 유월 팔일, 아버지 병이 위중하다고 그날은 아이들도 장사를 나가지 않은 채 하루 종일 단칸방에 모여 있다가 오후 늦게서야 마을 앞 시냇가에 새우 잡으러 나갔다. 장마 때라 물이 불어 새우가 많을 거라면서. 딸아이가 급히 뛰어가 연락해서 애들이 다 들어오자 남편은 그제서야 힘들게 눈을 감았다.

참 하늘이 무심했다. 짧은 한평생이지만 만주와 국내 할 것 없이 천지가 좁다고 뛰어다니며 그렇게 활동하던 이가 단 한번 안락한 거처에 누워 보지도 못하고 가다니……. 하늘이 뜻이 있다면, 앞날을 예측할 수 없는 이 전시에 감당할 수 없는 짐을 나에게 모두 맡겨 두고 천리 타향에서 이렇게 숨을 거두게 할 수 있단 말인가? 일찍이 말라 버린 눈물이기도 했지만 이때는 너무 기가 막혀 한숨도 안 나왔다.

정신을 차리고 우는 아이들을 꾸짖어 달랬다. 장사 지내려니 돈이 한 푼도 없어서 주인집에서 돈 십만 원을 꾸었다. 그 돈으로 널 하나 사고

삼베 한 필 끊어서 장사 지냈다. 쌀 큰되 한 말에 십삼만 원 할 때라 그리 큰돈은 아니었어도 참 요긴하게 썼다.

장사 지내고 빚 갚을 길이 없어 또 안동엘 갔다. 문중에서도 농사지은 것을 거둬야 돈이 나오는데, 8월이라 돈이 없다고 했다. 문중 어른이 문중 소유의 소 한 마리를 팔아서 우선 쓰고 나중 일은 나중에 보자고 했다. 그래서 그 돈으로 장사 지낸 빚을 갚고, 소값은 나중에 산 한 자락 팔아서 갚았다. 문중에 남아 있던 마지막 땅뙈기였다. 빚 갚고 남은 돈으로 광목 한 필을 끊었다. 날은 점점 추워지는데 애들 옷도 형편없고 이불도 없었기 때문이다.

초상 때도 식구들은 굶고 있었다. 초상 당하고 법이한테라도 알린다고 애들을 보냈더니 보리쌀 한 말하고 장 조금, 밴댕이젓 조금을 보내 주었다. 송장은 한쪽에 뻐들쳐 놓고, 그걸로 보리쌀 한 솥 삶아 발 뻗고 앉아 애들하고 먹었다. 그러고 나니 눈이 조금 떠졌다. 목숨이란 것이 참으로 모질다는 생각이 들었다. 그해 가을에도 법이 처가에서 쌀을 작은되로 한 말 보내 주어서 아주 고맙게 잘 먹었다.

집주인은 참 점잖고 인심이 후했다. 밤중인데도 장에 가서 삼베 한 필을 사다 주었다. 그것으로 밤새도록 손수 수의를 지어서 입혀 보냈.

인품 좋은 동네 이장 권태겸 씨하고 청년들이 도와주어서 그곳 죽산리 앞산(속칭 '시어지'라고도 한다) 남의 밭둑에 장사 지냈다. 그후 삼년상은 안동에서 치렀고, 1964년에 안동 선산으로 이장했다. 그러다가 1990년 광복절에 건국훈장 독립장이 추서되었다. 다음 해인 1991년에 대전 국립묘지에 이장하여 영원히 잠들게 되었다.

남편은 죽음이 임박하자 어느 날, 꿈꾼 이야기를 했다. 꿈에 시를 지었는데.

밤 깊은 찻길 건너편 강을 격하고 　　　夜深車路隔江頭

홀연히 노란꽃 나를 보고 웃네 　　　　忽見黃花面笑開

하면서 자기는 곧 저세상 갈 거라고 했다. 앞길은 강으로 막혀 있고 노란꽃이 웃으며 자기를 오라고 손짓하더란다. 이제 보니 그게 단명구短命句였던 모양이다.

여름이라 덥기는 하고 몸은 아프니, 냉국을 마시고 싶어했다. 간장이 없어서 동장네 집에 가서 얻어 왔다. 네 홉짜리 한 병 주는 걸 아껴 먹느라고 맹물에다 간장만 한 방울 탔다. 오이나 미역이 있으면 좋지만 그것도 없으니 파 몇 잎 띄워서 드렸다. 여름 내내 그렇게 먹다가 나중에는 그것도 아끼느라 소금을 섞어서 탔다. 간장을 피같이 아껴 먹었다. 그 간장이 바닥나자 남편은 기다렸다는 듯이 가 버렸다.

아버지 죽고도 애들은 석유라도 팔아 본다며 석유통 짊어지고 나갔다. 집집마다 전기가 없어 호롱에 석유 한두 홉 넣고 불 켜서 대청에 달아 놓고 살던 시절이었다. 전쟁 중이라 너나없이 가난한데 석유인들 잘 팔릴 리가 있겠는가? 피난살이 객지 생활이라 돈 한 푼 변통할 데 없어서 더 궁핍했다.

1952년 가을 무렵 휴전 이야기가 많이 나돌았다. 남편도 없는데 거기 더 살고 싶은 마음도 없었다. 안동으로 다시 가기로 작정했다. 이해영 씨 동서가 청양 광산 사람인데, 자기 고향으로 가면 그런대로 지낼 수 있을 거라며 같이 가자고 했다. 말은 고마웠으나, 거처할 방을 얻을 돈이 없어 거기 가 보았자 뾰족한 수가 없을 듯했다. 그렇지만 안동에 가면 땅은 다 팔아서 없앴지만 그나마 살던 집이라도 있었다. 고향으로 가기로 했다.

대구 계성학교에 교목으로 계시는 시종숙에게 무작정 편지를 띄웠다. 어찌하면 좋을지 의논하였더니 답장이 왔다. 그 어른께서는 아무 염려 말고 대구로 와 보라고 했다.

호박하고 감자 좀 사다가 그날도 호박죽 끓이고 감자 몇 개 쪄서 애들 먹였다. 큰애들은 자기들끼리 집에 있으라 해 놓고, 아홉 살 난 막내만 데리고 대구로 향했다. 다음 날이 친정 아버님 생신이라 법이네와 같이 동행하게 됐다. 그때 법이 아들 손에는 강냉이 튀겨서 엿 묻힌 것이 쥐어져 있었다. 그것을 뚝 잘라서 우리 애 좀 나눠 주었으면 하고 속으로 얼마나 바랐는지 모른다.

막내는 천성이, 배가 오그라질 정도로 고파도 남이 뭐를 먹는 데는 가지 않는다. 주인집 아이가 밥 먹을 때면 슬그머니 밖으로 나가 버리곤 하였다. 대문 밖 저쪽에 가서 품고 다니던 천자문을 펴서 읽는데 한 번 다 읽으면 또 뒤에서 앞으로 읽었다. 나는 먼발치에서 보다가 눈을 피해 버렸다. 이미 곡기 구경도 못한 지가 오래고, 그날도 아침이라곤 호박죽 한 공기밖에 못 먹었으니 에미인 나는 미안했다.

요새는 호박죽도 별미라고 있는 사람들이 잘 사 먹지만, 며칠 동안 곡기 구경 못한 사람에게 죽은 먹으나마나 한 것이었다. 그 시절에는 죽 먹는 날은 죽는 날이고, 국수 먹는 날은 굶는 날이라고들 했다.

대구 시종숙 찾아갔더니 예수 믿으면 살 수 있다고 예수 믿으라 했다. 만주에서 선각자들이 예수 잘 믿는 것을 많이 보긴 했으나 유가의 종부라 믿을 도리가 없었다. 그것만은 정말 불가능한 일이었다.

나는 안동읍으로 가지 않고 산골 돗질(도자기 굽는 마을이란 뜻. 현재의 안동군 와룡면 도곡동)로 가기로 작정했다. 가을이라 춥기 전에 옮기기로 작정은 해 놓고 대구 종로에서 한약방 하는 친정에 들렀다.

아버님 형제분 뵈니까 쏟아지는 눈물을 감당할 수 없어 참느라 이를 악물었다. 강단으로는 전 조선과 전 만주에서 제일 간다던 아버님의 눈에도 이슬이 맺히는 것을 보았다. 숙부께서는 "너는 우리 형님보다도 더 독하구나" 하시면서 북받치는 감정을 걷잡지 못하고 우셨다.

대구 거쳐 안동에 들렀다가 다시 아산에 가서 집에 둔 애 넷을 이끌고 돗질로 갔다. 임신년(1932년)에 만주에서 할아버님 서거하시고 귀국할 때 참 면목 없는 귀향이더니, 그후 꼭 이십 년 만에 그 손자도 객지에서 세상 떠나 보내고 다시 면목 없는 귀향을 하게 되었다.

시종숙께서는 아이들 교육을 위해서 앞으로 대구에 자리 잡는 것이 어떻겠느냐고 하셨지만, 대구 어디에 무엇으로 어떻게 자리 잡겠는가? 이삿짐도 없었다. 피난 올 때 걸어서 이백 사십 리 길이던 것을 걷지 않고 타고 가는 것만 해도 호강이었다. 가다가 영천에서 차가 고장이 나서 길바닥에 세워둔 채 잤다. 밤이 되니까 어찌나 춥던지 잠을 잘 수가 없었다. 소값 갚고 남은 돈으로 광목 한 필 받아 놨던 것을 짐짝에서 꺼내 큼지막하게 찢어서 홑이불처럼 덮고서야 겨우 잠이 들었다.

돗질에는 옛날 살던 집이 있고 위토가 조금 있으니 농사지으며 살 수 있었다. 현재 보물로 지정돼 있는 임청각은 일제시대에는 강제로 징발당해서 그때까지도 돌려주지 않고 있있는데, 우리 정부의 철도국 선로반원들 숙소로 쓰고 있었다. 내 집인데도 거기 들어가 살 수가 없었다. 일본이 십오 년 기한으로 뺏어 갔는데 해방이 되고도 비워 주지 않았다. 아무 보상도 없이 정부에서 계속 임의로 사용하다가 1970년에야 겨우 철수해 갔다.

개인의 사저를 일본과 우리 정부에서 무려 사십 년 동안이나 강제로 뺏어 쓰고도 고맙다거나 미안하다는 말 한마디 없었다. 1960년까지는 국보 303호였는데 국보면 국보 대접을 해 줘야지. 도리어 세금만 우리가 내게 하고 있었다. 그러고도 임청각 대문 바로 앞에다 철도를 깔았다. 우리 집 앞터가 철길이 된 것이다. 일제 때, 그러니까 1938년 9월에 철도가 개통됐다. 문화재 보호고 뭐고 관심도 없는 처사였다. 비록 사저라 하나 중요한 건물인데 거기다 많은 사람들이 기거하는 철도 선로반원 단체 합숙소로 사용케 하다니……. 그 훼손은 이루 말할 수 없었다.

집은, 해방 전에 살던 임청각에 들어가 살겠다고 하면 비워 주겠지만 빈집 지키고 앉아 있어 봐야 먹을 게 없었다. 그래서 돗질로 가서 조상 위토에 농사를 지었다. 위토란 원래 문중의 산소를 자손대대로 관리하는 데 드는 비용을 충당하기 위해 조상 대대로 종손에게 물려 내려오던 땅이다. 그 땅에서 나오는 소출로 묘지기, 산지기들도 먹고 사는 것이다. 문중 어른들도 마음대로 하라 했다. 안동 있고 싶으면 안동 있고, 돗질 가고 싶으면 그리 가라고. 우리가 돗질에 가니 문중 어른들이 그 위토 일부를 우리에게 내주었다. 동네 사람들을 시켜서 농사일도 해 주라고 했다. 온 동네가 일가친척들이라 모낼 땐 여럿이 와 모도 심어 주고, 소 있는 집은 땅을 갈아서 씨도 뿌려 주고 했다. 종가집이라고 문중 덕을 참 많이 입었다. 만주에 있을 때도 그랬고, 해방 후에나 6·25 피난 후에까지도 문중의 도움이 참 컸다.

남편 삼년상 치르고 얼마 안 있어 친정아버지 돌아가셨다는 전보를 받았다. 전보 받고 대구로 달려가니 벌써 입관하려고 했다. 만주에서 환국하여 을유약업을 운영하면서 가끔 시회도 열고 하셨다는데 얼마 앓지도 않았단다. 고령(84세)이긴 하였다. 이십사 년 전 밤에 아버지와 함께 만주로 떠나던 일이며, 만주에서 고생하던 망명생활이 주마등

같이 떠올랐다. 방 윗목에 모래를 수북이 쌓아 놓았는데 그 위에 관이 올려져 있었다. 밤새도록 상주들이 향불, 촛불과 함께 지켜 앉아 있었다. 그런데 아침에 입관하려고 보니 관이 부풀어 올라 모래가 다 젖어 있었다. 왜 그랬는지 모르겠지만 다들 언짢아했다. 할 수 없이 관에 맞게 함석으로 또 관을 맞춰 그 안에 목관을 넣었다. 묘 안에는 목관만 모시고 함석관은 산에 버리고 왔다.

장례식엔 조문객이 엄청 많았다. 만장이 어찌나 많이 들어 왔던지 학교 운동회 마당 같았다. 장례는 대구시에서 주관하는 시장市葬으로 했다. 장례 행렬이 길어서 교통이 막힐 정도였다. 경주 최부자로 유명한 최준 씨도 큰 도움을 주었고, 대구시장이 시청에서 버스 한 대를 내주고, 광복회에서도 한 대 내주었다. 버스, 택시에다 만장행렬까지 이어지니까 교통이 막힐 수밖에 없었을 것이다.

모인 사람들 말이 일창 어른보다 일헌 어른 때문에 장례가 더 커졌다고들 했다. 숙부 일헌께서 독립운동가로 알려지기도 했지만 군정 당시 입법위원으로 계셨기 때문일 것이다. 상청 차리고 둘레에다 산에서 가져 온 만장을 주욱 세웠다. 명문 명필이 방 안을 가득 메웠다.

그후, 한 해 뒤에 숙부도 별세하셨다. 별로 크게 앓지도 않았는데 당신 스스로 임종을 예언했단다. 늦게 얻은 아들 숲鉎이 그때 열네 살 되던 해인데, 하루는 학교에 가지 말라고 하면서 당신 운명 후에 할 일을 조목조목 일러 주시더란다.

"호상護喪은 나산羅山 김정수金正洙 이름으로 하고, 안춘생 씨 부부가 오거든 상주 노릇하게 하라. 그리고 군인으로는 이종찬 장군이 문상 오면 들여보내고, 다른 군인들은 들어오지 못하게 하라. 또 누구누구는 친일파니 문전에도 들어서지 말게 하라" 하셨다.

나산은 당시 실업가인데 숙부보다 몇 살 아래였고 매우 절친한 사이였다고 한다. 안춘생 씨는 안중근 의사의 당질이고, 그 부인은 조소앙 씨의 조카로 조용원 씨의 딸이다. 이름은 조순옥인데, 광복군이 창설되자 여군으로 복무하여 항일투쟁을 벌이다 광복을 맞아 국내에 살고 있었다. 이들 부부와는 만주, 상해에서 함께 고생하며 독립운동 했으니, 동지로서 또 자식같이 아끼는 정으로 상주 노릇을 하라고 했을 것이다.

요 칠팔 년 전에 안춘생 씨가 독립기념관장을 맡은 즉시 술이 만나서 붙들고는, "자네 부친을 독립유공자로 추서해 드리지 못하면 한이 되어 죽어도 눈을 감을 수가 없을 것 같다"라고 말하더란다. 숙부님이 그 많은 활동을 하시고 또 감옥살이를 이십 년 가까이 했으나 재판 기록이나 관련 문서들을 찾지 못하여 아직도 독립유공자로 포상을 못 받고 있는 것은 나도 안타깝다.

아산으로 피난갈 무렵 철증이가 6학년이었고, 항증이는 4학년, 범증이는 갓 입학했을 때였다. 모두가 삼사 년 동안 학교를 못 다니다가 돗질에 와서야 다시 학교에 다니기 시작했다. 선생님들이 다 아는 분들이라 그냥 보내라 해서 복학은 했으나 연필 하나 사 줄 도리가 없었다.

셋째 석증이는 열아홉 살인데 맏이가 되어 버렸으니, 시종숙의 배려로 대구에 가서 계성고등학교 사환으로 일했다. 사환 노릇하면서 영신고등학교 야간을 마쳤다.

넷째 철증이는 총명이 남다르다고 소문이 자자했다. 그런데 성격이 불같았다. 세상살이 다 속에 안 차서 늘 괴로워하곤 했는데, 그러다가 결국 병을 얻었다. 무오년(1978년) 가을, 오남매를 두고 내가 서울 머무는 동안 안동에서 죽었다.

어째서 하늘은 남편과 생때 같은 자식 다섯이나 나를 앞세우게 하는지 원망과 통탄을 잊을 날이 없다. 이제 나도 곧 가겠지만 그곳에서 다시 만날 수 있을지 알 길이 없다.

다섯째 항증이는 석 달 다니고 소학교를 졸업했다. 안동중학교 시험 치겠다는데 돈이 없어서 말리고 싶었으나, 말릴 수도 없고 안 말릴 수도 없었다. 차라리 떨어졌으면 싶었는데 붙어 버렸다. 문중 어느 분이 임청각 집세 받아 놓았던 것을 보관해 뒀다면서 만 원을 내놓았다. 그걸로 입학금 팔천 원 내고 교복 사 입으니 딱 맞았다.

안동 임청각은 방이 많아서 철도 선로반 숙소로 쓰고 있어도 내 집이니까 방 하나에서 밥해 먹고 다녔다. 그런데 양식이 없으니 문중에서 보리쌀을 조금 대 주어 일주일에 보리쌀 두 되로 견뎌야 했다. 그것도 기계로 찧은 것이면 그냥 삶아 먹을 수 있으나, 집에서 두 번씩은 찧어 말려야 한다. 토요일날 항증이가 올라오면 일주일 먹을 보리쌀 찧어 싸 주랴, 새벽에 보리쌀 끓여 먹여 보내랴 바빴다. 그렇게 하여 대구 영신고등학교 야간까지 마쳤다.

항증이, 혜정이, 범증이는 돗질에서 대동국민학교에 모두 편입학시켰다. 학교 못 다닌 공백이 많았는데도 우수한 성적으로 곧잘 따라가 다행이었다.

대구에 남아 사환 노릇하며 야간고등학교를 마친 석증이는 공부를 다시 하겠다고 서울로 가서 혼자 고학했다. 전쟁 뒤끝이라 너나없이 살기 어려운데 고학하자니 좀 고생스러웠겠는가? 위장병을 얻어 할 수 없이 고향으로 와서 좀 쉬다가 군 복무 마치고 안동고등학교 서무과에 근무했다. 1967년에 대구에 출장 간다고 나갔는데 열차사고로 에미보다 먼저 갔다. 생전에 내 마음 한 번 거슬리는 법 없이 온순하고 지혜

롭던 자식인데 서른네 살에 삼남매 남겨 두고 갔다. 제일로 정 많고 싹싹했는데, 나이가 아깝고 부드러운 마음씨가 아까울 뿐이다.

스물다섯에 혼자 되어 딸 춘신이 하나 바라보고 살던 맏며느리가 유방암으로 또 일찍 갔다. 없는 집에 종부로 와서 딸 하나 쳐다보고 삯바느질해 가며 단칸 셋방살이 고생이 오죽했겠는가? 세월이 약이라 그 천애 고아 춘신이가 그래도 경북여고, 영남대학을 나와 이제는 제일은행 지점장 부인이 되어 있다.

소학교 졸업 후 진학을 포기했던 외동딸 혜정이를 오래비 항증이와 함께 대구보육원에 보내서 중학교 졸업시킨 일이며, 사범병설중학에 납부금 못 내서 졸업 못하게 된 일 년 동안 농사짓게 한 일 등등 생각할수록 무언가 억울한 생각이 든다. 잘못된 세월 탓으로 돌려 버리기엔 너무 어이가 없다.

부모가 되어 남겨 준 것 하나 없는데도 남 앞에 비굴함 없이 당당하게 살아가는 우리 아이들을 보며, 그래도 선대先代의 긍지가 그들 핏속에 자존심으로 남아 있구나 싶다.

항증이는 그래도 한 직장(조흥은행)에서 이십칠 년 동안 근무하다 검사역으로 퇴직하였다. 이제는 조카 창수 데리고 종가의 후손으로 할 일 하느라 대소사에 관심이 많다.

막내 범증이가 유일하게 정규 4년제 대학을 마쳤다. 지금은 모 중학교 역사 교사로 재직 중이다. 고려대학교 다닐 때는 무슨 데모엔가에 연루되어 내 속을 태우게도 하더니 이제는 쉰이 넘었다. 지금 상계동 범증이네 아파트에 살면서 무념무상無念無想의 편안한 세월을 보내고 있다. 다만 지난날을 돌아보는 소회가 무량할 뿐이다.

가장 감격스럽던 일은 할아버님(석주 어른) 산소를 옮겨 오기로 한 일이다. 그때의 감격을 어찌 필설로 다 표현하겠는가? 중국과 국교가 열리자마자 항증, 범증이 형제 둘이서 여러 달 궁리하고 애쓰더니 드디어 정부 지원을 받아 유해를 봉환하게 되었다고 했다. 참말 꿈만 같았다. 큰일을 해낸 것이다.

1990년 석주 선생 유해봉환식장에서 헌화하는 허은 여사

당시는 한중국교도 성립 안되었을 땐데 이상연 보훈처장이 노태우 대통령에게 사전 결재를 받은 후 추진했음을 후일 알았

석주 선생 묘소 앞에서 기념촬영

다. 관련된 분들에 고맙다는 인사를 올린다.

경오년(1990년) 9월 13일 오후 4시, 김포공항 연도에 천 명도 넘는 시민들이 묵도로써 대환영을 했다. 커다란 태극기에 덮인 할아버지 유해와 손자 창수의 손에 모셔진 위엄에 찬 영정을 대하자 나는 60년 전 생전의 모습을 대하는 듯하여 그 자리에 무릎을 꿇었다.

동작동 국립묘지에서 열이틀 참배객들의 조문을 받고 25일에 고향 안동으로 모셔 갔다. 그때도 경기도, 충청도, 경상북도를 지나는 연도에 수많은 인파와 학생들이 태극기를 들고 묵도하며 맞이하였다. 각 도계와 안동 시계를 들어설 때 마중 나오신 각급 기관장들의 엄숙한 영접

행사도 성대했고, 고택 임청각에서의 안치安置 행사에는 안동 시민들이 구름같이 몰려왔다. 고가古家를 진동케 하던 군악대의 나팔소리가 지금도 내 가슴을 두근거리게 한다. 열이레 동안 한많은 넋을 달래고 최종으로 대전 국립묘지에 안장되었다.

어른 영혼이 계시다면 그 많은 국민들이 환영하는 모습을 보시고 나라 빼앗겼던 설움을 어느 정도는 푸셨을 것이다. 광복된 내 나라 내 백성이 그토록 반겨 주니 맺혔던 한도 다 풀렸으리라.

79년 전 임청각 대문을 폐쇄하고 떠나면서 어른께서 남기신 거국음去國吟이 이제 다시 떠오른다.

더 없이 소중한 삼천리 우리 산하여	山河寶藏三千里
오백여 년 동안 예의를 지켜왔네	冠帶儒風五百秋
문명이 무엇이길 늙은 적과 매개하였나	何物文明媒老敵
까닭없이 꿈결에 온전한 사발이 던져졌네	無端魂夢擲全甌
이 땅에 그물이 쳐진 것을 보았으니	已看大地張羅網
남아가 제 일신 아끼는 게 어디 있으랴	焉有英男愛髑髏
잘 있거라 고향동산이여, 슬퍼하지 말지어다	好住鄉園休愴悢
다른 날 좋은 세상 되거든 다시 돌아오리라	昇平他日復歸留

회고의 말 ― 좋은 세상 만나 이제 여한이 없다

 오늘 이 순간까지 그토록 그리던 내 나라 내 땅에 숨쉬며 살아 있다는 것을 생각하면 꿈만 같다. 감사한 일이다. 오로지 구천에 계신 여러 어른들의 음우陰佑와 고성 이씨 종중의 은덕으로 알고 감사할 뿐이다.
 지금도 귓가를 스치는 서간도 벌판의 바람소리를 들으며 지나온 구십 평생 되돌아봐도 여한은 없다. 그저 하루하루 연명한 것이 오늘에 이른 것이다. 고달픈 발자국이었긴 하나 큰일하신 어른들 생각하면 오히려 부끄러울 뿐이다.
 그 대신 머지않아 여러 영령들 뵈옵고 이토록 살기 좋은 세상이 된 것을 말씀드릴 생각하면 마음 뿌듯하다. 선열들의 피 흘린 노력의 보람을 오늘 이 나라의 성공에서 찾을 수 있으시겠지.
 금년은 광복 오십 주년이라 그 기념사업으로 할아버님 유해를 더욱 승격된 자리(동작동 국립묘지)로 옮긴다 하니 정부(국가보훈처)에 고마운 마음 표현하고 싶고, 먼저 가신 여러 어른들과 종중분들께도 다시 한 번 큰절 올리고 싶다. 동작동에 합장될 그날을 조용히 기다리며…….

1995년 5월
許 銀

부록

  부록으로 소개되는 「회상回想」은 허은 여사가 예순여섯 되던 해인 1972년에 창작한 것이다. 제목으로 미루어 알 수 있듯이 자신의 삶을 연대기적으로 술회한 것이다. 형식적인 면에서도 이조 내방가사의 창작 전통을 그대로 이어 받은 훌륭한 가사로 인정받아 중앙대학교 예술대학 교지인 『中央藝術』(1981년)에 발굴가사發掘歌辭로 수록되었다.
  이미 사라지고 없는 국문학의 한 장르인 내방가사가 오늘날에도 창작되고 있음을 보여줌은 중요한 의미를 지닐 뿐 아니라 사료적 가치도 뛰어나다고 생각되어 다시 여기에 전재한다.
  독자의 작품 이해를 돕기 위해 구철자를 약간 교정하고 한문이 적당한 곳에는 다소 한문으로 표기했다. 필요처에 주를 단 분은 허은 여사 자부의 사촌동생되는 김승종金承鐘 씨임을 밝혀 둔다.

회상

허은 지음

無情세월	如流하여	成婚云云	하시다가
육십여 년	經役事가	安東地	臨淸閣[03]은
지리한	春夢이라	東方의	名門이요
부모의	二男一女	世代로	學行道德
生我劬勞[01]	하신 恩澤	朝鮮의	國祿之臣
천만 년을	알았으며	國恩이	罔極한대
부지분수	하였다가	先王舅[04]	애국충신
九歲[02]初에	越國할 적	백이숙제	效則하셔
어느 곳을	오고감을	排日決心	百折不屈
내 어찌	알았으리	異國遊落	수십여 년
조상 부모	膝前에서	우리 大韓	復國經營
溢愛받고	세월흘러	國內의	뉘 모르리
異國風土	見聞 없이	天地懸隔[05]	兩家因緣
십육세가	되었으니	成婚于歸[06]	하온 後에

01 부모가 나를 낳고 기르느라 수고하고 애씀
02 1915년
03 안동 고성 이씨 누세종택. 안동시 법흥동 20번지. 보물 182호
04 시조부, 석주 이상룡
05 친가가 있던 영고탑 철령허와 시가가 있던 길림성 화전현은 2천 800리 상거
06 시집가는 것

尊堂의	層侍下로	통곡으로	떠나오심
聖德이	河海같고	一筆亂記	다 못하며
분작 없이	年幼하여	吾身도	多年難側[09]
閨法內則	莫昧하니	父母膝前	못 가보고
昏定晨省	未覺이오	作別一言	못 전하고
針錄內功	不備하나	一片의	悽愴之懷
천고만고	없는 慈愛	禁할 수	없었으나
愛之恤之	하오심이	女必從夫	중함이라
慈母之情	더없을 뿐	網中之魚[10]	면하리오
期侍之望	泰山이오	고국에	돌아올 적
小天[07]의	寬洪大道	고향의	門長께서
重侍下	接賓客에	中路半程	환영하니
間間이	깨쳐 주나	入門 後	처음 承安
不敏婁質	이 인야가	황송감사	그지없고
四時寒暑	온냉 맞춰	累世宗宅	찾아들어
至極奉孝	못하다가	문호를	완수하고
선왕구	下世후에	奉祭祀	接賓客의
還國經營	斷定하여	所任이	多事하나
故國江山	돌아올 적[08]	革命家	家族으로
悲嘻并出	층대분이	倣婚이	不安타가

07 남편
08 1932년
09 부모곁을 떠남
10 규중에 매인 부녀자의 신세

한 頃 잠을	달게 자니	長歎端憂	하시는 중
고국이	더욱 좋아	二次大戰	火焰중의
안심이	되어 있고	日帝의	星港승리
南田北畓	다시 耕作	호외가	보도되니
百畝良田	천시원의	세상만사	비관으로
상마심처	산계돈을	自斷으로	가시오니
의지의식	가종세의	천고망극	불초죄책
賢祖가	在上하와	이 원한을	어찌 풀고
敎子孫義	힘쓰시니	支那事變	발발할 때
六子一女	나의 子女	吾家이	환국하여
조상님네	총애하심	우리 姑母[11]	有名慈愛
金枝玉葉	비기시고	先妣下世	하셨다고
來頭希望	泰山이라	萬端慰勞	下札이라
訓學이들	凡然하리	한번 難側	십여 년에
태산같이	믿었으며	生離死別	되단말가
先世로	愛國之心	풍수지통	이 원한을
선왕구	遺志繼承	풀어볼 길	아득하고
兩大 분이	同感이라	女子有行[12]	遠父母가
어느 날의	天運循環	저마다	있건마는
우리나라	復國하야	三千里	天涯之格
千秋餘恨	풀어 볼꼬	不肖한 날	생각하니

11 이육사의 어머니
12 여자가 시집 가는 것

秋月春風	短長 일의	日月이	다시 밝아
소혼단장	느낀 사연	쾌활함도	한정없어
先嗣舅姑	奉君子에	久遠仙境	獨立鬪士
放心말라	경계하심	大韓獨立	萬歲高唱
어느 천지	받자올꼬	정녕	이르를까
九曲에	맺힌 원한	喊聲이	振動하고
어느 法廷	하소하리	태극기	방방곡곡
세월은	흘러흘러	환환희희	즐겁더니
長兒가	年幼하나	美蘇가	對立하여
구고님	生存時에	左右兩翼	分爭으로
成婚을	시킨 후에	民族相爭	극심하니
오히려	안락이라	南北이	兩斷되어
上奉下膝[13]	이 정신의	요요창창	如此하여
先舅姑	차차 영낙	통일골수	되어 있고
삼년초토	다 마치고	국가의	棟樑人物
座臥침실	황년한 중	차차로	다 떠났고
우로지택	그쳤으나	학살실종	무수터니
자식장래	희망하여	비극참사	그 세월도
勞身謹苦	지내다가	꿈결로	지났으니
乙酉年[14]	解放소식	南北赤	회담순환
倭賊이	쫓겨가니	堯舜日月	빨리와서

[13] 웃어른을 받들고 아랫사람을 보살핌
[14] 1945년

남은 後孫	희망하세	萬事無惜	될 것인데
원수의	육이오에	出天之孝	氷玉資質
피난처로	충남에서	뉘 아니	欽歎하리
家君[15]이	병사하니	完毒無雙	이 인생이
未成子女	諸男妹와	수삼차	끊을 목숨
누세종택	큰 門戶를	그여이	살아나서
내 어찌	감당하리	慘狀깊게	남은 魂이
悠悠蒼天	야속하고	九死一生	이 아닌가
家運이	悲色이라	春去秋來	흐른 세월
歸年後	返葬하고	骨髓之恨	풀 길 없고
三兒를	成就시켜	구원이[16]	분명하여
일남이녀	麒麟鳳雛	玉境淸途	돌아가서
累代奉祀	接賓客과	親舅家	부모님께
天誠之孝	極盡하여	하소하는	그날이야
萬事를	相議하여	풀어볼까	작정일세
苦盡甘來	되었는가	혼탁한	이 중에도
悲往太來	바랐더니	살았음을	깨쳤는지
嗚呼	蒼天아	未成한	저 애들을
이 무슨	앙화이냐	또 한 번	기대하여
吾身이	죄적이면	畢兒의	大學卒業
이 몸을	앗아가면	期間이	아득하여

15 남편
16 친가·시가

東家宿	西家食에	漢江蒼波	잔잔하여
畢役이	극난하니	어데까지	뻗쳤는고
前後不顧	떠나와서	四大門은	依舊하나
한간 방	처소 정해	檀紀王蹟	下處尋고
宿食이	완전하니	애국지사	유족으로
獎學生	졸업하고	무료고궁	들어가서
五子의	전근으로	장시간	살펴보니
삼모자	團聚하니	龍床도	의구하고
오히려	안정이라	王妃의	쓰던 衣器
晝卽無事	적막하고	無主宮闕	感愴心懷
夜卽芄芄[17]	無昧하여	歲舊年	다 통탄일네
往事追憶	생생하나	歷代로	仕宦名家
不死이	自思이오	어찌 아니	깨치리오
욕망이	난망이라	우리 先親	사남매 분
不出門外	하였더니	差等없는	文章名筆
寒盡春生	잠깐이오	世人이	讚揚이라
三春花時	好時節이	복계재풍	불성공은
어느덧이	돌아왔네	우리 숙부	명시이오
前後左右	爛漫春色	옛날의	원만튼 일
楊柳枝枝	絲絲類에	귀에만	익어있고
四山芳草	녹음이요	國破君亡	되었으니

17 외롭고 외로움

國運이 家運이라
世降俗末 新風潮의
때를 따라 旺盛하여
繼繼承承 무궁함을
기대하고 祝願일네
絕世交煥 심난하여
적막히 앉았더니
지정의 춘파어른
孝子賢婦 誠意로서
소풍겸해 登山王陵
현창宅을 기별하고
함께 가자 오라시니
他鄕의 逢故人이
握手論情 반긴 후에
金谷으로 출발하여
高宗王陵 구경하고
유곡叔主[18] 眞心誠孝
午樽의 진수성찬
金尊은 아니로되

美酒를 가득 부어
一盃一盃 復一盃로
松江鱸魚[19] 아니로되
일미의 안주이며
포식하고 談話하니
兩情이 더욱 깊다
廻路의 東九陵[20]을
또 가라고 云云하여
中路에서 下車하여
택시를 못 잡아서
머지않은 거리이나
望八扁堂[21] 뫼신 양반
步步마다 부액하여
소원성취 해드리니
王祥[22]에 비할지라
당신 역시 기분으로
회수첨망[23] 아니시니
세상만사 이러할 듯
어느덧 도보중에

18 숙부(叔父)
19 중국 동진시대(317~420년)의 장한(張翰)이란 인물 고사에서 유래. 장한이 낙양에서 벼슬살이를 하다가 고향인 강동 송강의 농어 맛을 그리워하여 사직하고 낙향함
20 경기도 양주군 구리읍 소재. 태조의 건원릉, 선조의 목릉을 포함 조선 왕조의 아홉 능이 있음
21 팔십을 바라보는 홀어머니
22 극진한 효도를 받은 전설적인 인물
23 엎어지고 자빠지는 모양

목적지에	닿았구나	孫兒宗班	그리워라
울창한	松林 사이	두 아해	성취시켜
탄탄대로	이뤘으며	다 각각	맡긴 후에
벽계수	맑았으니	故家鄕山	돌아갈사
썩은 오장	씻고져라	일개여야	孫室이가
계곡따라	人工石橋	弄璋之望[24]	차라하여[25]
천추에	유명하고	雲雨心慮	하였더니
아무리	國役인들	임신소식	신기하고
인명손상	없었을까	千波萬難	내 환경의
窮鄕狹村	아녀자가	五子成就	過年하니
陵參拜가	宜當한가	어느 곳	淑女 맞아
絕人하신	太祖勇力	夫唱婦隨	和顔悅色
創業도	높으시나	융융和氣	가득하여
萬歲創治	못하심이	昔恨을	伸寃할꼬
새로이	有憾일네	孫兒의	俊秀기틀
유쾌히	놀고놀고	진취성이	무궁하여
廻家하여	생각하니	諸형제	협동하여
一日 유희	하였으나	교육을	잘 시켜서
낙망고향	생각하니	累世宗宅	門戶이며
本意 아닌	행동이라	원통한	長兒 뒤를
宗婦名號	自慘하고	흠없이	잘 잇기를

24 생남(生男)의 기대 25 멀다. 아득하다.

이것이 　　　부탁이며 　　　이도 또한 　　　별미실 듯
오월염후 　　　丹陽節의 　　　하루소일 　　　하시려고
울적한 　　　심회로써 　　　이 봉변을 　　　당하시니
면목동을 　　　달려가니 　　　長幼分間 　　　아니심을
후덕하신 　　　그 어른이 　　　이제는 　　　깨치실 듯
손잡고 　　　반기시며 　　　일주야를 　　　환담소일
離鄕懷抱 　　　적막함이 　　　을지로를 　　　또 갔구나
피차의 　　　일반이라 　　　원만하신 　　　현창댁은
抱負事行 　　　높으시나 　　　외인접대 　　　환영함은
아수운 　　　적막소치 　　　始終이 　　　如一하니
탐탐한 　　　萬端情懷 　　　福德之人 　　　有望하며
夕陽이 　　　在天하니 　　　공휴일을 　　　이용하여
아니올 수 　　　없는 사정 　　　一門中 　　　우리 청년
떨치기 　　　어려워서 　　　面面이 　　　반가운 중
같이 가자 　　　하시기에 　　　首都名勝 　　　精氣받아
택시로도 　　　못 뫼시고 　　　장래여운 　　　무궁할 임
복잡한 　　　입석버스 　　　미리서 　　　기쁘더라
미안하고 　　　죄송할 뿐 　　　수십년만 　　　만난 딸네
單間狹室 　　　들어앉아 　　　손잡고 　　　반기고서
麥飯葱湯[26] 　　　해드리니 　　　南山구경 　　　同督[27]하니
진수성찬 　　　집에 두고 　　　不敢請 　　　固所願[28]을

26 보리밥 파냉국
27 같이 독촉함
28 청할 수는 없었으나 바라던 바

우리 어찌　　마다하리　　　장래 인격　　유망하며
前後陪行　　든든하며　　　만날 때는　　탐탐터니
생각 못한　　케이블카로　　떠날 때는　　연연함은
거침없이　　올라가서　　　번번이　　　미흡하니
사방을　　　살펴보네　　　후일 기약　　또 해볼까
우리들만　　왔게 되면　　　내 나이　　　六六[29]이니
東西분간　　어찌 알리　　　인생이　　　무상이요
유곡할배　　영일씨가　　　덧없는　　　세월이라
유명한 곳　　다 알려서　　　과거현재　　미래사가
餘心없이　　다 본 후에　　　다 모다　　　허황하다
日歷이　　　다해가니　　　억울한　　　이 심중에
돌아오기　　바쁘더라　　　쌓이고　　　무졌으나
층층계를　　내려올 때　　　못 배운　　　이 識見이
長者 기틀　　영일씨가　　　萬分之一　　形言하랴
저 어른을　　업고가니　　　너의 형제　　성취하여
새 구경이　　또 났구나　　　가정을　　　이룬 후는
간간이　　　내려앉아　　　秋沼明月　　다시 돋고
감로수로　　解渴하고　　　春花 다시　　滿發한 듯
또 올라와　　나를 부액　　　희희호호　　즐기고서
불안하고　　감사할 뿐　　　永遠히　　　가는 날에
모든 면의　　충후具備　　　멍든 胸襟　　풀리려나

29 1972년 당시 육십육 세

이상룡 선생 연보

자 : 만초萬初 · 호 : 석주石洲

다른 이름 : 상희象羲, 계원啓元

1858.11.24	안동시 법흥동 20번지 임청각에서 부(承穆) 모(安東權氏)의 3남 3녀 중 장남으로 출생
1872	의성 김씨 도사都事 진린鎭麟의 장녀와 혼인
1873	부친 사망
1876	조부(鍾泰)의 명으로 서산西山 김흥락金興洛 사사
1882	청양산행
1894	조부 사망. 안동군 월곡면 도곡동 이거
1905	박경종 등과 1만 5천금을 투입하여 가야산 군사기지 계획 도모
1907	협동학교 설립
1909.2	안동경찰서에 1개월간 유치 중 지역주민들의 계속된 항의로 풀려남
1909.3	대한협회 안동지회 설립, 회장에 선출
1910.8	친일매국노 이용구, 송병준 처단 상소
1911.2	대가족을 이끌고 만주로 망명, 남만주 회인현 도착
1911.4	해외 최초의 독립운동단체 경학사耕學社 창설, 사장 취임 경학사 부설 신흥강습소 설립
1912	부민단扶民團 조직, 단장 취임

1913	『대동역사大東歷史』 저술 – 신흥학교 교재로 사용
1914	만주지역에 수전농水田農 실시 보급
1919.2	(음력 1918.11) 무오독립선언서 채택 서명
1919	한족회韓族會 조직, 회장 취임
1919.4	서로군정서西路軍政署 수립, 독판 취임
	부설 신흥무관학교 설립
1920	북경 '군사통일회'에 군정서 대표 파견
1922	서로군정서, 대한독립군단 등 8단 9회의 단체를 통합 대한통의부 성립. 서로군정서 참모부장 김동삼을 총재로 선임
1923.1	상해 '국민대표자 회의'에 이진산, 김형식, 김동삼, 배천택 파견
	김동삼 의장으로 선출(후일 이 회의가 분규를 거듭하자 국외 중립을 선언하고 4인 대표 소환)
1925.9.24	대한민국임시정부 개정헌법에 따라 초대 국무령에 선임
1926.2	국무령 사임
1928	손자 병화炳華, 정의부 간부로 선출
1928~1929	전민족 유일당운동 전개와 삼부통합의회 개최
1932.5.12	서란현 소과전자에서 서거
1962	건국훈장 독립장 추서
1973	고려대학교에서 『석주유고』 영인본 간행
1990.10.11	국립대전현충원으로 천장遷葬
1996.5.21	국립서울현충원 임시정부요인 묘역으로 천장
1997.5.19	손부孫婦 허은 여사 별세

2008.8	안동독립운동기념관(현 경상북도독립운동기념관) 『국역 석주유고』 간행
2009.4.13	임시정부 창립 90주년 기념일, 석주 선생 국적 회복 생가인 임청각을 주소지로 하여 호적 복원
2009.5.25	임청각, 대한민국 현충시설로 지정
2009.9.28	왕산 허위 선생 순국 100년, 출생지 구미시에 왕산기념관 개관

나라사랑을 실천한 충절의 현장 임청각[01]

1. 머리말

안동역에서 안동댐 방향으로 1킬로미터 가량 올라가면 왼쪽으로 철둑이 가려진 곳에 임청각臨淸閣이라는 고가古家가 숨어 있다. 보물 제182호이다. 이 집은 "독립운동가이며 대한민국임시정부 국무령을 지낸 석주石洲 이상룡李相龍(1858~1932) 선생의 생가이며, 그의 아들과 손자 삼대에 걸쳐 독립유공자를 배출한 유서 깊은 곳이다"라는 안내판이 세워져 있다. 수년 전 이 집을 관리하기 어려워 국가에 헌납한다는 보도가 있었다. 무슨 사연이 있고 지금은 어떻게 되었는지 그 경위를 따라가 본다.

가. 임청각의 연혁

세종 때 좌상을 지낸 이원의 여섯째 아들 이증은 세조가 단종의 왕위를 찬탈하는 과정에서 권력을 둘러싸고 한쪽은 가해자가 되고 한

---

01 이 글은 이상룡 선생의 증손 이항증 씨가 석주 선생의 나라사랑 정신을 선양하고 임청각 소유권문제 해결을 촉구하고자 작성했다. 이상룡 이준형 이병화 삼대 독립운동가를 조상으로 1939년 출생한 이항증 선생은 6·25전쟁 중이던 1952년에 부친이 별세하여 여동생과 고아원 생활을 하는 등 역경 속을 헤맸다. 그후 조흥은행에서 27년간 근무하면서 1990년 중국에 잠들어 있던 이상룡 이봉희 이광민 이승화 네 분 독립운동가의 유해를 고국으로 모셔왔다. 퇴직 후 살펴보니 광복 반세기가 넘도록 석주 선생 생가인 임청각은 소유권조차 정리되지 않은 채 주인 없이 떠도는 비운의 현장으로 남아 있었다. 이를 정리하고자 소송 중이며 임시방편으로 집을 개방하여 항일의식과 애국정신을 되새기는 체험장으로 활용하고 있다.

쪽은 피해자가 되는 과정을 지켜보고는 관직에 머물 뜻이 없어 사직하고 안동으로 낙향하여 입향 시조가 되었다. 그의 셋째 아들 이명李洺도 현감을 지내다가 벼슬을 버리고 돌아와 1519년(중종 14년) 이곳에 별서別墅를 지었는데 우리나라에서 현존하는 살림집 중에 규모가 크고 오래된 것으로 알려진 고성 이씨의 '법흥종택'이

허주 이종악이 그린 임청각(1763년)

다. 이 집은 안채, 중채, 사랑채, 행랑채는 물론 아담한 별당君子亭과 사당, 정원까지 갖추어진 조선시대의 전형적인 상류주택이다.

240여 년 전(1767년) 당시 이 집 주인이던 허주虛舟 李宗岳 (1726~1773) 선생이 대대적으로 증수하면서 사용에 편리하도록 여러 곳을 고친 후 어느 부분을 어떻게 고쳤다고 중수기重修記에 자세히 기록하였다. 그 4년 전에 허주가 그린 그림이 남아 있어(한국학중앙연구원 소장) 옛날의 모습을 미루어 짐작할 수 있다.

나. 건물의 이름과 구조

'임청각'이라는 이름은 도연명의 귀거래사 중 "동쪽 언덕에 올라 길게 휘파람 불고 맑은 시냇가에서 시를 읊조린다"(登東皐以舒嘯 臨淸流

군자정과 방형 연못

而賦詩)는 시구에서 '臨淸' 두 자를 차용한 것이다. 이중환의 『택리지』에 "임청각은 귀래정 영호루와 함께 안동의 명승이다"라고 기록되어 있다. 이 집은 영남산기슭 비탈진 경사면을 이용하여 계단식으로 기단을 쌓아 건물을 배치하여 어느 방에서나 오전 오후 햇빛이 들도록 채광효과를 높인 배산임수의 전형적 건물이다.

  중앙선 철도 부설로 축소된 대문을 열고 들어서면 좌측에 정침正寢이 용자用字형으로 지어져 비를 맞지 않고도 연결 문을 통하여 각 동으로 다닐 수 있다. 오른쪽에는 담장을 사이에 두고 군자정이 위치한다. 정침 마당에는 바닥이 보이는 한길 가량 되는 우물이 있는데 바닥에 흙이 없고 청석에 맑은 물이 솟아나는 것으로 보아 바위 위에 집을 지었음을 알 수 있다. 각 동 사이에는 크고 작은 5개의 마당을 두어 공간

활용도를 높였고 단층이면서도 이층구조로 설계되어 위쪽은 다락이나 다용도실로 이용하였다.

　이 집에 딸린 별당형 정자인 군자정은 사대부집 정자건축의 전형을 보여주는 정자丁字형 건물로 대청에 올라서면 천정에 단청을 한 흔적이 남아 있다. 허주의 중수기에 따르면 7대조가 단청을 하였고 병인년이라고 쓰여 있었다고 한다. 이때가 임진왜란 후인 1626년이 되는데 임진왜란 때 소실된 피해를 보수한 듯하다. 군자정 벽에는 농암 이현보, 고태헌(제봉 고경명), 송강 조사수, 백사 윤훤의 편액이 걸려 있다. 특히 고경명은 전라도 장흥사람으로 임진왜란 1년 전 군자정에서 임청각 주인의 회갑연에 축시를 남겼다. 당시 주인 이복원李復元과는 사돈 ― 장자 고종후高從厚가 이복원의 사위 ― 이 되니 오늘날 말로만 영호남 차별 해소 운운 하는 것과 한번 비교해볼 만한 일이다.

　불행히도 다음해 발발한 왜란 때 제봉 삼부자가 순국하였고 임청각 주인 아들 5형제도 의병에 참여하여 공신이 되었다. 3백여 년 후 일제강점기에도 그 자손인 석주 이상룡과 녹천 고광순이 영호남의 대표적인 독립운동가로 높은 이름을 남겼다.

　군자정 바로 옆에는 방형方形의 연못이 있고 연못 안에 둥근 맷돌이 놓여 있다. 옛날에 하늘은 둥글고 땅은 네모지다(天圓地方)고 하였는데 즉 우주를 의미한다. 연못에는 군자를 상징하는 연을 심어 못에 핀 연꽃을 바라보며 군자의 심성을 닦고자 하였다. 정자 옆 방지方池를 지나면 정면 3칸, 측면 2칸 크기의 사당이 언덕 위에 자리잡고 있다.

　사당에는 원래 4대의 위패가 모셔져 있었고 그 옆에는 불천위不遷位를 모시는 별묘가 있었다. 경술국치(1910년 나라가 멸망)를 당하자 석주 선생은 나라가 없어졌는데(종묘사직이 붕괴) 사당만 지킬 수 없다 하

위에서 본 임청각 전경. 用字형 가옥배치가 뚜렷하게 나타난다.

여 독립운동을 위하여 만주로 떠날 때 마지막으로 고유告諭 제사를 드린 후 위패를 모두 없애 그때부터 봉안된 신위가 없다.

 집을 짓는데 평면구성을 일日 월月 길吉 등의 글자를 취해 지으면 좋다고 하였다. 임청각을 보면 일자 월자 또는 그 합형인 용자用字형으로 되어 있다. 일, 월, 용자 형은 하늘에 있는 해와 달을 지상으로 불러서 천지의 정기를 화합하여 생기를 받으려는 의미를 가진다고 전해 오고 있다. 팔작지붕인 군자정은 한 마리의 새가 날갯짓을 하는 형상을 한 것이다.

다. 임청각의 수난

 임청각은 1519년 건립 직후부터 수난을 겪기 시작했다. 지은 후 얼마 지나지 않아 임진왜란(1592년)이 일어났는데, 이때 원군으로 온 명군明軍이 주둔하였으며 당시 안채 일부가 소실되었다고 한다. 일제강점기인 1910년대에는 일본수비대가 점거하기도 했다.

1930년대에는 망명한 집주인은 물론 친인척에도 항일투사가 많아 일제가 중앙선 철도 부설을 핑계로 집 전체를 헐어 없애려 하였으나 민중들의 강력한 저항으로 일부 부속건물과 문간채만 철거당하고 중앙선 철길을 놓게 되었다.

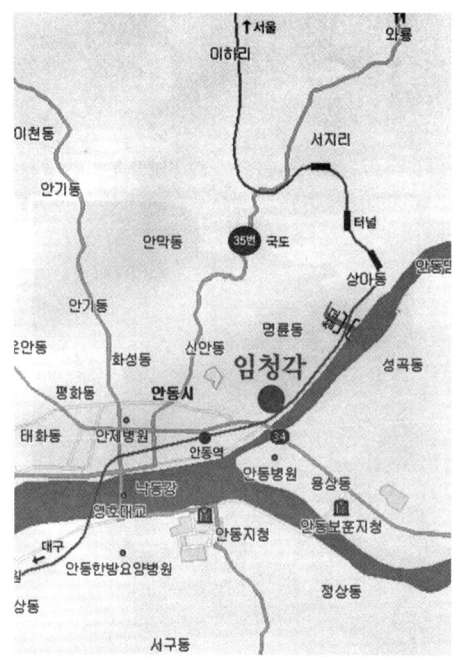

일제는 충절의 현장인 임청각을 훼손하기 위해 고의로 임청각을 거쳐가는 기형 철로를 부설했다.

주인이던 종손이 항일투쟁을 위해 망명하자 불가피하게 지손支孫 4명 명의로 건물을 등기하였는데 이름을 빌려준 이들도 타계한 지 50년 전후가 된다. 종가는 주손 4대가 항일투쟁으로 순국하였고, 유족들이 호구지책에 급급하다가 성장하여 이 사실을 알았을 때는 쉽게 해결할 수 없는 난제가 되어 있었다.

철도는 차도와 달라 직선이 원칙이다. 안동에서 영주로 가는 길을 지도를 펴놓고 보면 율세동과 안막동으로 가는 35번 국도가 대체로 직선에 가까움을 쉽게 알 수 있다. 공사도 쉽고 비용도 적게 든다. 그런데 안동에서 임청각 마당을 거쳐 옹천역까지 가는 일제 때 건설한 지금의 철도는 기형적으로 틀어져 있음을 알 수 있다. 두

번이나 꺾여 역행했고 그러기 위해서 긴 모래 밭에 높은 철교를 놓아야 했으며 가까운 거리에 세 개의 터널(와룡, 성남, 사동)을 뚫어야 했다. 더구나 가수내를 막기 위해 옹벽과 축대도 쌓았고 거리도 십여 킬로미터 돌아갈 수밖에 없었다. 이 지역은 사람이 많이 사는 곳도 아니고 더구나 자원도 없는 산악지대이다. 철도 부설이 부적절한 이곳에 일제는 일부러 철길을 놓았던 것이다.

1950년 6·25전쟁을 전후하여서는 임청각이 안동철도국 노무자 집단주택으로 사용되어 많이 훼손되었는데, 철도국이 영주로 옮겨진 뒤 1975년 해체 복원되어 몇 번의 수리를 하여 현재에 이르고 있다. 임청각의 수난이 마치 우리 역사를 증언하는 것 같아 비감이 들지 않을 수 없다.

2. 임청각과 석주 가문

가. 석주 이상룡, 그는 어떤 인물인가

이 집 우물 방에는 세 명의 정승이 태어난다는 이야기가 전해오고 있으나 풍수가들이 지어낸 말이다.

"석주 선생은 이 아름답고 대궐 같은 집 종손이었고 퇴계 학통의 적통으로 높은 학문까지 닦았고 살림도 풍족했다. 이 모두를 뿌리치고 풍찬노숙의 험난한 독립투쟁의 길을 택한 참다운 선비이다. 배운 대로 실천하였고 말과 행동이 일치한 분이다."

시간이 오래되고 인맥이 끊어져 자칫 선생의 면모가 잊혀질 뻔 했으나, 2008년 8월 안동독립기념관에서 한국학술진흥재단의 지원을 받아

『석주유고石洲遺稿』의 국역을 완료함으로써 석주를 이해하는 기반이 마련되었다. 암울한 시기 임청각에서 대한민국임시정부 수반인 석주 선생과 아들 준형, 손자 병화, 동생 상동, 봉희, 조카 형국, 운형, 광민, 종숙 승화 아홉 명의 독립운동가가 출생하여 선비가문의 높은 지조를 보여주었다. 이렇게 많은 독립운동가가 한 집에서 나올 수 있었던 배경은 투철한 선비정신에서 찾을 수 있다. 자신과 지식층에게는 엄격하였으나 보통 사람에게는 강요하지 않았다고 한다.

  석주 선생은 1858년 태어나 퇴계학 적통의 학문을 닦았고 을미(1895년) 의병부터 참여하여 무너지는 나라를 붙들려고 심혈을 기울였으나 1910년 망국의 치욕을 당하고 말았다. 분을 참지 못하여 다음 해 정월 친인척 50여 가구를 인솔하고 만주로 망명하여 최초의 해외 독립운동단체인 경학사를 만들고, 무장투쟁을 위하여 신흥무관학교를 세웠다. 한족회 회장, 서로군정서 독판, 대한민국임시정부 초대 국무령을 역임한 독립전선의 최고 지도자였으나 끝내 조국 광복의 빛을 보지 못하고 1932년 5월 망명 21년 만에 만주에서 통한의 생을 마치며 "나라를 찾기 전에 내 유골도 고국으로 가져가지 말라"고 유언하였다. 그 정신은 그의 아들, 손자에게 대를 물려가며 이어져 해방 때까지 타협없는 항쟁이 계속되었다.

  『석주유고』에서 선생의 정신을 엿볼 수 있는 대목을 보면, 1910년 망명길에 올라 상주에 도착했을 때, 선발대가 돌아와 "먼저 간 김도희, 주진수가 체포되어 감옥에 갇혀있다. 우리도 앞날이 염려된다."고 보고하자, 주위에서 두려워하는 빛이 역력했다고 한다.

  선생께서 나라를 구하려는 우리가 그런 사소한 일로 중단할 수 없다며 앞길을 재촉했다고 하였다. 한 달 후 길림성 유하현으로 들어갈 때

향도를 맡은 외아들이 관헌에게 붙잡혔다가 돌아오니 꾸짖어 말하기를 "컬럼부스가 작은 배를 타고 위험을 무릅쓰고 태평양을 건너지 않았다면 세계 최강 미국은 없었을 것이다"고 하며 위험하지 않고 나라 찾는 방법은 없다고 야단치며 다른 길을 찾으라고 재촉했다. 다시 십수 년이 지나 독립운동을 하던 청년동맹원들이 집에서 회의를 할 때 손자인 병화를 그 독립운동단체의 대표로 선출하였다. 병화가 깜짝 놀라 "나는 죽음을 겁내는 무리는 아니다. 양대 독자인데 조부모와 부모가 모두 연로하다. 타국에서 시중들 사람이라고는 나 하나뿐이니 다음에 맡겠다"고 거절하자 결론을 못 내고 웅성거렸다. 이를 아시고 손자를 불러 "나라 찾겠다는 사람이 집 걱정까지 해서야 이룰 수 있겠느냐? 내 걱정 하지 말고 나라 찾는 일에 헌신하라"고 사지로 내몰았다.

나. 해방 후의 석주 후손은 어떻게 살았나

1945년 8월 15일 옥중에서 감격적인 해방을 맞은 임청각 종손(병화)은 해방의 감격이 채 가시기도 전에 외세에 의해 국토가 남북으로 분단되는 비극에 직면하게 된다. 그 후 한때 우남(이승만) 측으로부터 건국에 동참해줄 것을 요청받았으나 어릴 때부터 할아버지와 아버지를 따라 항일투쟁에 적극 참여한 독립투사가 친일세력이 활개치는 정치세력에 협조할 수 없어 거절하고는 다시 고난의 길로 들어섰다.

해방 5년 뒤 6·25라는 동족상잔의 전쟁이 일어났고, 국토 끝까지 밀리고 밀어올리는 등 강대국의 대리전이 되어 옥석 구분없이 참혹하게 서로 죽이는 잔인한 살육전을 모두 목격했다. 일제와 중국 감옥의 모진 고문에도 견디어냈던 독립투사가 이를 지켜보고는 울분과 고문의 후유증으로 인해 1952년 피난지 아산에서 46세에 운명했는데 부인과 어린 자녀들만 남겨져 있었다.

보물 제182호인 석주 선생 생가 임청각의 소유권이 아직까지 이 지경이라면 다른 재산들은 미루어 짐작하기 어렵지 않다. 끈 떨어진 두레박 신세가 된 유족들이 고아원을 전전하면서도 살아남은 자가 있어 미로 같은 베일을 벗기고 있다.

임청각 주인들이 서거한 지 반세기가 지나 건국훈장이 추서됨으로써 세상의 온갖 모략과 혐의는 벗어나게 되었다. 그러나 염원하던 통일은 아직도 요원하고 항일투쟁과정에서 발생한 석주 선생 생가의 소유권 문제는 오늘날 세인들의 관심 밖의 일이 되고 말았다. 근년 각 기관에 건의도 해보고 청원도 해보았으나 이른바 모두 '댁의 사정'이었다.

그동안 대대로 소장하고 있던 숱한 유물과 문적들은 난국을 만나 임청각과 선영을 오르내리다가 석주 선생과 주손 4대가 희생된 후 주인 잃은 유물들이 되고 말았다. 수십 년간 지키는 이 없는 선영 창고에 방치되어 있다가 분실 훼손되는 안타까운 결과에 이르게 된 것이다. 유족이 철이 들 무렵에 안동댐 건설로 인해 선영 창고가 수몰 직전에 처해 있었다. 서적들은 급하게 고려대학교에 무상 기증하였고, 남은 고문서와 유물 간찰들은 1990년대 한국학중앙연구원에 기탁되어 미지의 자료들이 조금씩 빛을 보게 되었으니 그나마 다행이라 하겠다.

3. 더 이상 외면할 수 없는 문제

가. 호적거부로 소유권 문제가 발생하다

호적이 있어야 등기가 되고 등기가 되어야 재산이 보호되는 등기제도가 일제강점기에 도입되었다. 여기에는 통치를 쉽게 이끌고 나가기 위한 목적과 항일세력을 숨죽이려는 의도가 숨어 있었다. 석주 선생은 일제치하를 거부하고 망명하여 호적이 없다. 만주사변이 일어나고 석주 선생이 서거한 1932년에 혁명동지인 아들과 손자가 귀국하였다.

독립운동가인 종손 부자(준형, 병화)는 일제치하에 국민이 되는 것을 수치로 여겨 호적을 하지 않았고, 불령선인不逞鮮人으로 낙인찍혀 수시로 감시받고 옥고를 치렀다. 이 무렵 임청각 집(건물)을 등기하는 데 지파 주손 두 분(탑동 주손 이형희와 평지 주손 이태희)과 학덕이 높은 두 분(이종박, 이승걸)의 연명으로 등기하였고, 대지는 망명기간 관리를 맡았던 분(이종박)의 이름으로 토지대장에 올려 70년 간 방치되어 있었다.

대지는 2007년에 토지대장상 명의자(이종박)의 내외 자손을 찾아 동의를 받아서 소유권을 정리했다. 이분들에게 고맙다는 말을 특별히 하고 싶은 것은, 만약 이분들에게 다른 마음이 있었다면 바로잡기가 힘들었을 것이기 때문에 더욱 그러하다. 한편 지식과 능력과 재력이 없는 필자가 주도해 정리하였다는 것은 음미해볼 만한 시대적 산물이다.

2차대전을 일으킨 후 일제의 탄압은 더욱더 심해졌고 일본경찰이 상주하다시피 하면서 임청각 주인(농구 이준형)을 회유 협박하게 되니 부득이 안동 시내를 벗어나 산간벽지인 월곡면(현재의 와룡면) 돗질(陶谷)로 은거하기에 이르렀다. 그러나 그 먼 곳까지 따라와 계속 일제에 협조할 것을 강요하자 작심하고 1942년 9월 2일 생일날을 기하여 "일제치하에서 하루를 더 사는 것은 하루의 수치만 더 늘어날 뿐이다."라는 유서를 써두고 동맥을 끊어 자결하였다. 그 유서는 아직도 충의의 선혈자국이 선명하게 남은 채 한국학중앙연구원에 보전되어 있다. 이

때 만주에서 독립운동을 하던 아들이 돌아와 장례를 치른 후 형무소에 수감되었다.

나. 모두가 외면하는 임청각 소유권등기 문제

석주 선생은 99칸이라는 집을 두고도 나라와 겨레를 위하여 풍찬노숙을 마다하지 않았으며 충의忠義가 무엇인지도 모르는 어린 자손들은 남의 집 처마 밑을 전전했다. "토지를 줄이고 재산을 축소하더라도 손자의 교육을 끝까지 시키라"는 해방 3년 전의 동구 선생의 유서는 명을 받은 독립운동가인 아들(병화)이 6·25 혼란기에 객지에서 운명함으로써 지켜지지 못했고 자손들은 학자금이 없어 정규교육을 받지 못하는 신세가 되고 말았다.

이 유서는 동구 선생이 별세한 지 반세기가 지난 후 집을 정리하는 과정에서 발견되었으나 선생이 사후의 세태를 어찌 짐작이나 할 수 있었으랴. 광복된 조국에서 독립투사의 아들 딸이 고아원에서 자랐다. 불행은 한번으로 끝나지 않는다는 말이 있다. 영리하던 형들은 스트레스를 받아 일찍 죽었고 항상 야단만 맞았던 못난 필자가 살아남아 이 글을 쓰고 있으니 참으로 이해 못할 일이 아닐 수 없다.

한 평의 상속재산도 없는데 아버지 없는 조카가 9명이나 되어 조카 결혼식 혼주 자리에 여덟 번 앉는 감당하기 힘든 가장의 역할도 맡게 되었다. 세월이 약이라고 했던가 모두 훌륭히 장성하였으니 그것을 위안으로 여길 뿐이다.

한 나라의 보물문화재이고 한 가문에는 종택인 임청각의 소유권을 아무런 실익도 없이 필자 형제가 근로수입금을 모아 등기를 바로잡고자 착수하였다가 이 과정에서 기억하고 싶지 않은 온갖 모욕을 다 당했다. 이 문제를 어렵게 판사 책상(서울중앙지방법원 2003 가합8447) 위에 올려놓았다가 일부 사람만 남겨두고 확정판결을 받아놓은 상태가 2년이 넘었다. 그 이면에 겪은 모멸감은 별도 항목에 속한다.

전국 도처에 이름 높은 독립운동가가 아님에도 땅을 사서 유적지를 만들고 기념관도 짓는 등 현충사업을 해놓은 곳이 많다. 그러나 이 사안은 돈을 들여 만든다거나 새로 짓자는 것도 아니다. 있는 집의 소유권을 바로잡기만 하자는 것이다.

수년을 걸려 소유권자(이형희, 이태희, 이종박, 이승걸)의 호적을 어렵게 추적하여 내외손 여러 대의 연고권자를 찾아놓으니 이젠 이것을 맡으려는 변호사가 없었다. 일제의 제도를 그대로 물려받아 과거사 청산을 못한 대한민국! 일제에 나라를 넘겨줄 때 받은 은사금으로 산 근거가 확실한 땅은 나라를 판 대가성이 입증되니 몰수가 당연한데도 이완용, 송병준 같은 친일파 재산이 해방 후 반세기가 넘도록 방치되고 있고, 더군다나 공소시효 운운하며 법적으로 보호해주어 재판을 통해 되찾아가기까지 하는 예가 있었다고 한다. 백년이 지난 지금도 이런 땅이 남아있다고 하니 이것이 우리의 현실인가.

민족반역자를 위한 소송은 서로 맡으려 하고 독립운동가를 위한 변호는 천대하고 기피하는 실정이다. 친일파 재산의 경우 승소시 사례금 수수가 자유로워 사건만 있으면 브로커와 돈 대주겠다는 전주가 등장하고 서로 맡으려고 경쟁한다고도 한다. 그러나 독립운동가 재산, 특히 종가집인 경우 말도 많고 탈도 많은데 일거리는 많고 수입은 없으니 소송 맡기를 꺼려하고 기피하는 것도 이해할 만도 하다.

우리나라에서 친일파란 용어는 친미파와 친러파와 같이 보편적 용어를 말하는 것이 아니다. "한 사람의 친일파가 나오면 백년 이상 자손 대대로 호의호식하고도 재산이 남고, 한 사람의 독립운동가가 나오면 삼대가 망한다"는 설이 있는데 이 집은 망하는 정도를 넘어 지금도 진행형이며 기약이 없지 않은가? 위의 속설이 뜬소문이 아니라는 것이 입증되고 있다.

일장공성 만골고一將功成萬骨枯라고 했다. 한 사람의 독립투사가 나온 배경에는 수많은 주변사람의 희생이 있었다. 당내堂內에 9명의 독립운동가가 나왔다면 그 이면의 인적 물적 정신적 피해는 짐작하기 어렵지 않다. 2010년이면 경술국치 100년이 되고 광복과 정부 수립도 60년이 넘는다. 아직도 망명정부 국가원수 생가의 소유권 문제가 만신창이고 영구 미제사건이 되어가고 있어도 국가나 국민, 이 집의 연고자 모두 부끄러워하는 기색이 없는 것, 이것이 더 큰 문제다.

다. 애국심과 보훈정책에 대하여

세월이 오래된 탓인지 석주 선생 생가의 등기문제는 세인의 관심에서 벗어나 있다. 1990년대 전까지의 상속법은 장자 단독으로 상속하는 시대였고, 1990년대부터 상속법이 바뀌어 남녀차별 없이 균등 상속되는 시대가 되었다. 항일운동가로 일제의 호적을 거부하여 종갓집인 '임청각'을 친족 4명에게 명의신탁한 후 70년이 지나 정리하려고 하니 명의자의 아들 딸 손자 외손자로 4, 5대나 내려가고 수십 성씨의 연고자가 발생되어 최근 68명으로 늘어났다. 이 중 이민자, 외국근무자, 생사불명자, 송달불능자 등 7명은 무한정 기다릴 수 없어 송달된 61명에 대해서만 확정판결을 받아 더 이상 늘어나는 것을 일단 막아둔 상태다.

해방 후 정부 어느 기관에도 법률구조 창구가 없었다. 법률구조공단이 있고 고충처리위원회가 있다고 말하는 사람이 있을지 모르나 본건

임청각 바로 앞에 중앙선 철로가 지나가고 있다. 일제가 고의로 훼손한 임청각의 본 모습을 하루빨리 복원해야 할 것이다.

은 두 곳 다 거쳤다. 근년의 여러 과거사 청산 위원회에서 이 사안을 정리해주지 않을까 기대했으나 그렇지도 않았다. 광복된 지 60년이 지나서 '친일재산 국가귀속에 관한 특별법'을 만들었지만 도덕성이 낮은 사회에서 친일재산이 많이 발견될수록 이전투구하는 모습이 눈에 훤히 보이는 듯하다.

보훈업무는 유족의 애로사항을 두루 살펴주는 것이 첫째이다. 국가를 위해 희생하면 국가의 평균 수준의 취업보장이나 개인이 감당하기 어려운 일들에 관심을 기울여야 한다. 수십 억을 들여 기념관을 짓고 비석 세우는 것은 보훈의 마지막 사업이다. 정작 유족이 거지생활을 한다면 기념관과 비석이 무슨 소용이 있겠는가?

2006년 청소년개발원이 한·중·일 청소년을 대상으로 한 국가관 비교 여론조사 결과를 보면 안타깝기 그지없다. 전쟁이 나면 앞장 서 싸

우겠다는 청소년이 일본이 41%, 중국이 14.4%인데 우리 청소년들은 10.2%이며 외국으로 도망가겠다고 하는 비율은 일본이 1.7%, 중국이 2.3%인데 비해 우리는 10.4%라고 하는 한심한 결과가 나왔다고 한다.

이러한 배경에 보훈정책은 관련이 없는 것일까 자문해 본다. 나라를 위하다가 손해만 본다면 나라를 사랑하는 사람이 나올까? 수시로 단속하여도 위험을 무릅써 가며 병역 비리는 주기적으로 계속되고 있다. 위의 조사결과는 국가를 믿지 않고 있으며 각자 알아서 길을 찾으라는 신호로 들린다.

보훈정책은 나라의 근간을 유지하는 백년대계로 시행되어야 한다. 어찌 실용과 비실용을 따질 문제이겠는가. '임청각'은 안동시내에 있어 연간 100만 명 이상의 국내외 관광객이 드나드는 곳이다. 그러므로 하루 빨리 임청각의 상황이 정리될 필요가 있다. 대한민국 보훈정책의 현주소는 임청각이 제대로 자리잡을 때 비로소 바로 잡힐 것으로 믿어 의심치 않는다.

라. 맺는 말

'임청각'은 보물 182호인 목조 건물이다. 지금은 소유권자가 없는 건물이 되어 있다. 일제강점기 건설된 철로는 앞마당을 가로질러 전면을 가로막았고 뒤로는 영남산의 우거진 숲이 둘러있다. 집 주위에는 무허가 건물 십여 호가 지근 거리에 있어 항상 화마가 널름거리고 있다. 불상사라도 발생할까 두렵다. 특히 헌법 전문에 대한민국의 법통이라고 되어있는 임시정부 수반의 생가가 아닌가? 유비무환有備無患은 이럴 때 쓰는 말이다.

'국치 100년 망명 100년' 우리 근현대사의 현장인 임청각에는 오늘도 중앙선 기차가 마당을 가로질러 매일 백여 회 굉음을 지르며 오르내리는데, 경적소리가 단장의 절규로 들림은 부끄러운 후손의 회한 탓만일까.

아직도 내 귀엔 서간도 바람소리가(개정판)
– 독립투사 이상룡 선생 손부 허은 회고록

기록	변창애
구술	허은
펴낸곳	민연
펴낸이	방학진
감수	조세열
편집	박광종 손기순
등록번호	제2018-000004호
주소	서울시 용산구 청파로47다길 27(청파로2가 서현빌딩)
홈페이지	www.historybank.kr
전화	02-969-0226
팩스	02-965-8879
인쇄	㈜신우디앤피

초판발행	2010년 3월 15일
2쇄 발행	2013년 11월 25일
3쇄 발행	2016년 12월 2일
4쇄 발행	2018년 3월 23일
5쇄 발행	2019년 12월 19일
6쇄 발행	2021년 6월 10일
7쇄 발행	2025년 5월 2일

정가 15,000원

ISBN 978-89-93741-06-3 03990

ⓒ 허은 변창애, 2010

저작권법 보호를 받는 저작물이므로 어떤 형태나 어떤 방법으로도 무단전재와 무단복제를 금합니다.
잘못된 책은 바꾸어 드립니다.